O Enigma da Bota

*Enfrentando a sucessão empresarial
com equilíbrio e sabedoria*

Eliana Barbosa

O Enigma da Bota

*Enfrentando a sucessão empresarial
com equilíbrio e sabedoria*

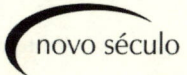

Copyright © 2006 by Eliana Barbosa

Direção geral: Nilda Campos Vasconcelos
Supervisão editorial: Silvia Segóvia
Editoração eletrônica: S4 Editorial
Capa: S4 Editorial
Fotos da capa: Morguefile
Preparação de texto: Sandra Scapin
Revisão: Ruy Cintra Paiva

DADOS INTERNACIONAIS DE CATALOGAÇÃO NA PUBLICAÇÃO (CIP)
(CÂMARA BRASILEIRA DO LIVRO, SP, BRASIL)

Barbosa, Eliana
   O enigma da bota : enfrentando a sucessão empresarial com equilíbrio e sabedoria/Eliana Barbosa. — Osasco, SP : Novo Século Editora, 2006.

   1. Auto-ajuda - Técnicas 2. Empresas familiares - Sucessão 3. Motivação (Psicologia) 4. Mudança organizacional I. Título.

06-3004   CDD-658.041

Índice para catálogo sistemático:
1. Empresas familiares : Sucessão :
   Administração   658.041
2. Sucessão empresarial : Empresas familiares :
   Administração   658.041

2006
Proibida a reprodução total ou parcial.
Os infratores serão processados na forma da lei.

Direitos exclusivos para a língua portuguesa cedidos à
Novo Século Editora Ltda.
Av. Aurora Soares Barbosa, 405 – 2º andar – Osasco/SP – CEP 06023-010
Fone: 0xx11–3699.7107

Visite nosso site
www.novoseculo.com.br

Impresso no Brasil/Printed in Brazil

Agradecimentos

Sozinhos, não podemos conseguir nada neste mundo. Não existe realização pessoal ou profissional por conta própria. Existe, sim, nossa iniciativa de fazer, de realizar; porém, tudo só se torna possível se temos a dádiva de poder contar com pessoas especiais, que nos incentivam e apóiam em nossos projetos. E como sei que gratidão é o sentimento que mais atrai a prosperidade para todos nós, tenho muito a agradecer, muito mesmo!

Agradeço a Deus, Bondoso Pai, pela vida que tenho e pela preciosa existência de todos os meus familiares, meus amigos, meu público, meus leitores, telespectadores e ouvintes que acompanham as minhas atividades na área da comunicação motivacional.

Obrigada ao meu marido Fernando, meu maior fã e companheiro, ao lado de nossas filhas Ana Amélia e Anelise, entusiasmadas com as minhas realizações.

Aos meus pais e irmãos, obrigada pela amorosa convivência familiar, e a minha especial gratidão ao meu pai — Elias Barbosa — pela sua brilhante atuação como psiquiatra, me ensinando e inspirando, não só nesta obra, mas sempre!

Todo o meu reconhecimento ao meu editor, Luiz Vasconcelos, e à Equipe da Novo Século Editora, pela confiança, carinho e incentivo constantes.

Agradeço, de coração, ao amigo Lair Ribeiro, que, com seus cursos, seus livros e sua amizade "acordou-me para a vida", levando-me a descobrir um verdadeiro sentido em minha caminhada profissional.

Os meus sinceros agradecimentos ao talentoso escritor, *coach* e conferencista Aldo Novak, pela sua amizade e por ter me dado a honra de tê-lo como prefaciador deste livro, com toda a sua sensibilidade e habilidade na arte de escrever e motivar.

Aos meus queridos amigos Saul e Joracy Jampolsky, toda a minha gratidão, tanto por fazerem parte deste livro, como pelos sábios e amorosos conselhos.

Obrigada ao amigo Cel. Edson Ferrarini, que conheci em 2005, quando fui entrevistada por ele por duas vezes em seus programas na TV, por ocasião do lançamento do meu livro *Acordando para a Vida*. Este amigo — com a sua experiência como psicólogo e advogado, coordenando o Centro de Recuperação Coronel Edson Ferrarini, em SP, para dependentes do álcool e de drogas — inspirou-me na construção de um importante personagem deste livro, o Dr. Marcos Weiss.

Um caloroso agradecimento ao amigo Sr. Victor Aragão, reconhecido empresário mineiro que me presenteou com sua sabedoria e experiência de vida antes de partir deste mundo, nos primeiros meses de 2006.

Obrigada também ao amigo Fuad Miguel Hueb Filho, por seus conselhos e permanente incentivo.

Um reconhecimento especial ao meu público carinhoso — de palestras, TV, rádio, jornais e leitores do meu primeiro livro — *Acordando para a Vida* —, e a tantos outros amigos que muito me motivaram para que este novo livro se tornasse realidade.

Enfim, obrigada a você, leitor de agora, que escolheu viajar por estas páginas ao longo dos próximos dias. Muito obrigada!!!

Prefácio

O consultor e escritor norte-americano Stephen R. Covey diz que nossas vidas têm quatro funções básicas: amar, viver, aprender e deixar um legado.

Nesse contexto, imagine um homem que parte do país em que nasceu, atravessa o oceano e constrói um sonho do outro lado do mundo! Um sonho que, com o tempo, se transforma em um legado, adotado pelo neto, César Augusto Domenico, que, aos 70 anos de idade, vê chegada a hora de transferi-lo, como a tocha que um corredor passa para o outro à sua frente.

Mas, como muitas sucessões empresariais que vemos no dia-a-dia do mundo corporativo brasileiro, essa também remete a várias reflexões e a diferentes visões do que tenha sido "viver" o cotidiano da empresa, com seus inúmeros desafios e acontecimentos fortuitos que criam um futuro somente imaginado; "amar" os momentos de vitória na trilha da existência; e "aprender" com cada erro cometido, compreendendo que foram degraus necessários para que se pudesse deixar o legado para a próxima geração.

Nas próximas páginas, você encontrará as reflexões e os questionamentos de um homem comum, que continuou um legado recebido, mas que, como todos nós, tem virtudes e defeitos. Erra e acerta.

O personagem do livro, mesmo tendo transferido a empresa para o controle de um de seus filhos, continua a enfrentar questionamentos e a tentar solucionar diferentes conflitos, alguns construídos ao longo da sua vida, como os que tem com sua esposa, e outros relativamente recentes, como os vividos por sua filha.

Alguns leitores entenderão bem os sofrimentos dessa família, mesmo aqueles que jamais tiveram uma empresa ou que não têm de se preocupar com sucessão corporativa.

Assim, este livro segue outro legado: o dos contadores de histórias gregos, que usavam contos e metáforas naturais para, com muita força e doçura, passar mensagens e ensinamentos aos que os escutavam. Pelo poder das histórias, aprendemos sem estudar e estudamos sem querer. Pelo poder das histórias, o autor pode transferir uma série de conhecimentos para o leitor, sem a necessidade de pesquisar isso ou aquilo.

O livro trata de um drama familiar, mas também é recheado de informações para o desenvolvimento pessoal do leitor, as quais, normalmente, são encontradas em livrarias especializadas ou em artigos e análises de jornais do mundo dos negócios. Podemos, também, descobrir, em um ou outro capítulo, dicas e exemplos de vida de nomes bem conhecidos de qualquer pessoa do mundo corporativo, sendo esse um aspecto muito importante dessa história.

Não vou contar mais, para não estragar as surpresas. Mas antes de entregar o leitor nas mãos da autora, Eliana Barbosa, quero lembrar que todos nós somos donos de uma empresa; inclusive você! Não me refiro a uma empresa com CNPJ e endereço, mas sim a outra muito mais importante: a empresa que tem CPF e data de nascimento — Você.

Você também deixará um legado.

Meu pai, por exemplo, nunca teve uma empresa, exceto uma quitanda, na cidade de Guarulhos, quando eu era muito pequeno. Mas ele, que esteve separado de minha mãe por mais de 30 anos, vivendo em Uberaba, sua cidade natal, casou-se outra vez com ela há alguns anos e veio morar novamente com a família, trazendo de volta muito da felicidade que tínhamos perdido quando eles se separaram, na minha infância.

Por algum tempo, vivemos novamente com muita felicidade e uma sensação de completude especial. Porém, menos de dois anos depois de ele ter voltado ao nosso convívio, um erro médico o levou embora. E, apesar de ter ficado conosco por tão pouco tempo, ele também deixou um legado. Algo que os filhos jamais esquecerão.

Por isso, lembre-se de que tudo o que você diz, tudo o que você vive, será parte do seu legado.

Apenas espero que você goste tanto de *O Enigma da Bota* quanto eu gostei. E espero que este livro possa, mesmo que de forma sutil, dar a você algumas dicas e soluções úteis para melhorar sua própria vida.

Torço para que, assim, você possa Viver melhor, Amar mais intensamente, Aprender com maior profundidade e, por fim, deixar aos seus o maior e melhor legado possível: se você ainda não sabe qual é esse legado, *O Enigma da Bota*, de Eliana Barbosa, pode ajudá-lo a descobrir.

Agora é com você. Boa leitura!

Aldo Novak

Introdução

Foi com extrema alegria que recebi o convite do meu editor, Luiz Vasconcelos, para escrever um livro que abordasse a questão de empresas familiares e sucessão, com ingredientes motivacionais.

Confesso que foi um desafio, embora eu mesma seja empresária há mais de 10 anos, com experiência no varejo por cinco anos bem produtivos de minha vida. Além do mais, tenho aprendido muito com as empresas que me contratam para palestras motivacionais e transformacionais, ocasiões em que ocorre uma verdadeira troca de experiências e, realmente, não sei se mais ensino ou mais aprendo.

O Enigma da Bota é uma prova de que ficção e realidade se misturam. Só no final da narrativa o leitor compreenderá o verdadeiro enigma a que se propõe o tema. A vida dá voltas, voltas e mais voltas, mas ninguém foge dos caminhos que precisa percorrer para crescer.

Este livro, que carinhosamente ofereço a você, querido leitor, conta a história da Família Domenico e da sua empresa, uma indústria de dermocosméticos e perfumaria fundada no Brasil pelo italiano Augusto Domenico. O personagem principal do enredo é o neto de Augusto, César Augusto Domenico, que, aos 70 anos de idade, transfere a presidência da empresa para seu filho mais velho, Júlio César Domenico (quarta geração). A partir daí, César Domenico, sentindo-se sem rumo e sem objetivos, planeja escrever as suas memórias. E, a exemplo do que fez Andrew Carnegie, o grande industrial do aço norte-americano no início do século XX, contrata um escritor — Álvaro Sanches — para ajudá-lo nessa empreitada, com a proposta de acompanhá-lo até o seu último instante de vida. Daí, enquanto César Domenico vai contando a sua história e a história da empresa, permeadas de problemas, desavenças familiares, intrigas entre herdeiros e tragédias, a vida dele vai se transformando, com novos e inusitados acontecimentos.

Se viver e conviver em família não é fácil, menos ainda se esta for parte de uma empresa, pois o fator liderança é primordial e com ele a importância do exemplo de boa convivência para os demais colaboradores. "Família + Empresa", em certos casos, pode ser uma combinação perfeita, mas em outros, infelizmente, torna-se uma mistura explosiva, em que emoção e razão se confundem e geram conflitos, por vezes devastadores...

A grande proposta de *O Enigma da Bota* é provocar no leitor uma profunda reflexão sobre os desafios da sucessão em uma empresa familiar, levando-o a ver o quanto sentimentos destrutivos, tais como culpas, invejas, intrigas, medos e ressentimentos, dificultam o processo. Nossa história acontece na quarta geração de presidentes da indústria, com questionamentos sérios sobre falta de preparo dos herdeiros e dos patriarcas para a sucessão e várias lições importantes sobre convivência, liderança, perdão e autoperdão, coragem, superação, mudanças de comportamento e outros temas muito emocionantes, que vão temperar o enredo.

Ao final, depois de acompanhar tantas experiências, decepções e, conseqüentemente, muito aprendizado dos personagens, espero que fique para você, meu leitor, a certeza de que tudo passa e de que o sucesso na sucessão, embora desafiante, é possível!!!

O final da história??? Ah, o desfecho é surpreendente, e prova que o Universo adora apoiar quem sabe o que quer!

Com você, a saga da Família Domenico!

Eliana Barbosa

Capítulo 1

O forte calor daquela noite de verão era um convite para um passeio de automóvel pela bela e colorida Avenida Paulista. Janelas e teto solar abertos, quase madrugada, um incomum céu branco de estrelas e uma brisa sugerindo uma caminhada...

César Augusto Domenico, o grande industrial brasileiro, olvidando, por um momento, a sua segurança pessoal, parou o carro, desceu e começou a caminhar, assobiando e sentindo o vento noturno refrescar as suas lembranças...

— Ah, como o tempo passou rápido para mim! Será que todos sentem o mesmo?

Vida agitada de empresário, estresse, aborrecimentos familiares e selecionadas alegrias na trajetória permeada de batalhas que venceu. Sim, ele venceu, podemos dizer com absoluta certeza!

Naquela noite clara, César Domenico havia dispensado os serviços de seu motorista porque precisava ficar apenas em sua própria companhia. Ele estava tão distraído com seus pensamentos, que nem se preocupou com os perigos daquela caminhada...

E com o doce luar a iluminar suas reminiscências, muitas delas dolorosas, começou a germinar nele um inusitado sentimento, um desejo de contar a sua história, ou, melhor ainda, de escrever suas memórias. Afinal, a sua própria vida se misturava em tudo à história da empresa da família: a Domenico Indústria de Dermocosméticos e Perfumaria, fundada pelo seu avô paterno Augusto Domenico, há 87 anos.

— É... minha vida daria um belo livro, porque convivi com os mais escandalosos personagens de um romance, no meio de intrigas, ciúmes, calúnias e tudo mais. Ainda bem que isso é passado. Mas, por que será que a gente insiste tanto em reviver o passado em cores e acaba deixando a visão do futuro em preto e branco? Boa pergunta! Ainda hei de achar a resposta! Minhas memórias... Mas, como? — perguntou-se, intrigado, e continuou com os seus pensamentos. — Até que aprendi a ser habilidoso na vida empresarial, depois de muito sofrer, mas sou uma verdadeira negação para escrever. Minha esposa sempre lamentou pela falta de bilhetes românticos em nosso casamento... E agora quero virar escritor? Não! Preciso pensar em uma forma de construir melhor este sonho recém-nascido. Ao longo da minha vida, aprendi que sonhar é pouco, vou ter de datar meus sonhos e especificá-los, para que se tornem metas realizáveis.

E aí, com passos largos e pausados pelo centro financeiro da bela São Paulo, César Domenico começou a criar uma nova meta para si; justamente ele, que nos seus 70 anos de vida, acreditava não precisar de mais nada e poder ficar tranqüilo, esperando "aquele" temido dia chegar... Os pensamentos de César Domenico iam e vinham...

— Ah, que trágico ficar à espera da morte. Mas era assim que eu estava vivendo de dois meses para cá. Pois bem, então está resolvida a minha mais nova meta: vou preparar as minhas memórias. Só que quero que sejam publicadas seis meses após a minha partida deste mundo. Sim, vai ser melhor assim...

César estava tão absorto em seus planos, que nem se deu conta que já estava bem distante do local onde havia estacionado o seu carro. Caminhou muito. E os pensamentos se sucediam.

— Já sei! Estou me lembrando aqui da vida do grande industrial do aço dos Estados Unidos, Andrew Carnegie, que, no início do século XX, contratou e financiou o jovem Napoleon Hill para uma pesquisa sobre as pessoas bem-sucedidas, para que pudesse daí extrair a Ciência do Sucesso. Eu, por minha vez, já sei o que fazer: vou contratar um escritor para me acompanhar, me entrevistar e organizar todo o conteúdo de nossas conversas, e que fará isso até o meu último dia de vida, dia após dia, ano após ano. Bem... se é uma meta, preciso definir também quando começar. Ah, vou ser ousado: quero começar este trabalho em dois meses, no máximo!

É incrível! Parece que, em questão de minutos, a vida de César Domenico ganhou novo sentido e ele até parecia mais energizado...

Desde que César passou o comando da sua empresa para o filho Júlio César, por mais que ele negasse, estava se sentindo deprimido e sem utilidade, sem planos, como se tivesse perdido o chão. E preocupado com o futuro da empresa, é claro! Mas, agora, só de pensar em deixar para a posteridade sua experiência pessoal e profissional, estava se sentindo mais jovem. Pensar que suas vivências de superação de culpas, de mágoas e de medos poderiam servir de exemplos aos outros estava lhe fazendo muito bem! Agora, sim, ele teria a certeza de que deixou marcas positivas na vida das pessoas. Afinal, uma vida tão emocionante quanto a dele tinha de ter valido a pena! Em muitas famílias e empresas, o processo de sucessão costuma ser traumático. Foi assim também quando ele assumiu... Mas o que mais encantava César naqueles minutos de caminhada era como o seu estado mental havia se modificado quase que instantaneamente.

— Eu até já sabia que pensar positivo faz bem para a alma e inunda a mente de sensações agradáveis, mas hoje foi demais! Estou ficando emocionado. Vou voltar para casa de cabeça erguida, cheio de planos para realizar... A Clara vai até se surpreender em me ver sonhando de novo! Quero só ver o que ela vai dizer agora... — disse para si mesmo, com os olhos úmidos de emoção.

Clara sempre foi uma mulher voltada para o lar. Esposa dedicada, mãe zelosa, um pouco apagada de energia e sem brilho nos olhos, mas sempre achou que dedicar-se à família era tudo o que uma mulher precisava para ser aprovada pelos outros e ser feliz. Depois de algumas decepções na vida conjugal, Clara aprendeu a infeliz arte da indiferença, e assim eles viviam agora: cada um para si mesmo, sem o tão desejável companheirismo. Um típico casamento de fachada.

César, ao dar partida no carro, de volta para casa, continuava com os seus pensamentos:
— Estou me lembrando, agora, da frase que mandei colocar em molduras e afixar nas paredes de todos os departamentos da indústria: "O Universo adora apoiar quem sabe o que quer!". Agora eu sei o que quero e vou conseguir! Então, Universo, mãos à obra: vamos encontrar a pessoa certa para me acompanhar nessa nova e empolgante empreitada de escrever minhas memórias! Quem poderia ser? Ah, mas eu vou descobrir!

César Domenico, cheio de esperança e novos planos, voltou transformado para a sua casa tão bem localizada no Morumbi. O mais difícil foi explicar à esposa os motivos da mudança. Seu aspecto mais feliz fez com que a usual indiferença dela desaparecesse e despertasse o ciúme, um de seus mais antigos sentimentos, que muitos estragos já tinha feito em seu casamento. Mas, agora, ela não precisava sofrer, porque a alegria do marido tinha um motivo bem mais nobre...

César foi para o escritório colocar as metas no papel e Clara deitou-se para dormir, mas lembranças amargas do passado causaram-lhe insônia. Clara, uma pálida senhora de pele branca como leite e olhos azuis da cor do céu de outono, já tinha passado maus momentos em seu casamento. Muita instabilidade emocional, infidelidade do marido, e isso lhe trouxe muita insegurança. Casou-se mais madura, ambos com 35 anos de idade, mas ela nunca perdeu seu foco: casou-se para sempre: "até que a morte os separe". E, por conta dessa determinação, suportou muitas humilhações e falou muitos "sim" quando deveria dizer "não"!

Agora, com 35 anos de vida conjugal, considerando-se uma velha nos seus mal-aproveitados 70 anos de vida, não tinha mais ilusão a respeito de nada e dedicava-se, como sempre, a compartilhar o sucesso da família, mesmo que entre quatro paredes reinasse a dura indiferença. É verdade que para César e para os filhos Clara foi muito importante, muito presente, muito mulher. Mas para ela mesma, para a sua "Clara interior", a sensação que tinha era de um grande vazio. Ela não se lembrava de ter feito nada para si mesma, para a mulher especial que ela nem suspeitava que fosse. Triste isso...

    César era bem diferente. Desde que Clara o conheceu, há 36 anos, ele parecia ser um homem seguro, bem-sucedido e dono de suas vontades. Alto, moreno, sempre muito atraente, olhos cor de mel e uma voz possante e aveludada. Um pouco arrogante quando ainda jovem, com um gênio forte e dominador entre as mulheres, mas foi justamente essa a característica que mais a atraiu, pois Clara era muito insegura e tinha a auto-estima extremamente abalada, resultado de uma criação repressiva e cheia de culpas e medos. O pior é que, de tanto ouvir sua mãe dizer que "homem não presta" e que "casamento é sofrimento", Clara sempre acabava buscando relacionamentos com homens de difícil convivência ou de caráter duvidoso. E quando se casou, embora César fosse o melhor homem que já tivesse namorado, ela logo se resignou com a sua crença e ficou esperando pelo sofrimento. Como crença cria realidade, o casamento de Clara nunca foi nada fácil... César Domenico, apesar de viver atormentado por uma culpa antiga que lhe rendia muitos problemas de saúde, com terríveis dores de cabeça e por todo o corpo, sempre foi um homem muito fogoso e vaidoso, com o sangue italiano a lhe correr nas veias. Um dos primeiros choques de Clara foi na noite de núpcias, em que, na sua recatada maneira de agir, sentiu que frustrou o marido; afinal, pesava muito em seus pensamentos o que sempre ouviu da família: "sexo é sujo", "só prostitutas gostam de sexo", "a esposa tem obrigação de servir o marido", etc. Mas, aos poucos, Clara foi percebendo que não era isso que o marido esperava dela. Ele queria compartilhar prazer, risos e gozos, dividir a alegria de estarem juntos... Mas isso era pedir demais para Clara... Era impossível relaxar nos momentos que deveriam ser de prazer. Para ela, aqueles momentos consistiam apenas no cumprimento do seu dever de esposa, nada mais! É claro que, anos e anos de casados, vivendo assim, nem ela se surpreendeu quando César foi buscar novas emoções fora do lar. Mas ela nunca pensou que isso, um dia, pudesse afetar o seu papel de esposa...

    Depois de muito remoer suas mágoas, Clara Domenico conseguiu adormecer.

Capítulo 2

Noite de festa. Essa era uma noite especial, afinal, César seria homenageado na Câmara Americana de Comércio pela sua grande atuação como o empresário mais bem-sucedido da atualidade no Brasil. Embora afastado da direção da Domenico Indústria de Dermocosméticos e Perfumaria, César seria reconhecido pela expressiva contribuição de sua empresa para o desenvolvimento econômico do país nos últimos anos. Há dois meses César passou o "trono" para seu filho primogênito, Júlio César, então com 33 anos de idade. Homem forte e viril como o pai, mas tão claro quanto a mãe, não tinha a malícia do pai para tratar de negócios e era muito ingênuo em seus relacionamentos.

A Indústria Domenico, situada no mesmo local desde a sua fundação, no Bairro da Barra Funda, ocupa uma área de mais de 300 mil metros quadrados, com 50 mil metros quadrados de construção, emprega, hoje, mais de três mil funcionários e gera mais de 10 mil empregos indiretos, com uma exemplar estrutura de apoio a seus colaboradores. Apesar de sua constante presença nas revistas empresariais como modelo de administração voltada para o social, econômico e ambiental, sua história mostra que nem sempre a Indústria Domenico foi tão próspera assim, principalmente no que diz respeito a seus herdeiros...

Adriano Domenico — pai de César Augusto, de Juliano (morto ainda criança), de Alexandre, de Adriana e de Felipe — foi o único herdeiro da Indústria Domenico, pois, em 1938, seu pai, Augusto Domenico, o fundador da indústria, e sua mãe, Madeleine Domenico, morreram no naufrágio de um navio que vinha da Europa, quando eles retornavam de uma viagem de negócios: tinham ido à França buscar novas fragrâncias para seus famosos perfumes. Adriano, filho único, na época com 26 anos de idade, já casado e, até então, pai apenas de Juliano e César Augusto, assumiu, já com certa experiência e vivência de um empresário de sucesso, o controle da empresa. Ele adorava a vida empresarial. Cresceu acompanhando os negócios do pai e não teve dificuldade nenhuma em substituí-lo. Sentiu, sim, muita falta do pulso firme do pai e da sua presença tão marcante para todos os funcionários. Mas foi uma sucessão tranqüila, sem traumas.

Infelizmente, Adriano Domenico não teve a mesma tranqüilidade ao chegar a sua hora de transferir os negócios para seus herdeiros. Primeiro, porque um derrame irreversível tomou conta da sua vida em um momento muito delicado da empresa, quando estavam ampliando os negócios e aumentando a linha de produção e, segundo, porque ele não soubera preparar seus filhos para substituí-lo. Era um pai extremamente cobrador, rígido, e tinha a mania de fazer comparações entre as pessoas, principalmente entre os seus filhos. Isso, ao longo dos anos, causou uma terrível rivalidade entre os irmãos. Os diálogos dessa família eram recheados de críticas e de condenações, e Susana, esposa de Adriano, mesmo sendo uma pessoa muito doce, não conseguia unir o que os duros comentários de seu marido se encarregavam de separar. Dos cinco filhos, César foi sempre o mais interessado na empresa e o mais dedicado ao pai. Juliano, o filho mais velho, morreu tragicamente quando César tinha apenas 7 anos de idade. Com isso, ele acabou assumindo, sem querer, a posição de primogênito e assim, inconscientemente, foi se preparando para a sucessão.

Em 1970, além de toda a conturbação política do país, César assumiu a Domenico em uma fase de extrema desunião familiar e contra o apoio do irmão Alexandre, três anos mais novo, que entrou com um processo na Justiça para embargar a decisão do pai de dar plenos poderes para César, o mais preparado dos quatro filhos vivos para assumir a direção.

Mas nessa noite de festa, em que a Indústria Domenico, com os seus 87 anos de existência, receberia uma grande homenagem, o que mais preenchia os pensamentos de César Augusto eram seus novos planos: o livro que iria escrever... Precisava compartilhar com outras pessoas, principalmente com outros empresários, a sua dolorosa, mas enriquecedora, experiência em uma empresa familiar e todos os trâmites da sucessão. Tinha muitos amigos empresários que também comandavam empresas familiares e podia ver em seus depoimentos como os problemas de uns se parecem com os de outros. Se a convivência familiar, em si, não é nada fácil, quanto mais a convivência familiar dentro de uma empresa!

César Domenico colocou o foco na sua meta e, com a personalidade determinada que sempre teve, agora só iria descansar quando começasse a realizar seu projeto.

Muitos amigos presentes, muita música, um coquetel elegante, mas ele parecia alheio a tudo, principalmente na hora dos longos discursos que teve de ouvir...

Quando a festa estava quase chegando ao fim, Clara, sempre pensando na etiqueta, sugeriu a César que passasse de mesa em mesa agradecendo a presença dos amigos e fotografando com cada um, para que depois a assessoria de imprensa da empresa enviasse um *release* com as fotos para jornais e revistas paulistas e nacionais.

Cumprimentando e agradecendo aos convidados, César foi apresentado a muitas pessoas, mas uma delas lhe pareceu especial... Seu amigo Diogo Carvalho, grande jornalista local, apresentou-lhe Álvaro Sanches, um jovem recém-formado em Jornalismo, muito sorridente e carismático, que o surpreendeu com um cartão de visitas bem "americanizado" (com foto) e lhe disse, com todas as letras, que estava em busca de uma oportunidade de emprego. É assim mesmo. Ele disse isso, sem cerimônia, com garra e determinação.

— César, meu amigo, fui professor do Álvaro na Universidade e estou empenhado em apresentá-lo aos meus amigos para, juntos, conseguirmos um emprego melhor para ele — disse Diogo, bem empolgado com o rapaz.

— É, meu jovem, você deve ser bom mesmo, porque nunca vi o Diogo se mover para apoiar quem quer que fosse — disse César, com uma pitada de sarcasmo na voz.

— Sabe o que é, César? — respondeu rapidamente Diogo. — Eu acompanho o Álvaro desde que ele entrou na Universidade e, realmente, a vida dele não tem sido moleza, não. Sobrevive do próprio trabalho desde que chegou em São Paulo, aos 14 anos, sozinho, sem família, em busca do pai que até hoje não encontrou. E tudo o que ele conseguiu foi por ser muito honesto e realizador. Álvaro, fale um pouco você mesmo, menino...

— O professor Diogo já disse tudo! Eu, agora, estou buscando um emprego mais desafiante, e, é claro, que valorize mais o meu esforço — disse o jovem, olhando com segurança para César, um homem que ele já admirava há muito tempo.

— Sim, eu entendo... — respondeu César, evasivo, observando cada palavra e cada gesto do rapaz.

— Dr. César, estou muito honrado em conhecê-lo. A imprensa nunca poupou elogios à sua gestão e eu sempre admirei muito a sua preocupação com a responsabilidade social da sua indústria. Parabéns pela homenagem de hoje! — disse Álvaro, com uma segurança bem incomum em um jovem de apenas 23 anos de idade.

César ficara bem impressionado com Álvaro Sanches.

Antes de se despedirem, pediu ao rapaz que lhe enviasse, o mais rápido possível, por *e-mail* mesmo, o seu currículo, pois poderia surgir alguma oportunidade para ele. Despediram-se. César guardou com carinho aquele cartão de visitas, no bolso de seu terno. Sentira uma grande empatia por aquele rapaz.

Capítulo 3

De volta à sua casa, pronto para se deitar, César sentiu um forte impulso de conversar com Clara sobre a vida deles, sobre o passado...

— Clara, semana que vem faremos 35 anos de casados... É uma vida, hein?

— César, por que você insiste tanto em falar do que não volta mais? Será arrependimento? Para mim, tanto faz... Eu já lhe disse: ninguém me decepciona mais de uma vez. E sabe por quê? Porque, depois, para mim, é como se a pessoa não existisse mais.

— É, Clara, você é realmente muito rancorosa e usa a pior das armas para ferir alguém: a indiferença. Isso dói muito, sabia?

— Sim, eu sei! Mas é para doer mesmo, querido. É para você nunca mais se esquecer de que sua infidelidade me machucou muito.

— Já te pedi perdão tantas vezes, Clara... Será que você nunca me perdoará por isso? Eu fui pressionado e chantageado por aquela mulher, já lhe contei isso tantas vezes... Mas você quer me pisar, não é? Tudo bem. Um dia, quando ler as minhas memórias, quem sabe você me perdoará...

— César, tem coisas na vida que são imperdoáveis... Por favor, me deixe dormir... — respondeu Clara, com o rancor fazendo tremer sua face tristonha.

Ah, como é triste guardar mágoas no peito! É como se o coração de Clara tivesse sido algemado para sempre. Que mulher rancorosa e infeliz...

Capítulo 4

Hoje, César acordou bem cedo. Apesar de o dia ter amanhecido chuvoso, ele fez seus exercícios físicos rotineiros na academia que montou em sua deslumbrante casa. E, agora, depois de um banho relaxante, está tomando seu café da manhã completo e lendo os jornais matinais que assina há anos. Nada diferente do que sempre faz todas as manhãs, exceto o telefonema que recebeu do filho Júlio César, pedindo para se reunir com ele, logo mais, para se aconselhar sobre os problemas da empresa. Ainda bem que Júlio está demonstrando humildade para pedir a opinião do pai nas suas decisões mais difíceis... Não é muito comum ver sucessores assumindo suas fraquezas diante das dificuldades iniciais. Essa iniciativa de Júlio acabou por fazer com que César continuasse se sentindo importante em suas opiniões. Massageou seu ego. Fez bem para sua alma. César, após o processo da sucessão, assumiu o cargo de presidente do Conselho Consultivo da empresa, o que lhe conferia autoridade para opinar nas questões importantes. Mas Júlio não ficaria esperando uma reunião para pedir conselhos sobre um assunto nem tão importante assim...

Júlio chegou logo. Estava muito bonito, vestindo uma camisa social vermelha. O ar de seriedade dava-lhe ainda mais charme. Sua mãe, Clara, ficava orgulhosa ao ver o filho se dando bem na empresa.

Júlio disse ao pai que estava indignado com o que vinha acompanhando no Departamento de Vendas. Um dia, ele chegou de surpresa em uma reunião que Jonas, o diretor de vendas da Domenico, estava fazendo com os vendedores e tomou o maior susto quando o viu fazer chantagens com os seus funcionários, ameaçando demiti-los e, pior ainda, falando mal do Governo e das diretrizes da empresa. Jonas era uma pessoa extremamente revoltada com a vida, com o trabalho e, pelo que Júlio presenciou sem ser notado, era muito ingrato também. Isso foi a gota d'água para a decisão que Júlio acabara de tomar. Só faltava ouvir a opinião de seu pai para ter certeza de que estava tomando a melhor decisão para a empresa.

— Pai, estou num impasse muito grande em relação ao departamento de vendas. Como vamos manter um diretor como o Jonas, tão grosseiro e pessimista? Como é que o Sr. conseguiu agüentar o Jonas lá por tantos anos? É inacreditável...

— Calma, Júlio, você tem razão. O Jonas não tem o perfil para este cargo, mas eu sempre tive muita pena dele, da história de vida dele... Ele tem dois filhos doentes, excepcionais. E eu ficava tentando dar uma nova chance a ele. Sei que isso não é certo, não é justo com os bons colaboradores e diretores que temos lá, mas eu não conseguia me desligar disso.

— É, pai, agora sobrou para mim a decisão mais difícil, mas tudo bem...

— Júlio, para resolver este caso, porque você não aplica aquelas perguntas que ficam coladas lá no mural da minha, quero dizer, da sua nova sala na Domenico? Sempre poupei muito tempo e desgaste com discussões quando fazia a mim e aos outros aquelas quatro simples perguntinhas... — disse César, referindo-se a uma lista de técnicas básicas para analisar as preocupações e a tomada de decisões, que ele aprendeu com o escritor Dale Carnegie, no seu livro *Como evitar preocupações e começar a viver*.

— Pai, essa foi a primeira coisa que fiz quando me deparei com este problema. Tentei responder às quatro perguntas: "Qual é o problema? Quais são as causas do problema? Quais são as possíveis soluções? E Qual é a melhor solução?" — disse Júlio.

— E aí, Júlio, qual é a melhor solução, do seu ponto de vista?

— Veja bem, pai, farei o que já deveria ter sido feito há muito tempo. Vou dispensar o Jonas. Pai, uma coisa que eu aprendi na faculdade é que empresa não é instituição de caridade. Temos de levar a coisa com muito profissionalismo, usando mais a razão que a emoção.

— Eu sei, meu filho, você está certo. Eu acostumei mal os nossos funcionários e também a diretoria. Dizer "não", para mim, nem sempre foi muito fácil. Aprendi tanto sobre isso na minha estada na Escócia, com o sábio Amór, mas ainda tenho dificuldades com o "não". Faça o que tem de ser feito, mas seja sempre justo.

Capítulo 5

César estava orgulhoso ao ver Júlio tentando se desenvolver em suas novas funções. Nunca impôs nada ao filho em relação à sucessão, mas, de uma forma bem sutil, o preparou desde pequeno para tomar amor pela Indústria Domenico.

Quando Júlio fez 6 anos de idade, César deu a ele uma mesa ao lado da sua, na sala da presidência. E todos os dias, às 18 horas, César buscava Júlio na escola e o levava para a empresa, onde ele fazia as suas tarefas escolares naquela tão importante mesa, ao lado do pai. E, ao final do expediente, iam juntos para casa. Aos 14 anos, César colocou Júlio para trabalhar na produção, como estagiário, com uma remuneração simbólica, e a cada dia que passava, mais o menino se empolgava com os negócios da família. Aos 18 anos, depois de estagiar em outros setores da Indústria, Júlio pediu ao pai para começar a trabalhar na Domenico como assessor do Diretor de Marketing, e saiu-se muito bem nessa função.

Vivian, dois anos mais nova que Júlio, filha caçula de César e Clara, era bem diferente. Sempre rebelde, nunca quis acompanhar o pai na empresa e, desde pequena, foi um grande problema nas escolas que freqüentou. Parecia que tinha prazer em desmoralizar a família com as suas atitudes condenáveis. Tinha uma mágoa profunda da mãe, porque se achava muito menos amada que o irmão — sentimento comum nas famílias, mas muito potencializado na família Domenico, desde a geração anterior.

Capítulo 6

Clara entrou no escritório de César bem na hora em que ele estava na Internet, conversando com os seus companheiros de golfe por um desses programas em que as pessoas falam e se vêem por uma *webcam*. É, César pode até ser idoso, mas não é um velho. Aliás, é bem moderno e procura sempre se atualizar com as novas tecnologias. Até professor particular de informática ele tem... E tem orgulho ao dizer para os amigos que terá uma velhice bem feliz, porque, com a Internet, jamais se sentirá solitário. E até isso irritava Clara, que entrou no escritório, nervosa e pediu-lhe um tempo para conversarem.

— César, a Vivian está impossível. Não sei se vou agüentar mais conviver com ela aqui em casa.

— O que foi dessa vez, Clara? — perguntou César, desconsolado.

— Encontrei de novo aquelas drogas debaixo do colchão dela e, quando fui chamar sua atenção, ela negou, como sempre faz. Aí, bateu a porta do quarto, trancou e saiu com o carro, cantando pneus. César, pra mim chega! Eu não quero mais conviver com uma pessoa assim. Eu não mereço isso!

— Tudo bem, Clara. Você está coberta de razão. Vou falar com ela e, dessa vez, é pra valer. Me avise quando ela voltar. Vamos conversar juntos. *O.k.*?

Que problema! Vivian já tinha testado o pai e a mãe nas piores situações, mas agora que César estava afastado da empresa, com tempo para tomar decisões com mais equilíbrio, era hora de resolver essa questão.

Vivian sempre foi uma criança nervosa, agitada e muito rebelde. Quando chegou à idade escolar, seus pais escolheram, tanto para ela quanto para Júlio, uma escola de classe média, porque queriam que os filhos aprendessem a conviver sem orgulho e preconceito com os menos abastados. Assim que entrou na escola, Vivian, na sua insegurança natural, revoltou-se, pois era mais rica que seus colegas e tinha vergonha disso. Aí, começou a querer andar desarrumada, com roupas velhas, para se sentir mais igual às outras crianças. Depois, revoltou-se mais ainda quando entrou na adolescência, porque descobriu-se que ela era portadora de um problema auditivo grave, que a fez perder a audição direita e ficar com a esquerda comprometida. Mesmo os tratamentos na Europa e nos Estados Unidos, para os quais a mãe pacientemente a encaminhou, não conseguiram bloquear a perda auditiva. Vivian tinha de usar aparelhos nos dois ouvidos e isso a irritava profundamente.

Mas é assim mesmo. Quanto mais uma pessoa é revoltada e pessimista, mais coisas ruins acontecem com ela. Ela se torna um ímã de sofrimentos. E é isso o que tem acontecido com Vivian. Aos 16 anos, como forma de agredir moralmente seus pais e mostrar-se dona de suas vontades, fugiu de casa e foi morar com um rapaz de 25 anos que conhecera duas semanas antes, em uma festa "da pesada". Depois de dois meses sem notícias, com a ajuda de um detetive, seu pai foi ao seu encontro, na favela do Vidigal, no Rio de Janeiro, onde Vivian estava vivendo com um desocupado e marginal, interessado, é claro, na sua posição social e no seu crédito bancário, que, àquela altura, já estava bem baixo. Depois de muita conversa, a jovem resolveu voltar para casa. Tempos depois, contou aos pais que chegou até a apanhar do namorado, que era viciado em drogas e álcool. E foi com ele que Vivian entrou no deplorável mundo das drogas, um caminho quase sem volta, que faz com que ela não se permita ser feliz. Depois de tantos tratamentos, internações, melhoras e recaídas, César e Clara continuam sem rumo, cheios de questionamentos e culpas mal resolvidas.

César lembrou-se de um amigo, o advogado Glauro Roberto, cujo filho mais velho conseguiu se livrar das drogas depois de 12 anos de dependência.

— Clara, vou ligar para o Glauro e vou abrir o jogo com ele. Estou cansado de fazer de conta que a minha família é perfeita, de ficar jogando a sujeira para debaixo do tapete.

— Sim, César, acho uma boa saída. Veja com ele como foi que o Saulo conseguiu se curar dessa praga. Não agüento mais. A vontade que tenho é de desistir da Vivian e esquecer que um dia eu tive uma adorável filhinha — disse Clara, em prantos. — Estou cansada de ficar pensando de quem foi a culpa, onde foi que erramos... Por que ela é assim, se a criamos como o Júlio e ele deu certo na vida?

— Clara, um dia eu li em um livro que não podemos ficar nos culpando tanto se os nossos filhos não forem o modelo de pessoa que gostaríamos que fossem, porque a alma deles é antiga, já viveu muitas vidas e cada um nasce com experiências e vivências diferentes, que definem seu gênio e sua personalidade — ponderou César, um pouco confuso.

— É... é o que dizem os reencarnacionistas, mas eu nunca pensei muito a respeito disso. Deve ser verdade, porque você também é muito diferente de seus irmãos e seus pais criaram vocês todos do mesmo jeito — respondeu Clara, mostrando-se, agora, interessada no tema.

— Ah, Clara, venha cá! Venha ler comigo esta mensagem que recebi dos nossos amigos sempre presentes, mesmo ausentes — Raquel e Israel —, diretamente de Lisboa, onde estão passeando hoje... — disse César, procurando em seu computador a mensagem que arquivara há pouco.

— Tem de ser agora, César? — perguntou Clara, em tom irritado.

— Sim, Clara, esta mensagem chegou na hora certa! — respondeu César, abrindo um *e-mail*:

COMO FAÇO PARA NÃO ME ABORRECER?
(Autor desconhecido)

— Mestre, como faço para não me aborrecer? Algumas pessoas falam demais, outras são ignorantes. Algumas são indiferentes. Sinto raiva das que são mentirosas. Sofro com as que caluniam.

— Pois viva como as flores — advertiu o mestre.

— Como é viver como as flores? — perguntou o discípulo.

— Repare nestas flores — continuou o mestre, apontando os lírios que cresciam no jardim. — Elas nascem no esterco, entretanto são puras e perfumadas. Extraem do adubo malcheiroso tudo que lhes é útil e saudável, mas não permitem que o azedume da terra manche o frescor de suas pétalas. É até justo angustiar-se com suas próprias culpas, mas não é sábio permitir que os vícios dos outros o importunem. Os defeitos deles são deles e não seus. Se não são seus, não há razão para aborrecimentos. Exercitar, pois, a virtude é rejeitar todo mal que vem de fora. Isso é viver como as flores! E não corra atrás das borboletas, cuide do seu jardim e elas virão até você.

— Nossa, César, que mensagem forte! "Os defeitos deles são deles e não seus." Sabe que é bom ouvir isso? Às vezes me sinto tão mal, como se fosse eu que estivesse fazendo tudo errado. Fico me sentindo envergonhada por atitudes que não são minhas... — disse Clara, sentindo-se mais aliviada.

— Você está errada agindo assim. Nós vamos ajudar a Vivian, mas ela precisa saber que não temos de nos aborrecer com o sofrimento dela. Ela é ela, e os caminhos dela, quem escolhe é ela! Você é você e eu sou eu, vidas independentes e escolhas diferentes — disse César, determinado.

Ficou então combinado que, quando Vivian voltasse, eles teriam uma conversa definitiva com ela. Era só esperar...

Capítulo 7

César Domenico, voltando ao seu escritório, olhou para o mural na parede e deu de cara com sua nova meta — escrever as memórias — e lembrou-se de que precisava colocar mais foco nisso.
— Quem pode me ajudar nessa empreitada? Estou ansioso para começar!
E, naquele instante, lembrou-se do jovem que havia conhecido no dia anterior...
— Como é mesmo o nome dele? Ah, está aqui o cartão — César disse para si mesmo, quando encontrou o cartão de Álvaro Sanches na gaveta principal da sua mesa de trabalho.
— Bem apessoado o garoto, e parece autoconfiante! Isso é bom... — pensou César, procurando no computador se ele já havia enviado o currículo, conforme haviam combinado.
— Ah, encontrei. Vamos ver agora quem é Álvaro Sanches — disse César, para si mesmo, colocando seus óculos de leitura.

A grande surpresa que César Domenico teve com o currículo de Álvaro é que ele não poupou qualidades ou habilidades para se descrever: arrojado, ambicioso (no bom sentido, como ele mesmo colocou), criativo, com iniciativa nas atitudes, comunicação clara e eficaz, garra e gosto pelo novo e alma de aprendiz.
— É... ele realmente é um rapaz muito corajoso... Afinal, se diz que é isso tudo, terá de provar tudo isso — pensou César, admirado e já pegando o telefone para ligar para ele.

Como César Domenico era muito econômico, até nos mínimos detalhes, resolveu ligar primeiro no número residencial, mas ninguém atendeu. Então, sem outra opção, ligou para o celular de Álvaro, que, muito atencioso, atendeu a ligação com um "alô" tão simpático que parecia ser uma pessoa muito feliz.

César sempre admirou muito as pessoas que sabem atender ligações telefônicas de bom humor. Na Indústria, ele procurava observar como as pessoas atendiam ao telefone e as alertava quanto a isso. Ele era mestre em ligar para seus funcionários, passando-se por outra pessoa, para avaliar como eles atendiam ao telefone. Ligava para o Serviço de Atendimento ao Cliente da sua própria empresa, usando um nome falso, e ficava furioso quando os atendentes demoravam para resolver o que lhes era solicitado. Ao final da ligação, apresentava-se para o funcionário e explicava-lhe como ele poderia melhorar seu desempenho ao telefone. Mas jamais poupou elogios, quando merecidos, é claro!

— Álvaro, aqui é César Domenico. Tudo bem?

— Dr. César, que prazer! Eu estou ótimo e o senhor? — respondeu Álvaro, sentindo-se internamente eufórico por receber uma ligação de alguém tão importante...

— Estou muito bem, Álvaro! Já li o seu currículo e preciso conversar pessoalmente com você. Podemos marcar um horário hoje ainda? — perguntou César, bastante ansioso.

— Claro, Dr. César. Eu saio do jornal, onde estou trabalhando como *free lance*, às 18h30. Que horas o senhor quer marcar?

— Vamos fazer o seguinte: você vem direto para a minha casa. Aqui, jantamos juntos e depois faremos uma reunião. Combinado, assim? — disse César, cada vez mais apreensivo para resolver logo o que o aflige.

César desligou o telefone com uma impressão muito boa de Álvaro. Ainda hoje, pelo andar da conversa no jantar, ele poderia avaliar melhor o seu perfil. Se perceber que o rapaz tem aptidão para ser o escritor de suas memórias, fará a proposta a ele. Mas, se perceber que ele não combina com a importante atividade que César quer lhe atribuir, então, mudará o rumo da conversa e pedirá a ele para indicar alguém que conheça que tenha o perfil adequado. Agora é só esperar mais algumas horas...

Clara, sabendo do convite para o jantar, caprichou na arrumação da mesa de uma sala de jantar que só era usada quando tinham convidados. Ela era uma mulher muito ligada a regras de etiqueta e muito educada também. Era bastante talentosa como anfitriã e organizadora de eventos bem-sucedidos. Muitas vezes, já tinha passado pela sua cabeça se tornar uma empresária do setor de eventos, mas estava tão acostumada a não trabalhar fora de casa, que temia não se acostumar com a disciplina dos horários apertados. César sempre se orgulhou da habilidade da esposa em receber as pessoas, porque um homem de negócios precisa se sentir à vontade nos eventos que promove a amigos e clientes.

Às sete da noite, o segurança do portão principal avisa a Clara que o jovem Álvaro chegou e o orienta a estacionar seu carrinho popular ao lado do jardim principal da casa. César desceu do quarto, disfarçando a ansiedade, e abriu a porta para Álvaro, que lhe sorriu. Cumprimentaram-se com alegria. Conversaram por meia hora na sala de estar e depois se dirigiram para a sala de jantar, onde uma farta mesa estava posta, lindamente decorada com objetos antigos. César, na cabeceira da mesa de oito lugares, entre Clara e Álvaro. O jantar transcorria normalmente, exceto pelas perguntas bem diretas de César, que não se preocupou em poupar o jovem.

— Álvaro, meu rapaz, naquele dia que o conheci, o Diogo me disse que você chegou a São Paulo com 14 anos, sem família... Por acaso você fugiu de casa?

— Dr. César, essa parte da minha vida é a mais dolorosa que já passei, mas o senhor é tão gentil comigo que não vou omitir o que me aconteceu. Nasci em uma vila de pescadores chamada Maragogi, em Alagoas, hoje um lindo ponto turístico do Nordeste. Minha mãe era solteira, morava lá também, porém não com seus pais e sim com algumas amigas, para ter mais liberdade... Quando se viu grávida de mim, mudou-se para a casa de meus avós maternos, para ter o apoio da mãe dela na minha criação. Minha mãe sempre foi muito perturbada e tinha uma vida, posso dizer, duvidosa. Eu mesmo, quando tinha 12 anos de idade, resolvi segui-la quando saiu para trabalhar e descobri que seu trabalho tão rentável era como prostituta de luxo, em uma casa que atendia a turistas estrangeiros. Foi aí que entendi porque ela tinha tantos dólares guardados em casa — disse Álvaro, de uma vez só, como se estivesse louco para desabafar com alguém e, ao mesmo tempo, estranhando a confiança que sentira em contar esse segredo ao casal Domenico... mas era tarde, pois já havia começado...

César e Clara se entreolharam, constrangidos, mas perceberam que o rapaz estava precisando falar de si mesmo. Eram bastante sensíveis para entender que aquele jovem era muito solitário e que tinha muitas mágoas no coração.

César, então, lhe disse: — E o que você fez quando descobriu as atividades da sua mãe, Álvaro?

— Eu comecei a pressioná-la para me revelar mais sobre a vida dela e, mais ainda, para me contar quem era meu pai. Ela sempre desconversava quando eu lhe perguntava sobre ele. Minha avó, coitada, sabia menos do que eu. Os senhores sabem o que é viver na dúvida e na decepção? — perguntou Álvaro, com os olhos marejados de lágrimas.

Clara estava muito emocionada com o relato do jovem e quis cortar este assunto que não combinava em nada com um jantar tão saboroso: — Ah, Álvaro, vamos deixar esse assunto triste para outra hora. Não queremos que você guarde uma má lembrança deste jantar... Você provou o filé ao molho madeira? Está uma delícia... Vamos, César, conte ao Álvaro sobre a sua viagem à Escócia, seu assunto predileto...

Mas Álvaro precisava terminar.
— D. Clara, desculpe-me, não quero deixá-los tristes. Mas eu gostaria de terminar, só para vocês entenderem como vim parar aqui em São Paulo. Depois de tanto brigar com a minha mãe e ela nem se importar com os exemplos errados que passava para mim, resolvi fugir de casa e peguei carona com um turista que conheci. Bem, com o apoio de muita gente boa que encontrei aqui, estudei, trabalhei muito, me formei e hoje estou trabalhando como jornalista *free lance*. É isso aí!
— Álvaro, e seu pai? Você tem alguma pista para encontrá-lo? Por que veio procurá-lo aqui em São Paulo? — perguntou Clara, já querendo "abraçar a causa".
— Minha mãe falava muito pouco dele. Disse que era um pescador e que a última vez que ela o tinha visto, eu estava com 4 anos de idade. Ela contou-me que ele lhe dissera que estava de mudança para o litoral de São Paulo, onde a vida dele poderia ser melhor. Ela me disse que não contou a ele sobre o filho, no caso, eu — respondeu o jovem, com o olhar distante.
— Mas pelo nome dele você não encontrou nada? — perguntou César, muito interessado.
— Minha mãe dizia que ele nem tinha documentos, porque ele era um desmemoriado que foi criado em uma aldeia de pescadores perto de onde eu nasci. Para dizer a verdade, nem sabemos se ele ainda está vivo, mas não vou perder a esperança — disse Álvaro, entristecido.
— E sua mãe, você tem contato com ela? — perguntou Clara.
— Não. Há muitos anos não tenho notícias dela nem da minha avó.
César resolveu encerrar aquele assunto e pediu desculpas a Álvaro pelo constrangimento que o tinha feito passar. Perguntou-lhe se ele queria saber um pouco sobre a viagem mais transformadora da sua vida: um retiro espiritual na Escócia. E o resto do jantar transcorreu alegre, com o relato de César e a curiosidade de Álvaro em saber dos detalhes. César e Clara estavam impressionados com o carisma do rapaz e a sua familiaridade.
No momento em que se dirigiam para o escritório de César, para a reunião que teriam após o jantar, Vivian entrou pela porta principal, estabanada como sempre, e o pai a chamou para apresentá-la a Álvaro.
Admirada, Vivian olhou para Álvaro, sorriu e disse: — Nossa, que coincidência! Nós nos conhecemos em uma festa, lembra-se de mim?
— Claro, Vivian — respondeu o jovem, mais encantado ainda ao rever aqueles olhos negros na pele alva, envolta por cabelos louros, longos e lisos. — Lembro-me que quando estávamos dançando você se sentiu mal e resolveu ir embora... Você está bem?

— Estou, obrigada! Foi um prazer revê-lo, mas tenho de subir — disse Vivian, sentindo um leve mal-estar. "Que estranho!", pensou ela. "Ele é um rapaz tão atraente, mas essa é a segunda vez que me sinto tonta quando estou perto dele... Muito estranho isso. É uma emoção diferente."

Álvaro e César sentaram-se em volta da mesa do escritório, que era todo em mármore, com móveis pesados, repleto de livros nas estantes e uma iluminação forte, que motivava a leitura. O rapaz estava curioso para saber que conversa iria ter com um homem tão importante como o Dr. César. "Podia ser uma proposta de emprego", pensou, enquanto César se acomodava em sua cadeira reclinável.

César resolveu ir direto ao assunto:

— Álvaro, quando o conheci, dias atrás, você me disse que estava procurando um emprego mais desafiante, lembra-se?

— Sim, Dr. César, sempre fui amigo de desafios — respondeu Álvaro, com o coração disparado, prevendo o que o empresário lhe diria.

— Pois bem, Álvaro, eu tenho uma proposta para você! Vou lhe dar dois dias para me responder, pois você vai precisar pensar bem no que vou lhe propor, certo?

— Tudo bem, Dr. César, pode falar — disse Álvaro, quase não se contendo de curiosidade.

— Álvaro, antes quero saber se está disposto a provar que você é tudo aquilo que falou em seu currículo... — disse César, bem sério.

— Claro, Dr. César. Tudo o que quero é uma chance para mostrar o meu valor — respondeu o jovem, um pouco confuso com o modo assertivo do velho empresário.

— Pois bem, Álvaro! Quero que você trabalhe para mim, escrevendo as minhas memórias. Se dermos certo um com o outro, quero que você me acompanhe até o meu último suspiro de vida e, seis meses após a minha morte, faça o lançamento do livro em todo o Brasil. O que você me diz? — perguntou César, feliz em ter dado o primeiro passo rumo à realização de seu projeto.

— Eu... eu... estou muito lisonjeado com esta proposta, Dr. César. Não sei nem o que lhe dizer — respondeu Álvaro, com a voz trêmula e gaguejando. O que César lhe propunha era muito mais do que tudo o que ele havia sonhado. Só de pensar em quanto iria aprender com aquele homem, sua cabeça girava. Álvaro ficou mudo...

— Preciso lhe passar alguns detalhes desse trabalho — disse César, sentindo que a parceria tinha tudo para dar certo. — Vou contratá-lo para trabalhar comigo, ficando disponível quando eu precisar de você para escrevermos. Vou querer que você me acompanhe nos eventos que eu achar necessário e que grave e anote tudo o que eu lhe contar a respeito do meu passado e, também, tudo o que estiver acontecendo no meu presente. Está entendendo?

— Sim, Dr. César, estou entendendo... — sussurrou Álvaro, com a cabeça a "mil por hora".

— E como salário, pelo menos no período de experiência de três meses, eu lhe ofereço 20 salários mínimos por mês. Pense bem, com carinho. Espero por você depois de amanhã, para almoçar conosco e me dar a sua resposta — disse César, confiante e entusiasmado com o jeito humilde do rapaz.

— Está bem, Dr. César. Vou pensar, sim, e quero, de antemão, agradecer-lhe por este convite, por ter se lembrado de mim. Jamais esquecerei esta noite. Obrigado, mesmo!

A conversa deles durou mais meia hora, nas quais César deu mais alguns detalhes do trabalho ao rapaz e este, exultante de alegria, tentava disfarçar a empolgação. Na verdade, Álvaro bem poderia dizer "sim" no mesmo instante, mas não queria parecer precipitado e impulsivo. E assim terminou a primeira das muitas noites inesquecíveis que Álvaro compartilharia com César, porque, é claro, ele já havia se decidido a aceitar a proposta. Faltava só dizer isso ao seu novo patrão.

Capítulo 8

Para César, ainda havia um grande problema para resolver naquela noite: o que fazer com Vivian. Não dava mais para adiar uma conversa séria e definitiva.

César foi até o quarto do casal, chamou Clara, que lá estava em uma poltrona, lendo um livro de auto-ajuda que havia ganhado dois anos atrás de sua amiga Sílvia, e só agora se interessara pelo seu conteúdo: *Como fazer amigos e influenciar pessoas*, do consagrado escritor americano Dale Carnegie. O título da obra tinha muito a ver com a necessidade que ela via agora de conseguir ser mais amiga da Vivian e poder influenciá-la para melhor. César até se espantou quando viu o livro, mas foi um espanto positivo, gostou mesmo. Afinal, havia muitos anos que ele se interessava pelos conteúdos de desenvolvimento pessoal e espiritual, mas Clara sempre resistira às suas sugestões de leitura. César observou e não disse nada, pois sabia o quanto Clara podia ser pirracenta. Se ele falasse do livro, ela poderia parar de ler só para provocá-lo.

Ah, esses jogos nas relações conjugais são terríveis... Estragam qualquer casamento...

— Clara, vamos chamar a Vivian agora para conversar? — perguntou César, decidido a enfrentar o problema logo.

— Está bem, César, vou chamá-la e conversaremos lá em baixo, no seu escritório, pode ser? — respondeu Clara, admirada em ver o marido, finalmente, se interessando mais pela vida familiar.

Clara bateu na porta da suíte de Vivian, entrou e ela estava tomando banho e chorando copiosamente. A mãe sentiu uma grande dor no peito e achou melhor deixar um bilhete sobre a cama, convidando-a para conversarem assim que terminasse o banho. Saiu do quarto e desceu para contar a César o que vira. Ficaram conversando, enquanto esperavam pela filha.

Vivian terminou o banho, ainda chorando muito, lembrando-se de quanto já havia tentado se livrar das drogas, tratar-se desse mal e, mais uma vez, estava se afundando... Sentia-se muito só, e esse sentimento de autopiedade a prejudicava mais do que o arrependimento. Espantada, leu o bilhete da mãe e sentiu um certo alívio, pois conversar, naquele momento, era tudo de que ela mais precisava. Ainda mais que seu pai, com quem tinha muito mais afinidade, estaria lá, para ouvi-la e ajudá-la!

Vestiu-se rapidamente e desceu a longa escadaria, rumo ao escritório do pai. Sentiu que a conversa de hoje seria diferente de todas as centenas de outras vezes, porque seus pais nunca haviam reservado um horário para estarem por inteiro com ela. Vivian tinha 31 anos, mas suas emoções estacionaram na adolescência, aos 16 anos. Era uma menina frágil e insegura, cheia de medos, mágoas e muitas culpas. Precisava urgentemente de apoio e de mudanças em sua vida. Abriu a porta do escritório, devagarinho, muito envergonhada...

— Entre, minha filha, vamos conversar hoje como já deveríamos ter conversado há 15 anos — disse César, olhando-a nos olhos e com grande emoção na voz.

César e Clara estavam sentados no sofá e Vivian sentou-se na poltrona, na frente deles, com os olhos inchados de chorar e muito abatida. Clara estava também muito abatida. Preferiu ficar calada e deixar César conduzir a conversa.

— Vivian, minha filha, primeiro quero que saiba que nós a amamos muito e eu, particularmente eu, seu pai, quero me desculpar com você por todos esses anos em que coloquei a Empresa em primeiro lugar em nossas vidas. Sinto-me culpado por não lhe ter dado o apoio de que você necessitava quando começou a ter problemas, na adolescência. Estou muito triste com o meu comportamento, minha filha... Só agora que me afastei da presidência é que estou me dando conta de quão ausente fui como pai. Por favor, diga que vai me perdoar, minha filha — disse César, chorando como uma criança e olhando profundamente nos olhos da filha, que também chorava um choro sofrido e alto.

Vivian não tinha palavras. Clara levantou-se, pegou no braço de César e, juntos, levantaram a filha e se abraçaram como há décadas não faziam. Foi um momento de extrema emoção para os três. Depois que se acalmaram, sentaram no sofá e colocaram Vivian sentada no meio, entre os dois, como se fosse aquela adorável menininha de 6 anos, que costumava deitar a cabeça no colo da mãe e os pezinhos no colo do pai.

Depois daquele momento de dor e de alívio, César retomou o fôlego e disse:

— Vivian, minha filha, você quer se curar desse mal, definitivamente?

— Pai, meu pai querido, eu quero muito me curar, mas, depois de tantos tratamentos, aprendi que a dependência de drogas e de álcool não tem cura, pelo menos até hoje. Vou ter de me controlar para o resto da vida. A vontade jamais passará, mas eu quero sim me livrar das drogas! — respondeu Vivian, refeita da emoção e certa de que chegara a hora de enfrentar seus demônios.

— É, minha filha, eu estive conversando com o Saulo, o filho do Glauro Roberto. Lembra-se dele? — perguntou César, confiante de que a conversa traria resultados bem positivos para o relacionamento dele com a filha.

— Sim, papai, eu me lembro do Saulo. Já estivemos internados na mesma Clínica, lá em Petrópolis. Eu soube que ele está bem há dois anos, terminou os estudos e está com um ótimo emprego. Ele é muito inteligente! — disse Vivian, recobrando o entusiasmo.

— Vivian, você também é muito inteligente! Eu acho que o que estragou a sua vida é que você não soube equilibrar sua inteligência com suas emoções. Outro dia eu li uma matéria em uma revista falando sobre inteligência emocional. Depois vou mostrá-la a você e você verá que falta faz a inteligência emocional em nossas vidas. Temos de aprender a desenvolvê-la. No mundo empresarial, minha filha, o quociente emocional (QE) está mais valorizado do que o quociente de inteligência (QI) — disse César, tentado começar a falar de empresas, seu assunto mais freqüente. Como era difícil para César falar de pessoas!

— Pai, mãe, eu quero me tratar de novo, mas não sei pra onde vou agora...

— Filha — disse Clara — o Saulo passou para o seu pai o endereço de um Grupo de Recuperação, aqui em São Paulo mesmo, onde você não vai precisar ficar internada. É só freqüentar as reuniões semanais e manter um tratamento com um psiquiatra. E, é claro, aceitar tomar todos os medicamentos corretamente...

— Mãe, eu quero sim. Pode marcar, papai — disse Vivian. — Eu quero mudar, quero ser normal, quero trabalhar, quero ser útil, quero ser amada, quero ser feliz!

— Filha, querer é o primeiro passo. Mas o grande poder está em saber querer! Estou sentindo que agora será diferente! Eu e sua mãe vamos acompanhar toda a sua recuperação de perto, vamos vencer juntos esta batalha, pode acreditar! — disse César, confiante.

— Papai, você marca a consulta com o psiquiatra pra mim? Se deu certo para o Saulo, vai dar pra mim também! Vou ligar para o Saulo e conversar com ele... Obrigada, pai. Obrigada, mãe... Perdoem-me pelo tanto que tenho feito vocês sofrerem. Eu vou mudar. Prometo que vocês ainda vão ter muito orgulho de mim. Amanhã, com certeza, será um novo dia — disse Vivian, cheia de remorso e com um nascente entusiasmo dentro de si.

E nesse espírito esperançoso foram todos dormir, depois de um dia cheio, emotivo e produtivo.

Capítulo 9

Clara e César levantaram-se juntos e, depois da ginástica habitual de César e da aula de natação de Clara, sentaram-se para o café da manhã. Ambos mais bem-humorados, com certeza.

Interessante é que Clara só tinha indiferença para com César quando o assunto era o relacionamento dos dois. Quando se tratava dos filhos, eles se sentiam mais unidos. Deve ser por isso que tantos casamentos conturbados sofrem com filhos problemáticos. Talvez esta seja uma forma inconsciente que os filhos encontram para unir seus pais novamente.

Após o café, Clara marcou a consulta psiquiátrica de Vivian para o final da semana, mas foi orientada pela secretária da Clínica que ela e César acompanhassem a filha na primeira consulta e nas reuniões semanais, para valorizarem cada passo da sua recuperação. Naquela noite, poderiam participar da reunião. Então, César já deixou combinado com Clara que levariam Vivian com eles.

César escreveu um bilhete para Vivian, contando-lhe da reunião e da consulta, e dirigiu-se ao quarto dela para colocar o bilhete debaixo da porta, pois a filha costumava dormir até a hora do almoço. Mas levou um susto quando, no corredor em frente à porta do quarto dela, viu um saco plástico com as drogas que ela usava e todos os instrumentos de que precisava para consumi-las. Foi um choque para César, que se refez quando leu o bilhete que ela deixou colado no saco:

"Meu pai. Minha mãe. Isso significa que quero mudar, que quero abandonar definitivamente o meu vício, que quero me tratar. Por favor, destruam o conteúdo desta sacola e fiquem comigo nessa escolha! Eu amo vocês! Vivian".

César colocou o bilhete que escrevera para Vivian debaixo da porta e saiu carregando as drogas e o bilhete da filha, comovido e agradecido a Deus pelos últimos acontecimentos. Uma confiança muito forte estava tomando forma em sua vida familiar... Isso era muito bom!

César passou a maior parte do dia em seu escritório, refletindo. Que vida conturbada a sua! Precisava mesmo deixar para a posteridade suas experiências, porque talvez alguém pudesse aprender com ele e não precisasse passar por tudo o que ele passou.

Pensamentos e questionamentos passeavam pela sua mente:
— Como uma empresa familiar criada com tanto gosto pelo meu avô e tão bem cuidada pelo meu pai pode ter se tornado um campo de guerra? E os meus irmãos, por onde devem andar? Como pôde uma família se esfacelar desse jeito? Ainda bem que consegui superar essas tempestades... Ah, que saudades do sábio Amór. Que vontade de voltar à Escócia e contar pra ele como estou e agradecer-lhe pelas minhas transformações... Vou planejar uma volta minha à Escócia. E convidar a Clara e a Vivian para irem comigo. Que ótima idéia!

Capítulo 10

À noite, César, Clara e Vivian já estavam a caminho da primeira reunião no Grupo de Recuperação de Dependentes de Álcool e Drogas, levados pelo motorista da família. Não era nada fácil para César Domenico pensar que poderia ser reconhecido lá. Tinha de se preparar para os comentários que poderiam surgir, inclusive na imprensa. Mas, como ele mesmo havia decidido, era hora de abdicar do orgulho e assumir os problemas. Afinal, ninguém é perfeito. Além do mais, ele ia escrever suas memórias, não é? Então, seus problemas, com certeza, viriam à tona, embora tivesse de preservar sua esposa e seus filhos...

— Ah, como é que não pensei nisso antes? — pensou César em voz alta, deixando as duas curiosas.

— O que você não pensou antes, papai? — perguntou Vivian, demonstrando seu interesse por ele.

— Sabe o que é, minha filha? Eu estou pensando em escrever as minhas memórias, mas agora surgiu uma grande dúvida em minha cabeça... — disse César, um pouco frustrado. — Não posso falar de mim mesmo, pois isso envolveria todos vocês da minha família e poderia também prejudicar a Indústria... O que vocês acham?

— César, você é louco? Vai falar da gente, da nossa vida privada, tudo? Por favor, nem me diga isso, pois vou achar que você está esclerosado... — disse Clara, com a sua habitual ironia. Ela não perdia uma oportunidade para chamar o marido de esclerosado... Que maldade!

— Não, Clara. Fique calma... Estou colocando minhas idéias em ordem. Já sei: vou trocar todos os nomes, inclusive o meu, como autor. Na verdade, estou contratando alguém para escrever o livro que vou ditar. Tenho muito o que falar mas, infelizmente, não vou poder revelar o meu nome... Isso comprometeria toda a nossa família e a empresa também — respondeu César, ansioso para voltar para casa e anotar no papel as suas mudanças de planos.

Desceram no local da reunião bastante constrangidos, principalmente César e Clara, por terem de acompanhar a filha que já era adulta, pelo menos na aparência. Eles tinham medo de ser reconhecidos. Mas, à medida que foram entrando e vendo as pessoas que lá estavam, se sentiram mais aliviados, porque ninguém reparava em ninguém e lá se podiam ver pessoas de todas as classes sociais, afinal, as reuniões eram absolutamente gratuitas.

Uma tranqüilidade muito grande imperava no local: um auditório, com palco e uma mesa, onde algumas pessoas escolhidas iriam ocupar os seus lugares. Quem sempre dirigia a reunião era um famoso psicólogo paulistano, Dr. Marcos Weiss, muito amoroso com os participantes, mas, ao mesmo tempo, muito franco. Cumprimentava a todos que entravam, sorridente e confiante. Ao fundo, uma música clássica, que conferia ao ambiente mais paz e relaxamento.

César, Clara e Vivian escolheram um lugar mais à frente para se sentarem e, quando estavam aguardando o começo da reunião, Dr. Marcos se aproximou de Vivian. A secretária do grupo já o havia informado sobre o caso dela. Ele deu-lhe boas-vindas e assegurou-lhe que, se ela quisesse, conseguiria abandonar as drogas. O psiquiatra subiu no palco e iniciou a reunião, chamando para a mesa alguns participantes. Mais tarde, César soube que eram pessoas que iriam relatar seus casos de superação. Belíssimos casos, por sinal, que fizeram até Clara, que se faz de fria, chorar...

Foi uma reunião realmente diferente, muito marcante. Inesquecível. Vivian ficou impressionada com a alegria das pessoas que estão se superando, semana após semana, e com a tristeza daqueles que, ao resolverem abandonar o tratamento, se achando curados, não resistiram às pressões e voltaram ao vício. Mas o que mais impressionou Vivian foi a fala do Dr. Marcos Weiss:

— O vício, meus amigos, não se apaga da mente. Até hoje, não foi descoberto um remédio que possa tirar para sempre sua vontade de beber ou de se drogar. Você criou um arquivo de memória em sua mente. O vício é como um leão dentro de você. Quando você decide se afastar das drogas ou do álcool é como se colocasse esse leão para dormir, mas basta uma provadinha de novo que ele acorda, violento e faminto. Ele nunca morre, mas pode matar você! Então, nosso trabalho é manter esse leão adormecido com injeções semanais de força de vontade, entusiasmo e coragem para a sua superação. Por isso, eu digo que é muito importante freqüentar as reuniões semanalmente, pois elas irão fortalecê-lo para que resista às tentações que vão existir em seu caminho, para sempre.

Incrível a sinceridade do psicólogo! Isso comoveu Vivian e deixou seus pais impressionados. No final, todos se cumprimentaram, se abraçaram, se solidarizaram e a reunião foi encerrada com uma prece pedindo forças a Deus naquele momento em que se encontravam tão vulneráveis. Belíssima noite!

Os três voltaram para casa muito comovidos com tudo o que presenciaram e ouviram. Mas, só então César percebeu o quanto a sua presença sempre foi importante na recuperação da filha. Mais uma vez, pediu perdão a ela pela ausência de todos esses anos. Sim, porque a vida toda esteve presente de corpo e ausente de alma na família, diferentemente da sua postura na Indústria — sempre presente de corpo e alma.

César se deitou e, antes de pegar no sono, pensou: "Por que nós, empresários, somos tão despreparados para a vida em família? Sempre me achei o máximo como administrador, mas jamais soube administrar a minha própria vida pessoal e a minha família. Clara é que sempre deu conta de tudo... É verdade que melhorei muito depois das experiências na Escócia, mas ainda deixei muito a desejar. Ainda bem que nunca é tarde para acordar. Vou mudar e vou recuperar o tempo perdido, ainda vou conseguir fazer a diferença na vida das pessoas, começando pelas mais próximas! Eu preciso disso! Não quero carregar mais culpas comigo. Chega de culpas! Já passei mais da metade da minha vida me destruindo por causa das culpas. Chega!!!

E, assim, César adormeceu. Naquela noite, seu sono foi muito agitado. Acordou três vezes durante a madrugada, ansioso para o relógio despertar, porque o novo dia poderia lhe trazer ótimas notícias... Além do mais, tinha de pensar sobre os nomes dos personagens do seu livro... A ansiedade realmente tirou o sono de César!

Capítulo 11

Assim que César começou suas atividades no escritório de sua casa, depois das 10 horas da manhã, recebeu um telefonema de Júlio, que já estava na Indústria, contando ao pai como foi difícil dispensar Jonas, o diretor de vendas.

— Pai, o senhor nem imagina o que aconteceu... Ele fez o maior escândalo, entrou na minha sala gritando e chorando, dizendo que eu não sabia o que estava fazendo, que eu sou um "frangote" sem experiência e que nas minhas mãos a Empresa vai acabar em pouco tempo... — disse Júlio, assustado.

— Calma, meu filho, fique tranqüilo. Isso são ossos do ofício. Todo cargo de liderança está sujeito a destemperos como esse. O que importa é que você pensou na empresa e, nesse caso, você foi muito melhor do que eu, que sempre tive pena dele e me esqueci o quanto ele estava prejudicando o crescimento da Domenico e servindo de mau exemplo para os outros colaboradores. Seja absolutamente justo no acerto de contas dele e fique tranqüilo, Júlio — respondeu o pai, pensando que poderia ter evitado esse aborrecimento para o filho se tivesse resolvido aquele problema há tempos.

— Sabe, pai, às vezes fico me questionando: quero tanto ser um líder que cuida do crescimento dos funcionários, que se preocupa com a qualidade de vida deles, mas não posso perder o foco, que é o crescimento da Empresa... Isso me confunde um pouco — disse Júlio, preocupado.

— Júlio, o que aprendi nos meus muitos anos aí, no alto comando da Domenico e na convivência com outros empresários de sucesso, é que as pessoas que são contratadas para trabalhar têm de cuidar das suas habilidades e procurar se superar sempre, porque, hoje, o que as mantêm empregadas é justamente o que elas geram de resultados para as empresas. E nós, administradores, devemos ser, o melhor possível, humanos, cuidadosos com a vida pessoal e familiar dos funcionários que merecem trabalhar em nossa equipe... Entende, filho? Com os que merecem!

— Estou entendendo, pai...

— A nossa grande missão como empresários, em relação aos nossos colaboradores, é proporcionar-lhes condições para que realizem suas funções com qualidade e para que se realizem como pessoas e como profissionais. Você sabe, Júlio, da minha briga com os diretores por mais treinamento para o desenvolvimento da nossa equipe, não sabe? Sempre procurei levar especialistas em relacionamentos para falar nas reuniões em cada área da indústria, e isso surtiu um efeito muito positivo. Espero que você dê continuidade a esse trabalho, filho — disse César Domenico, orgulhoso por não ter sido um administrador conservador.

— Claro, papai, sei e acompanhei o seu empenho no desenvolvimento pessoal dos nossos funcionários e é por tudo isso que a Domenico é a indústria brasileira mais importante no ramo de cosméticos e perfumes. Não é uma equipe qualquer que trabalha conosco... É uma equipe especialmente treinada para vencer — respondeu Júlio, extremamente empolgado com a abertura que César lhe dava para conversarem de igual para igual.

— Júlio, não se preocupe. O Jonas foi um caso à parte e está resolvido. Você já escolheu o novo diretor de vendas?

— Tenho uma reunião hoje com a diretoria para tratarmos desse assunto. Você tem alguma sugestão? — perguntou Júlio, bem curioso a respeito da opinião do pai.

— A minha sugestão é bem óbvia: escolham alguém da mesma área, de vendas. Quem sabe o nosso melhor vendedor? Mas, lembre-se: nem sempre o melhor vendedor será o melhor líder... Avalie, primeiro, o perfil dos vendedores que temos — dos melhores — e veja qual deles tem condições para um cargo de liderança. Observe se é uma pessoa amiga dos colegas, interessada pelo bem-estar comum, se fala olhando nos olhos dos outros, se é humano, se é assertivo... — César foi enumerando as qualidades de um líder.

— Assertivo, pai? — perguntou Júlio, um pouco confuso. Ele já tinha ouvido falar em assertividade, mas não se lembrava bem o que era. Talvez porque ele próprio, até então, nunca conseguira demonstrar muita assertividade em sua vida.

— Puxa, Júlio, que vergonha! Pessoa assertiva é aquela que sabe falar "não" quando necessário, sem culpas. É isso! — disse César, muito feliz em, mesmo de fora, poder apoiar o filho na sua gestão. — Meu filho, preciso desligar. E fique esperto, porque as aparências enganam...

— disse César, despedindo-se do filho e encerrando a ligação, porque seu celular tocava insistentemente.

Era Álvaro, no celular, confirmando o almoço com César ao meio dia.

Capítulo 12

César Domenico pediu a seu motorista que o levasse ao *shopping center* mais próximo. Ele estava pressentindo que a resposta de Álvaro à sua proposta de trabalho seria afirmativa e, portanto, precisava comprar logo um gravador para ele usar nos seus depoimentos para o livro. Escolheu o gravador digital mais moderno que encontrou e voltou para casa entusiasmado, levando bombons para Clara e Vivian.

Clara estava na cozinha, dando as últimas coordenadas à cozinheira sobre o almoço que seria servido na área de lazer, ao lado da piscina, em um caramanchão especialmente preparado para pequenos almoços.

Vivian acordou cedo, ligou o computador para receber seus *e-mails* e surpreendeu-se com uma mensagem em especial, que lhe fora enviada por um desconhecido. "Deve ter sido enviada pelo meu anjo da guarda", pensou, assim que leu a mensagem. Imprimiu-a e foi correndo mostrá-la a seus pais, que também se espantaram com o conteúdo tão de acordo com a realidade que estavam vivendo.

— Pai, mãe, escutem esta mensagem que recebi...

TODO DIA É DIA DE RECOMEÇAR...

Não importa onde você parou, em que momento da vida você cansou, o que importa é que sempre é possível e é necessário "recomeçar". Recomeçar é dar uma nova chance a si mesmo. É renovar as esperanças na vida e, o mais importante: é acreditar em você de novo.

Sofreu muito nesse período? Foi aprendizado.

Chorou muito? Foi limpeza da alma.

Ficou com raiva das pessoas? Foi para perdoá-las um dia.

Sentiu-se só por diversas vezes? É porque fechou a porta até para os outros.

Acreditou que tudo estava perdido? Era o início da sua melhora.

Pois é! Agora é hora de iniciar, de pensar na luz, de encontrar prazer nas coisas simples de novo. Que tal uma nova profissão? Um corte de cabelo arrojado, diferente? Um novo curso ou aquele velho desejo de aprender a pintar, desenhar, dominar o computador ou qualquer outra coisa? Olha quanto desafio! Quanta coisa nova nesse mundão de Deus o esperando. Está se sentindo sozinho? Besteira! Tem tanta gente de quem você afastou com o seu "período de isolamento", tem tanta gente esperando apenas um sorriso seu para "chegar" perto de você. Quando nos trancamos na tristeza nem nós mesmos nos suportamos. Ficamos horríveis. O mau humor vai comendo nosso fígado até a boca ficar amarga. Recomeçar! Hoje é um bom dia para começar novos desafios. Aonde você quer chegar? Voe alto, sonhe alto. Queira o melhor do melhor, queira coisas boas para a vida. Pensamentos assim trazem para nós aquilo que desejamos. Se pensarmos pequeno, coisas pequenas teremos. Já se desejarmos fortemente o melhor e principalmente lutarmos pelo melhor, o melhor vai se instalar na nossa vida. E é hoje o dia da faxina mental. Jogue fora tudo o que prende você ao passado, ao mundinho de coisas tristes, fotos, peças de roupa, papel de bala, ingressos de cinema, bilhetes de viagem e toda aquela tranqueira que guardamos quando nos julgamos apaixonados. Jogue tudo fora. Mas, principalmente, esvazie seu coração. Fique pronto para a vida, para um novo amor. Lembre-se: somos apaixonáveis, somos sempre capazes de amar muitas e muitas vezes. Afinal de contas, nós somos a verdadeira expressão do amor.

— Vivian, que belo texto! Quem é o autor? — perguntou César, emocionado.

— Pai, esse texto chegou como sendo de autor desconhecido, mas eu o repassei à Mirella, minha amiga, agora mesmo e ela me escreveu dizendo que conhecia e achava que era do Carlos Drummond de Andrade... Você sabe, a Internet tem esse grave problema: as pessoas vão repassando as mensagens e não têm o cuidado de deixar junto ao texto sua autoria. Depois, os coitados dos autores que escrevem tantas maravilhas não podem nem ser reconhecidos pelo seu trabalho... — disse Vivian, bem lúcida, calma e confiante.

— Mãe, não precisam me esperar para almoçar, porque marquei no cabeleireiro e, por tudo o que vou fazer, devo demorar muito. Quero uma mudança radical até no meu visual. Fiquem frios, vocês vão gostar! — disse a jovem, hoje bem mais centrada e entusiasmada.

Capítulo 13

Álvaro, como de costume, saiu do seu trabalho cedo o bastante para não correr o risco de se atrasar para o almoço com César por causa do louco trânsito de São Paulo.

Quando o relógio marcou 11h55, o jovem foi anunciado pelo segurança da casa. César mal podia disfarçar a sua ansiedade. Cumprimentaram-se e César logo o convidou para um aperitivo no seu escritório, dizendo que preferia que a conversa fosse antes da refeição. Ali não estava um senhor de 70 anos, mas sim um moleque ansioso para saber se ia ganhar presente ou não...

Álvaro percebeu a ansiedade de César e tentou disfarçar a alegria que lhe passava na alma; afinal, aquele dia seria um marco muito importante em sua vida.

— Dr. César, confesso que fiquei muito feliz com o convite que o senhor me fez e a minha resposta é sim, eu aceito trabalhar com o senhor como organizador do seu livro de memórias.

— Que felicidade, meu jovem! Gostei muito de você e acredito que faremos uma bela parceria... Estou muito contente mesmo. Quando podemos começar? — perguntou César, com sua famosa característica de personalidade "faça já".

— Até amanhã, tenho de entregar algumas matérias que o jornal me encomendou! Depois disso, estou livre para começar quando o senhor determinar — respondeu Álvaro, cheio de confiança.

— Bem, como amanhã já é sexta-feira, vou lhe fazer um convite inusitado: que tal começar sábado e trabalhar no domingo também? — disse César, observando bem a reação que o jovem teria a essa proposta.

— Por mim, tudo bem, Dr. César. Estarei pronto a partir de sexta à noite — respondeu Álvaro, sem perceber o olhar atento do patrão.

— Pois bem, então começaremos sábado, mas não vamos trabalhar aqui. Vamos para Ilha Grande, em Angra dos Reis, onde tenho uma bela casa de praia e poderemos nos sentir muito mais inspirados... — respondeu César, bem decidido. — Lá, teremos o sossego necessário para esse início de trabalho. Dizem os escritores que o mais difícil em escrever um livro é o começo... Depois, as idéias se aclaram e tudo fica mais fácil. Vamos ver conosco como será, não é?

— Claro, Dr. César, estou ansioso para começar... — disse Álvaro, sorridente.

    Almoçaram os três — César, Clara e Álvaro — ao som da música de Kenny G, um saxofonista, ao lado de um belo jardim florido e, ao fundo, o som de uma queda d'água que desaguava na piscina. César só agora contou para a esposa a respeito de seus negócios com Álvaro. Clara parabenizou o rapaz por ter conseguido cativar César Domenico, um homem bom, mas de gênio muito exigente, segundo a esposa.

    Clara aproveitou aquele momento para analisar melhor o rapaz. Ficou encantada com suas maneiras à mesa e com sua beleza física. Álvaro era alto, cabelos pretos e lisos, pele clara e olhos castanho-esverdeados. Mas o que mais a encantou foi o largo sorriso do rapaz.

— César, que rapaz simpático, hein? Que sorriso bonito ele tem! — disse Clara, enquanto o rapaz saiu da mesa para ir ao banheiro.

— Sabe, Clara, é como se eu já conhecesse o sorriso dele. Existe uma certa familiaridade por trás...

— Interessante a vida... — interrompeu Clara. — Todo mundo que a gente simpatiza parece que já é nosso conhecido e nem sabemos... A sensação é de *dèja vu*. Com certeza, a Selma Campos, que é espírita kardecista, vai poder me explicar isso. Interessante... — concluiu Clara, com o olhar perdido no jardim cheio de pássaros cantantes.

Capítulo 14

Terminado o almoço, Álvaro voltou para o jornal, louco de vontade de contar para o mundo inteiro sobre o seu novo trabalho. Porém, César Domenico lhe pediu sigilo, pelo menos por enquanto. Ele teria de dar uma desculpa para poder se afastar do trabalho no jornal.

Clara foi inventar alguns afazeres domésticos para ela e César resolveu sair e visitar a Indústria. Há muitos dias ele não ia lá, mas hoje estava sentindo uma grande vontade de voltar lá e rever os seus colaboradores.

A Indústria Domenico era um complexo de oito edificações, que se dividia nos seguintes setores: centro de pesquisa e desenvolvimento de novos produtos, fábrica de cosméticos, fábrica de perfumes, centro administrativo, centro de vendas e logística integrada, centro de armazenagem de matéria-prima, centro de treinamentos e convenções, e centro de apoio aos colaboradores (clube recreativo, restaurante, creche com escola maternal, banco e enfermaria).

Naquele dia, ele sentiu um entusiasmo diferente e a vontade de visitar cada área, sem a cobrança de praxe, mas como amigo e reconhecedor do mérito de cada colaborador. E foi isso mesmo o que fez, além de visitar os integrantes do conselho administrativo, da diretoria executiva e de tomar um cafezinho com Júlio, na sala que tinha sido sua por 35 anos.

Aproveitou a oportunidade e contou para o filho sobre o seu novo empreendimento: escrever um livro em parceria com um jornalista. Comentou, também, a respeito de Vivian, e Júlio ficou aliviado em saber que o relacionamento dos pais com a irmã iria melhorar com o empenho direto de César.

Conversaram mais um pouco sobre a empresa, sobre o sucesso do novo perfume lançado há um mês e César ficou encantado com os resultados que a nova equipe de *marketing* estava obtendo. O último projeto da sua gestão — *Madeleine*, um novo perfume feminino — estava exposto em todos os tipos de mídia e era impossível não saber da sua existência. Os pontos de vendas dos produtos Domenico — mais de duas mil lojas franqueadas da marca Luna no Brasil, além de quase cem lojas em 25 países — não estavam dando conta das encomendas das clientes, principalmente depois da propaganda na TV com a atriz brasileira mais sedutora do momento, em cena romântica com o galã das telenovelas... A Luna Perfumes e Cosméticos oferece atualmente no mercado brasileiro mais de 400 opções de produtos para homens, mulheres e crianças.

César saiu da empresa muito feliz, principalmente porque, agora, tinha um novo plano de vida e a sua Indústria, para a qual dedicou metade da sua vida, parecia estar em boas mãos — as de seu filho Júlio e de todo o corpo de executivos do mais alto gabarito que, ao longo dos três últimos anos, contratou e preparou para sua sucessão.

Depois da experiência bastante negativa que teve com seus irmãos, quando teve de suceder seu pai doente na Indústria, César havia prometido a si mesmo que a sua sucessão seria completamente diferente. Ele iria preparar esse momento com muita antecedência. E prepararia seus filhos desde pequenos para o sucederem. Vivian escapuliu desses planos, mas Júlio respondeu às expectativas do pai e não foi só para agradá-lo! Embora Júlio César realmente demonstre muito carinho pela Empresa e tenha se preparado de forma acadêmica para assumir a presidência da Domenico, César tem lá as suas preocupações com a inexperiência do filho como empreendedor. Hoje, ele se arrepende de não ter incentivado Júlio a trabalhar em outras empresas, quando mais jovem, pois isso o ajudaria a aprender mais sobre disciplina, relacionamentos e insegurança profissional. Trabalhar somente na Empresa que vai herdar pode, muitas vezes, fazer com que herdeiros tenham medo de se arriscar fora da "zona de conforto"; medo que, num mundo globalizado como o nosso, quer dizer "suicídio empresarial".

Capítulo 15

Júlio César Domenico, filho primogênito de Clara e César, sempre foi uma pessoa de temperamento dócil, muito estudioso e amigo do pai. Adorava ir para a Empresa todas as tardes depois da aula, para fazer as suas tarefas e passear por lá, visitando todos os setores e conversando com todo mundo. Muito comunicativo e carismático, sempre fez sucesso com as mulheres. Mas, até hoje, não deu sorte com elas. Um de seus piores defeitos é ser ingênuo demais. Ele não sabe dizer "não" às pessoas sem, depois, se sentir culpado. Ainda bem que nunca se interessou por companhias "da pesada", pois não lhe seria fácil dizer "não" a pseudo-amigos que lhe oferecessem drogas ou álcool. Na verdade, nem de beber ele gostava. Bebia socialmente, só para acompanhar as pessoas, por educação. Uma latinha de cerveja já o deixava zonzo e meio bobo-alegre; por isso, evitava sempre que possível a ingestão de bebidas alcoólicas.

Depois de uma paixão avassaladora e platônica aos 15 anos de idade, por uma professora de inglês de 23 anos, casada e mãe de um lindo bebê, Júlio César fechou-se para o amor por um bom tempo. Tinha muito medo de sofrer por amor. Namorava por namorar, mas não se deixava "laçar" por ninguém. Até que, três anos atrás, conheceu Monique, uma jovem misteriosa, em um encontro dos antigos colegas da faculdade. Ele sentiu uma forte atração por ela, por aqueles olhos azuis em uma pele bronzeada, enfeitada por um curto e sensual cabelo preto, liso e desfiado. Uma mulher muito sofisticada, que se fazia de enigmática para celebrar suas conquistas. Assim como ele, Monique era inteligente e tinha 30 anos de idade. Mas ela era muito sagaz.

Infelizmente, Monique não era a mulher que Júlio César merecia. A especialidade dela era freqüentar festas de rapazes ricos e herdeiros para tentar se dar bem na vida, como ela mesma dizia a suas colegas de apartamento. Não valia absolutamente nada, mas passava uma imagem de mulher inteligente, capaz e sincera.

E foi a partir daquela noite que Júlio se envolveu com Monique. Ela trabalhava como *personal stylist* em São Paulo, tinha um convívio com a alta classe social da cidade e era muito bem relacionada. Júlio encantou-se de imediato com essa mulher tão especial, como ele mesmo dizia. Com duas semanas de namoro, levou-a para conhecer seus pais e Clara, intuitiva como é, não gostou da moça. Ela achou Monique pernóstica, muito fútil, só falava de compras, de marcas famosas, de viagens ao exterior. Só superficialidades! Clara chegou a comentar com o filho sobre suas impressões, e Júlio, diferentemente da maioria dos filhos que não escutam os pais, resolveu ouvir a mãe e prestar atenção em alguns comportamentos de Monique. Clara chegou a dizer para Júlio que, se ele se casasse com uma mulher como Monique, estaria falido em pouco tempo, porque ela é do tipo de mulher que tem certeza que dinheiro cai do céu.

Com os olhos abertos pela mãe, Júlio começou a perceber que a moça mentia muito para as amigas, dava desculpas estranhas por telefone para seus clientes e ele começou a achar que ela também devia ser mentirosa com ele. Júlio começou a desinteressar-se de Monique, mas agora já era tarde...

Com um mês de namoro, Monique chegou na casa de Júlio, subiu para o seu quarto e, com uma falsa e preparada felicidade, contou ao rapaz que estava grávida dele. Foi um verdadeiro choque para ele, mas a notícia não surpreendeu em nada seus pais. Eles já imaginavam essa cena. Bobo do Júlio, que acreditou que ela estava se prevenindo para não engravidar e concordou quando ela sugeriu que ele não usasse preservativo em seus encontros.

Como todo homem sério e honesto, Júlio César Domenico conversou com seus pais e resolveu que seria mais correto casar-se com Monique e assumir o filho. Um mês depois, estavam casados: ela com dois meses de gestação e ele com um grande peso nas costas, pois não amava a esposa e se sentia o bobo da história do golpe da barriga ou, melhor dizendo, do golpe do baú.

Cada vez que Júlio olhava para Monique, morando com ele na casa de seus pais, ele se perguntava: "Como pude ser tão ingênuo?". Ele estava tão desmotivado com aquele casamento que nem quis montar sua própria casa e acabou aceitando o convite dos pais para ficar morando com eles. Assim, teria mais pessoas para compartilhar com ele a sua desventura.

A sorte de Júlio é que havia tanto trabalho na empresa que ele mal tinha tempo de vir almoçar com a esposa. Geralmente, a encontrava só à noite. Mesmo assim, ela tinha o costume de chegar mais tarde do que ele, vindo sabe-se lá de onde... Desde que se casou, ela parou de trabalhar e só saía para fazer compras e mais compras. Dava sempre a desculpa de que suas roupas não estavam lhe servindo mais ou que precisava fazer o enxoval do bebê.

Monique nunca falou de seus pais. Sempre desconversava quando a sogra lhe perguntava sobre a sua infância. Sempre foi muito evasiva...

Quando estava com sete meses de gestação, depois de muito descaso com a gravidez, Monique teve de ser hospitalizada e o bebê nasceu prematuramente. Foi um grande susto para a família Domenico: o bebê era quase negro! Com certeza, não era filho de Júlio. A mãe, em razão das complicações no parto, teve de ser afastada do bebê para se recuperar na UTI e, por isso, ainda não tinha visto a criança. Mas Júlio estava perplexo... Clara e César o abraçaram, solidários. Júlio chorou, colocou para fora, entre soluços e lágrimas, tudo o que estava engolindo naqueles últimos meses, enormes "sapos" indigestos, e uma raiva muito grande lhe invadiu o ser. Seus pais nunca haviam visto Júlio tão bravo, tão revoltado.

— Essa mulher é uma vagabunda... Aposto que ela sabia que o filho não era meu, mas aproveitou para nos explorar... Estou com ódio dentro de mim, pai, me ajude porque sou capaz de fazer uma loucura! — disse Júlio, espumando de raiva da pérfida esposa.

— Calma, meu filho — disse César. — Vamos resolver isso agora! Vou pedir ao Dr. Ramos um exame de DNA e logo comprovaremos toda essa farsa.

— Júlio, querido, o momento pede calma — ponderou Clara, sussurrando para o filho.

Poucos dias depois, Júlio conseguiu comprovar que o filho não era dele e, através de um investigador, a família Domenico descobriu que Monique tinha um amante, um lindo modelo fotográfico negro, há 3 anos, que sabia de tudo e a apoiava no golpe. O filho era desse seu amante.

Monique saiu do hospital e não voltou mais para a casa dos Domenico. Hoje, felizmente, Júlio nem tem notícias da mulher da qual se divorciou. Aliás, ele prefere nem se lembrar desse ano em sua vida.

Foi um grande fiasco, mas também uma grande lição. Agora, toda mulher que ele conhece e lhe gera interesse, ele contrata o investigador amigo de seu pai para pesquisar a vida dela, seus amigos e seu passado. Se as pessoas, principalmente os jovens, tivessem esse cuidado, muitas decepções e até crimes passionais poderiam ser evitados. Como Júlio César Domenico gosta de dizer, depois dessa experiência desastrosa, "antes só do que mal acompanhado"!

Capítulo 16

Finalmente, chegou o dia da consulta de Vivian com o famoso psiquiatra carioca Dr. Edmundo Benetti, marcada para as 10 horas da manhã. Interessante é que, quando César ligou e marcou a consulta, a secretária do médico pediu-lhe que enviasse, por *e-mail*, um pequeno relatório, contando sobre Vivian, sua infância, adolescência e os problemas pelos quais ela e a família passaram. César, como nunca deixa nada para depois, escreveu o histórico no mesmo dia e enviou para o médico, já percebendo que seu tratamento não era igual aos outros que conhecera.

Vivian acordou bem cedo para fazer o desjejum com os pais. Estava curiosa para ver a reação deles ao seu novo visual... Comprou roupas mais adequadas para os seus 30 anos de idade, porque estava andando como uma garotinha de 14 anos, minissaia, barriguinha de fora, *piercings* e tatuagens. Bem, as tatuagens ficaram, mas aboliu os *piercings*, mudou o guarda-roupa e colocou mais estilo até no seu cabelo. Antes, usava-o solto, longo e despenteado, sem retoques na tintura... Agora, cortou o cabelo na altura dos ombros, bem repicados como pede a moda, mas de forma que cubram as orelhas, para que o seu aparelho auditivo, o mais discreto possível, não fique visível. Renovou o loiro e colocou mechas mais claras e escuras, que deram um contraste maravilhoso com os seus pretos olhos na pele clara. Sentou-se à mesa, olhou para os pais e perguntou: — E aí, gostaram do meu visual?

— Vivian, você ficou linda! Adorei o cabelo e esta roupa está perfeita em você, querida! — disse a mãe, orgulhosa de vê-la entusiasmada de novo com a vida.

— Vivian, muito bom mesmo! Acho que essa idéia de mudar o visual é muito simbólica, viu? Percebo que você está fazendo uma faxina na sua vida, na sua alma, no seu ser. Estou muito confiante... — completou César, admirado por ver a filha tão amigável com eles.

— Obrigada! Vou tomar o café correndo, porque o trânsito até Alphaville a essa hora é um horror! Vocês estão prontos?

Quando chegaram ao consultório médico, admiraram muito porque a sala de espera tinha as paredes cobertas de murais com mensagens positivas e, nos revisteiros, só revistas relacionadas a desenvolvimento humano, cheias de casos de superação e busca do melhor. Durante todo o tempo, em todas as salas da clínica, ouvia-se ao fundo um som de música erudita ou *new age*. Era entrar lá e sentir uma paz imensa. Os três não viam a hora de conhecer o médico. César contou a Vivian sobre o relatório e ela achou interessante, porque não perderiam tanto tempo falando do passado, pois ele os atenderia já com uma boa noção do caso a ser tratado. E o que mais admiraram é que a secretária disse que o Dr. Edmundo conversaria com cada membro da família separadamente e, depois, reuniria os três para uma "mesa redonda". Pelo visto, a consulta não tinha hora para acabar... "Melhor assim", pensou César, satisfeito de estar dedicando seu precioso tempo à família.

Enquanto esperava, Vivian pegou uma pasta plástica sobre a mesa de centro da sala de espera e viu que ela continha inúmeras mensagens motivacionais. Leu o índice e interessou-se por uma, que a fez lembrar-se de sua deficiência auditiva.

DEFICIÊNCIAS
(Mário Quintana)

"Deficiente" é aquele que não consegue modificar sua vida, aceitando as imposições de outras pessoas ou da sociedade em que vive, sem ter consciência de que é dono do seu destino.

"Louco" é quem não procura ser feliz com o que possui.

"Cego" é aquele que não vê seu próximo morrer de frio, de fome, de miséria. E só tem olhos para seus míseros problemas e pequenas dores.

"Surdo" é aquele que não tem tempo de ouvir um desabafo de um amigo, ou o apelo de um irmão. Pois está sempre apressado para o trabalho e quer garantir seus tostões no fim do mês.

"Mudo" é aquele que não consegue falar o que sente e se esconde por trás da máscara da hipocrisia.

"Paralítico" é quem não consegue andar na direção daqueles que precisam de sua ajuda.

"Diabético" é quem não consegue ser doce.

"Anão" é quem não sabe deixar o amor crescer.

Chegou a hora. Dr. Edmundo Benetti, psiquiatra há 40 anos, formado no Rio de Janeiro e atuante em São Paulo e no interior paulista, era um homem de estatura mediana, meio calvo e grisalho, de aproximadamente

65 anos de idade, de semblante calmo, simpático e carismático. Só de olhar para ele já se sentia uma confiança incomum. Pelo que informou sua secretária, enquanto esperavam, Dr. Edmundo era considerado por muitos pacientes como um sábio, um mago, porque tinha uma sabedoria que lhe rendia muito sucesso em seus tratamentos.

Dr. Edmundo abriu a porta da sala de espera e cumprimentou, alegremente, a família Domenico. Convidou Vivian para entrar e disse que logo mais conversaria com o pai e depois com a mãe dela.

Vivian entrou em sua sala totalmente motivada, depois de ler tantos pensamentos bonitos lá fora... Comentou isso com o médico e ele disse que as reflexões que deixa lá já fazem parte do tratamento, porque preparam o cliente para a vontade de mudar, de melhorar e de curar-se. Era assim mesmo que Vivian se sentia.

— Vivian, li o relatório do seu pai e quero confirmar com você o que ele escreveu aqui... — disse o psiquiatra, olhando nos olhos de Vivian. E leu para ela o relatório, parando em alguns detalhes que considerou importante ouvir os comentários dela a respeito, principalmente quando falava da dificuldade de relacionamento dela com a mãe.

Vivian chorou um pouco, mas disse ao médico que tudo o que estava ali era a mais pura verdade. Ela já dera muitas preocupações a seus pais. Disse também que estava freqüentando o Grupo de Recuperação e que faria o tratamento com ele corretamente, porque, dessa vez, não só a família queria sua mudança, mas ela também queria e isso fazia toda a diferença. Vivian sentiu tanta confiança que até contou para ele algo que seus pais jamais imaginaram dela: durante 5 anos, teve um relacionamento homossexual com a sua melhor amiga e, até hoje, não conseguiu se definir sexualmente, sentindo-se confusa em relação à sua própria sexualidade. Vivian contou também que elas romperam o relacionamento há uma semana, com uma briga feia, e, então, a vontade de consumir drogas voltou com toda a força. E aí, como explicou o psicólogo Dr. Marcos Weiss na reunião que eles foram, o leão adormecido de Vivian despertou com toda a fome do mundo...

Dr. Benetti explicou a ela que sua tendência homossexual se deve à sua falta de perdão em relação à mãe, que é uma forma de agredi-la. Disse, ainda, que iria ensiná-la sobre perdão, ao longo do tratamento, e que tinha certeza de que, depois de perdoar a mãe, ela faria a sua opção sexual sem confusão. Disse-lhe também que não tivesse pressa de nada, que procurasse caminhar passo a passo, um dia após o outro, para não se frustrar. Receitou alguns remédios alopáticos, outros homeopáticos e alguns florais para colocá-la novamente em equilíbrio, tirar a sua depressão, que ele constatou existir em alto grau, e tratar os comportamentos compulsivos que levam a vícios. Além disso, Dr. Benetti combinou com Vivian que brevemente utilizaria com ela poderosas técnicas de Programação Neurolingüística, a famosa PNL, capazes de promover mudanças magistrais no comportamento das pessoas.

Depois de 90 minutos de consulta, Vivian saiu de lá aliviada e César entrou. Aproveitou para falar do seu relacionamento difícil com a esposa e da sua ausência durante todos aqueles anos como marido e pai. Tinha muito o que contar de si mesmo, mas o caso agora era a filha; então, focou mais sua atuação como pai e educador e percebeu o quanto deixou a desejar nesse ponto. Uma pitada de culpa raiou em sua alma, mas Dr. Benetti o alertou que sentir culpa agora era o menos produtivo para apoiar Vivian. Dali para a frente, ele teria de estar presente, e, mais do que isso, teria de demonstrar por ela um amor exigente, que entende sem ser permissivo.

Depois de uma hora, saiu César e entrou Clara, bastante apreensiva e curiosa, porque viu a filha muito melhor e o semblante de César também estava mais tranqüilo.

Dr. Benetti perguntou-lhe sobre seu relacionamento conjugal e Clara aproveitou para falar da infidelidade do marido, há 12 anos, que trincou o cristal da sua confiança. Disse que sente muito ódio pela atitude dele, ódio pela mulher envolvida com ele na época e mais ódio ainda de si mesma, por não ter tomado nenhuma providência e não ter tido a coragem de separar-se dele quando soube de tudo. O ódio no coração de Clara era tão grande, que, como Dr. Edmundo explicou, não sobrou amor para a filha — figura feminina que esteve ao seu alcance durante todos aqueles anos, servindo de bode expiatório. O médico lhe disse algo que a marcou profundamente: — D. Clara, o seu ódio, principalmente por si mesma, foi tanto que a senhora, na vida familiar, passou a construir muros em vez de pontes, algo que não se espera de uma esposa, companheira e mãe zelosa. Muros para manter a família distante, em vez de pontes para unir-se aos seus entes queridos. A senhora me entende?

Clara, por incrível que pareça, concordou com o ponto de vista do médico e chegou à conclusão de que ela realmente prejudicou a filha naqueles anos todos, com a amargura e indiferença que usava para tentar, em vão, manter-se distante da dor. Mas, como o próprio médico disse ao seu marido, culpa agora não vai resolver o problema de ninguém. A família Domenico precisa de ações. Resolveram tratar-se, tratar seus relacionamentos, e esse foi um passo essencial para o equilíbrio de Vivian. Dr. Benetti constatou que Clara também está com depressão há muito tempo e lhe receitou antidepressivos, deixando bem explicado para ela, como fez com Vivian, o seguinte: — Depressão é uma doença sim, não é fricote, como muitos ainda pensam. E, como doença, tem de ser tratada com remédios também. As terapias entram como tratamento coadjuvante, mas os antidepressivos são medicamentos abençoados, que repõem ao organismo doente as carências de elementos essenciais para o bem viver, principalmente aqueles que não encontramos nos alimentos que ingerimos. Portanto, D. Clara, é um tratamento sério e deve ser seguido pelo tempo que o médico prescrever. Esses medicamentos não viciam e há casos até nos quais devem ser tomados pelo resto da vida, sem nenhum prejuízo para a saúde do paciente, pois servem para melhorar sua qualidade de vida. Estamos combinados assim, D. Clara? — perguntou o médico, sorrindo e passando um ar de esperança a essa mulher tão esquecida de si mesma e da sua própria saúde.

— Sim, Dr. Benetti. Entendi tudo. Vamos tomar os remédios. Quando o senhor recomenda que voltemos aqui? — perguntou Clara, já com vontade de voltar e conversar mais...

— D. Clara, o meu tratamento é bem diferente daquele feito pelos demais psiquiatras. Eu vou fazer assim: quero ver a Vivian daqui 20 dias, mas vou acompanhar as visitas de vocês no Grupo de Recuperação. Sempre estou lá... Já a senhora e o Dr. César, quero vê-los novamente daqui 40 dias. Qualquer dificuldade com os medicamentos, podem ligar para mim e eu falarei com vocês — respondeu o psiquiatra, na sua peculiar tranqüilidade.

Depois da consulta de Clara, Dr. Edmundo Benetti chamou os três para uma conversa final, na qual fez uma análise da família e de como ele pode apoiá-los. Mas, é claro, não comentou com eles o que ouviu particularmente de cada um. Só faria isso se algum deles pedisse para fazer. Pela sua experiência profissional, Dr. Benetti já imaginava que, em uma posterior consulta, provavelmente Vivian lhe pediria para conversar com seus pais, junto com ela, sobre o seu relacionamento homossexual, mas isso, só daqui um tempo.

Dr. Edmundo Benetti encerrou a consulta mostrando à família Domenico a diferença entre ajuda e apoio: — Meus amigos, quero que parem de ajudar a Vivian!

— Como assim, Dr. Benetti? — perguntou Clara, com o maior espanto, olhando para César e Vivian, também assustados. Afinal, ele tinha parecido tão sábio, agora vem dizer isso? — pensou Clara, um pouco intrigada com a afirmação do médico.

— Ajudar, D. Clara, é vocês fazerem tudo por ela, como sempre fizeram, dando dinheiro, roupas, médicos à vontade, clínicas caras e ela não cresceu nada com isso — disse Dr. Benetti, olhando bem para os três.

— Sim, doutor, mas fizemos isso com a melhor das intenções — disse César, um pouco confuso com o que o médico iria falar.

— Claro, César, eu sei disso. Mas, agora, eu os convido a apoiar a Vivian, ou seja, não vão fazer nada por ela que ela possa fazer sozinha, entendem? Apoiar quer dizer que vocês vão acompanhá-la em seu crescimento e mudança, incentivá-la, mas ela precisa saber que as mudanças só vão acontecer se ela quiser isso — disse o médico, com aquela habitual confiança.

— Dr. Benetti — interveio Vivian —, estou entendendo o que o senhor está dizendo. Conheço uma história que recebi pela Internet que falava a respeito de ajuda e de apoio, dando este exemplo: pai e filho tinham de atravessar um caminho de barro, e, por um instante, o pai pensou em carregar o filho, mas mudou de idéia e achou melhor diminuir os seus passos e dizer para o filho pisar nas suas pegadas, pois, dessa forma, aprenderia a pisar no barro, andaria por si mesmo, mas sujaria menos os sapatos, com o apoio do pai que lhe preparou o caminho. É isso o que o senhor quer dizer, Dr. Benetti? — perguntou Vivian, feliz de também ter lições para dar...

— Sim, Vivian, é isso aí... Escute bem: se você não quiser mudar, o problema não é nosso! Mas se você quiser mudar, aí o problema é nosso também! Entendeu, Vivian? É isso que eu, seu médico e seus pais dizemos para você: "Se você não quiser mudar, o problema não é nosso! Mas se você quiser mudar, o problema é nosso também!".

— Dr. Edmundo, eu quero mudar! Agora sou eu que quero mudar! — disse Vivian, olhando no fundo dos olhos do médico.

Dr. Benetti levantou-se e pegou em uma estante um livro e dedicou-o à sua cliente.

— Vivian, este é o livro *Acordando para a Vida — Lições para sua Transformação Interior*, que eu dou de presente a todos os meus clientes na primeira consulta. É um livro que vai promover em você um "toque de despertar" para as suas potencialidades e a sua responsabilidade nas escolhas que fizer. Escolhi este livro para presentear meus clientes porque é o livro que eu gostaria de ter escrito, se tivesse tempo. Aqui tem tudo o que eu acredito que pode transformar a vida de um ser humano. Só tem um detalhe: não quero saber desse livro só de enfeite... Quero que você o leia mesmo e, na próxima consulta, vamos comentar sobre o que mais impactou você, certo? — encerrou o médico, levantando-se e despedindo-se, com toda gentileza, de César, Clara e Vivian.

Os três voltaram para casa, conversando sobre o médico, que era muito diferente dos outros que conheceram, um pouco excêntrico e sistemático, mas um grande sábio, com certeza.

César pegou o livro que Vivian ganhara do médico e foi lendo, concentrado, alguns trechos durante a volta. Passaram na farmácia, compraram os medicamentos e, chegando em casa, cada um foi cuidar dos seus afazeres, porque, agora, é vida nova para todos! Até Clara sentia-se renovada. Estava pensando em estudar alguma coisa para ocupar o tempo e a mente.

Que bom! Vida nova para a família Domenico! Muitas surpresas os aguardavam...

Capítulo 17

Como César havia combinado com Álvaro, encontraram-se no sábado, às sete da manhã, na pensão onde o jovem residia. O motorista de César nem precisou descer para chamá-lo, porque ele já estava na porta aguardando-os.

Foram até o heliporto do prédio onde Júlio residia, que era de propriedade da Família Domenico, e, de lá, César, Clara e Álvaro partiram de helicóptero para Ilha Grande. Que viagem linda e diferente! Álvaro estava deslumbrado com a nova experiência.

Ilha Grande é a maior das mais de trezentas e sessenta ilhas de Angra dos Reis, no Estado do Rio de Janeiro. De helicóptero, fica a uma hora de São Paulo. Há dez anos César construiu uma belíssima casa — sonho que havia planejado e alimentado por mais de cinco anos —, na sedutora Praia da Feiticeira, com uma estreita faixa de areia clara e muitas amendoeiras. No momento certo, ele soube de um terreno lá para vender, comprou-o e iniciou a construção, com tanta gente trabalhando que em seis meses estava pronta a sua morada de lazer, de mais de mil e quinhentos metros quadrados, com três pavimentos, elevador, suítes com varanda, piscinas transparentes, salão de jogos, sauna, ofurô, píer e heliporto. Além da exuberância da praia, depois de uma pequena caminhada, chega-se à Cachoeira da Feiticeira, uma queda d'água de quinze metros de altura, com escorregador e piscina naturais.

César Domenico sempre pensou em ver a casa cheia, com os filhos e seus amigos, mas até hoje, só ele e Clara têm aproveitado a mansão. Júlio tem uma vida muito atribulada e Vivian nunca teve autorização dos pais para ir sozinha com os amigos, por causa de seu comportamento desequilibrado.

Álvaro estava absolutamente perplexo com a beleza da paisagem e muito motivado com o seu trabalho, é claro...

Assim que chegaram, o caseiro dos Domenico, José Carlos, foi encontrá-los e recebê-los no heliporto. Era um senhor de uns cinqüenta anos que juntamente com a sua esposa Lourdes cuidavam da casa de César e ficavam por conta da família enquanto lá estavam. Ele era responsável pela segurança da casa, cuidava dos jardins, da piscina e fazia todo o serviço pesado. Lourdes cuidava da casa e, quando os patrões chegavam, cuidava também da cozinha e das roupas. Quando César e Clara recebiam mais amigos na ilha, aí o filho único dos caseiros, Rodrigo, ajudava como garçom, sempre à disposição dos hóspedes, para servi-los, inclusive na praia.

César tinha lá um *jet ski* e um iate belíssimo, que usava para seus passeios pela região. Quando inauguraram a casa, o movimento foi bem grande por uns dois anos, eles iam para lá todos os finais de semana, levavam amigos e se divertiam muito... Agora, apareciam por lá em média uma vez por mês, mas, com os novos projetos de César, essa rotina poderia mudar...

Capítulo 18

Chegaram à casa e foram recebidos por Lourdes, sempre sorridente e gentil. Álvaro foi levado até a suíte de hóspedes, onde suas malas já o esperavam e, em cima da cama, um *laptop* de última geração, novíssimo, dentro da embalagem, e um cartão de César Domenico dizendo que aquele era um presente de boas-vindas.

Álvaro ficou até sem fala com tamanha surpresa, aliada à belíssima vista para o mar que a porta da sacada do quarto lhe descortinava...

— Obrigado, Dr. César. Muito obrigado, mesmo, por tudo! — disse o rapaz, estendendo a mão para o rico e generoso empresário.

— Você fez por merecer, meu rapaz! — disse César, satisfeito.

— Isso aqui é o paraíso! — exclamou Álvaro, totalmente enfeitiçado com a paisagem.

César, que estava com ele no quarto, sentiu-se contente em proporcionar essa alegria para o jovem. Ele tinha certeza de que fariam uma bela parceria. Álvaro era muito humilde e discreto e esse comportamento encantou o casal Domenico.

Clara foi andar pela casa, dando as coordenadas para a ajudante:

— Lourdes, meu marido e Álvaro vieram para cá porque vão escrever um livro e vão precisar de muito sossego, entende? Então, devem ficar aqui alguns dias e nós vamos fazer de tudo para que eles se sintam à vontade, com total privacidade para trabalhar. Se telefonarem para cá procurando-o, diga sempre que ele está no iate, em alto-mar, e anote os recados, dizendo que à noite ele retornará as ligações, certo?

César, ainda na suíte de Álvaro, convidou-o para fazerem uma caminhada pela praia, devidamente protegidos do sol que já começava a esquentar...

— Álvaro, vamos aproveitar essa caminhada para você se ambientar e começarmos a planejar como será a nossa obra... — disse César, muito bem-humorado.

— Sim, Dr. César, vou só trocar a minha roupa e desfazer as malas e já desço para sairmos — respondeu o jovem, sentindo-se muito importante de ter como companhia um dos homens mais importantes e ricos do Brasil e que ele já admirava há muito tempo: César Augusto Domenico.

Depois de alguns minutos, Álvaro desceu as escadas e ficou encantado com a beleza da casa redonda, toda pintada de branco, onde as suítes ficavam em círculo, nos andares de cima e, embaixo. Bem no meio da casa, uma linda piscina redonda aquecida, com o nome DOMENICO escrito nos azulejos, em azul anil, no fundo da piscina. Muito bom gosto e era imensa a sensação de paz que a casa inspirava!

No andar de baixo, além da piscina ao centro, salas belíssimas, todas com paredes de vidro com vista para o mar, a enorme cozinha, a área de serviço e as garagens.

Clara, percebendo o encantamento do jovem, disse, em tom de brincadeira: — Álvaro, você notou que a casa toda fica em um plano bem mais alto do que a praia? Viu a escadaria que temos de enfrentar para chegar aqui ou se preferir... o elevador?

— Sim, D. Clara, é uma longa escadaria... — respondeu Álvaro, rindo, meio sem graça, sem entender aonde Clara queria chegar...

— É porque César tem um trauma enorme de ondas gigantes, um medo de que a maré suba tanto que engula a nossa casa — disse Clara, rindo muito, olhando para César, que estava chegando...

— Tenho trauma mesmo! Quando passou o furacão Andrew na Flórida, em agosto de 1992, nós estávamos hospedados em um hotel em Miami, no décimo andar e acompanhamos tudo lá de cima, uma devastação total... O mar engoliu muitas casas como a nossa. Por isso, quando fui construir, já avisei para o engenheiro que queria a casa em um plano bem alto, para me sentir mais protegido... — respondeu César, com o semblante entristecido pela lembrança.

Saíram para a caminhada, deixando Clara na rede, na varanda do andar inferior, deliciando-se com a vista deslumbrante e a leitura daquele livro interessante de Dale Carnegie, que começara a ler dias atrás.

O assunto da caminhada foi só o livro de memórias... César disse ao rapaz que chegou à conclusão de que ele não pode aparecer como autor do livro porque comprometeria sua família e sua empresa.

— Álvaro, vamos ter de mudar todos os nomes dos personagens e, quanto à autoria, no final eu decido como vou fazer. Meu nome não pode aparecer... — disse César, cheio de planos. — E ninguém, a não ser os meus filhos, podem saber deste livro, senão, quando for lançado depois da minha morte, vai acabar vazando que a história é da minha vida. Não posso expor ninguém, muito menos os personagens principais que são os meus irmãos, pois, desde que rompemos, não tenho mais contato nenhum com eles. Não quero prejudicar ninguém, você me entende?

— Claro, Dr. César. Como vamos sistematizar nosso trabalho? — questionou o rapaz, não contendo o olhar para a espuma branca das ondas do mar.

— Estive pensando em fazer assim: todos os dias você vai gravar as minhas recordações e, no final do dia, vai para o computador e transcreve todo o depoimento. Assim, não vai acumular material e quando você tiver alguma dúvida, me pergunta no dia seguinte. O que você acha de fazermos assim, Álvaro? — perguntou César, ansioso por começar.

— Acredito que vai dar certo. Se não der, a gente muda o processo, mas penso que esta é a melhor forma, sim! Vamos começar, Dr. César? Estou curioso para aprender com as suas experiências... Parece que não foi nada fácil chegar aonde o senhor chegou, não é? — perguntou o jovem, receoso de melindrar o patrão.

— Você vai saber... Vamos, então, para o meu escritório... — disse César, já subindo a escadaria da casa, um pouco cansado pela caminhada ao sol.

Capítulo 19

Lourdes serviu-lhes um suco gelado de morango com bolachinhas de sal. Eles entraram no escritório, com ordens expressas de César de que só os chamassem para o almoço às 13 horas. César acomodou-se na poltrona atrás da mesa e Álvaro na cadeira em frente à espaçosa mesa de madeira maciça, pegando sobre a mesa o gravador digital que César havia comprado para essa finalidade. Mesmo assim, Álvaro também tinha uma prancheta com alguns papéis, onde iria anotar as suas dúvidas e questões que deveriam ser perguntadas mais tarde.

— Álvaro, vou começar a contar a minha história falando primeiro do meu avô paterno, Augusto Domenico, que fundou a Indústria — disse César, com os olhos voltados para cima e para a esquerda, como se tivesse a abrir as gavetas da sua memória...

— Dr. César, só para eu me situar, qual é o objetivo do seu livro? — perguntou Álvaro, com um tom de seriedade na voz.

— Ah, sim, boa pergunta, rapaz! — disse o empresário, pensando no que iria responder para ele... — O objetivo maior dessa obra é passar a minha experiência pessoal e profissional aos meus leitores. Vou explicar melhor: nesses meus 70 anos de vida, tive muitas experiências felizes, mas também muitas dolorosas em relação à minha família e à nossa Indústria. Para mim é muito difícil falar da Indústria sem falar na minha família e vice-versa, porque as duas se entrelaçam e é por isso que a minha vivência foi muito rica. Sabe, Álvaro, na minha experiência familiar enfrentei discussões pesadas, que misturavam a busca pelo poder, pelo dinheiro ou pelo controle acionário, temperadas com as mágoas, ressentimentos da nossa infância e muita chantagem emocional. Se já não é fácil conviver com sócios não-parentes em empresas privadas, imagine quando esses sócios são seus próprios irmãos, em uma briga interminável pelo poder... Eu sempre li que os nossos maiores testes de força interior estão na vida familiar, e comigo não foi diferente... — completou César, suspirando.

— Tudo bem, Dr. César, veja se entendi: esse livro vai falar de uma empresa familiar e os seus processos de sucessão ao longo de três gerações...

— Isso, Álvaro, de modo geral, é isso mesmo — respondeu César, apreensivo para começar a relatar.

— Dr. César, mais um detalhe importante: vamos relacionar os temas que o senhor vai abordar no livro? — questionou Álvaro, muito profissional.

— Sim, vou falar de convivência familiar, vida empresarial e sucessão, sobre o que o sofrimento pode nos ensinar, sobre escolhas, sobre mágoas, medos e culpas... e muito mais... — disse César, reticente.

— Muito bem, Dr. César, podemos começar... — disse o rapaz, cheio de energia e entusiasmo.

— Bem, vamos lá, então — disse César, respirando fundo. A Indústria Domenico foi fundada em 1918, fim da Primeira Guerra Mundial, pelo meu avô Augusto Domenico. Dele, tenho vagas lembranças, porque morreu em 1938, quando eu estava com apenas 3 anos de idade. Lembro-me de um dia, em que caí do cavalo na fazenda dele, mas foi um tombo leve, porque ele estava em pé e me segurou no ar. Lembro-me de seu sorriso escondido detrás de um vasto bigode negro, assim como de seus cabelos revoltos ao vento. Era alegre e, pelo que meu pai nos contava, era muito próspero e positivo, sempre olhando o lado bom da vida. Fundou a Domenico, produzindo, inicialmente, perfumes que ele mesmo, com seus funcionários, começaram a divulgar de porta em porta, dando amostras para suas futuras clientes. Pelo que todos contam, meu avô era muito carismático e fazia muito sucesso com as mulheres. Minha avó era daquelas mulheres submissas, que preferia não saber das escapulidas dele, só vivia para cuidar da família, como era esperado de todas as mulheres da sua geração. Meu pai, Adriano, filho único do casal, nasceu em 1912, em uma época nada fácil para a família.

— Nossa, Dr. César, estou impressionado com a sua memória para datas — interferiu Álvaro, admirado.

César parou de falar um pouco, deu um sorriso maroto e completou: — Nunca me esqueço a data em que meu pai nasceu porque foi no mesmo ano em que o navio Titanic afundou... Meu pai sempre fazia essa associação — disse sorrindo, lembrando-se das brincadeiras de seu pai...

— Bem, continuando sobre o meu avô Augusto, o famoso fundador da Domenico. Ele fez curso de Farmácia na Europa, bancado pela herança de seus pais, mortos quando ele tinha 15 anos. Seu tutor o enviou à Europa para estudar e, quando ele voltou, descobriu que o tutor lhe roubara quase toda a herança. Só lhe restara a casa, que era de seus pais, e mais alguns bens, o que o obrigou a se empregar rapidamente para que pudesse dar uma vida melhor à sua esposa, uma linda francesa, vovó Madeleine, com quem se casara antes de vir para o Brasil. Meu avô Augusto trabalhou, então, em uma indústria farmacêutica, mas o seu grande sonho era ter a sua própria fábrica de perfumes. Em 1918, com todas as economias que fez e com a herança que veio da França, que minha avó Madeleine recebeu de seus pais, vovô Augusto fundou a Domenico Perfumes, que em 1970, com a minha posse como presidente, mudou a sua razão social para Domenico Indústria de Dermocosméticos e Perfumes Ltda. Foi na gestão de meu pai que começamos a fabricar também cosméticos e criamos a marca Luna para os nossos produtos.

— E seu pai, Dr. César, que idade tinha quando a Domenico foi fundada? — perguntou Álvaro, bastante interessado em datas e fatos.

— Meu pai, Adriano Domenico, tinha 6 anos na época e, como filho único, foi criado com todos os mimos por um lado, mas como sua mãe era muito tradicional, o educou como se fosse uma criança européia, com muita disciplina, principalmente porque ele seria o herdeiro da Domenico. É claro que, na sua juventude, meu pai deu muito trabalho a seus pais, devido a uma forte tendência para o álcool e as orgias, o que, mais tarde, lhe prejudicou muito a saúde. E quando conheceu minha mãe, Susana, aos 19 anos, meus avós deram a ele o maior apoio para que se casasse logo e sossegasse um pouco. Seis meses depois, casaram-se e, menos de um ano depois, nasceu o meu querido irmão Juliano — disse César, com os olhos cheios de lágrimas, lembrando-se da sua infância ao lado do irmão mais velho.

— Dr. César, eu já havia percebido que, quando se refere a esse irmão, o senhor se emociona... — pontuou Álvaro, um pouco receoso de ter sido invasivo demais.

— É verdade, Álvaro, e logo mais você vai saber por quê — respondeu César, tentando disfarçar a voz embargada. E continuou: — Eu nasci dois anos depois do Juliano e cresci muito ligado a ele, devido a essa pequena diferença de idade e a enorme afinidade que existia entre nós. Éramos duas crianças muito arteiras e criativas. Juliano era meu herói, meu modelo, meu ídolo. Eu o imitava em tudo, até nas roupas que ele gostava de vestir. Eu só tinha uma reclamação: queria ter nascido com a mesma marca de nascença que ele tinha nas costas, bem perto das nádegas. Ele sempre se gabava dela, dizendo que aquela era a sua marca para que nunca o perdêssemos de vista... — contou César, sorrindo.

— O Sr. disse uma marca nas costas? — perguntou Álvaro, intrigado.

— Sim, perto das nádegas, foi o que eu disse. Por que o espanto? — questionou César, sem entender.

— Não, nada não, Dr. César. É porque isso é bem incomum, não é? E onde está Juliano hoje? — perguntou o jovem, curioso.

— Ah, Álvaro, quis o destino que essa nossa união se rompesse... Sabe, meu filho, essa foi a maior dor que já senti em toda a minha vida: perdi o meu irmão. Que ironia do destino... O Juliano tinha tanta segurança de que nunca o perderíamos por causa de sua marca e nós, literalmente, o perdemos! — disse César Domenico, com um ar de profunda tristeza em seu semblante.

Álvaro ouvia tudo, com grande interesse.

E César, então, continuou o seu desabafo: — Desde pequenos, tínhamos o hábito de, nas férias, sair para pescar no litoral com o nosso pai e seus amigos. Quando ele estava com 9 anos e eu com 7, estávamos em Santos, passando as férias de dezembro e, nesse dia de pescaria, tinha tantos amigos do meu pai lá com ele, que só caberia um de nós dois no barco e eu, muito esperto que era, havia pedido primeiro ao meu pai e ele me deixou ir. Só que quando Juliano soube que só eu iria com o meu pai na pescaria, não aceitou, começou a chorar alto, ficou muito bravo comigo, dizendo que ele tinha mais direitos como filho mais velho e, como eu o adorava, cedi o meu lugar para ele. Lembro-me até hoje do abraço e do beijo que ele me deu, todo feliz comigo. E, assim, saíram todos de barco, e eu e minha mãe ficamos na praia, fazendo castelos de areia — disse o velho empresário, com as lembranças à flor da pele.

Álvaro, percebendo a emoção de César, serviu-lhe um copo de água e perguntou a ele se ele não queria descansar um pouco.

Mas César disse que agora, mais do que nunca, precisava falar e continuou o seu relato:

— Pois, então, duas horas depois que eles saíram, o tempo fechou e começou uma ventania assustadora. Eu e mamãe olhávamos de nossa casa de praia para o mar, procurando pelo barco de meu pai e nada! Enquanto isso, em alto-mar, meu pai e seus convidados estavam passando pela pior tempestade tropical que já tinham visto. Juliano estava em pânico e meu pai, preocupadíssimo, porque havia deixado os salva-vidas em terra. O barco mal se equilibrava, todos gritavam, as ondas invadiam o barco, tumulto total. De repente, uma onda gigante engoliu a embarcação que tombou e todos caíram na água. Meu pai conta que o desespero foi geral, gritos de socorro, mais ondas gigantes, muita chuva, raios e trovões. Ele ouvia os gritos de Juliano, mas não conseguia avistá-lo. As ondas não davam tempo. Passaram esse tormento durante uns 30 minutos, quando a tempestade abrandou e as pessoas começaram a se avistar e a se agarrarem em pedaços da embarcação que flutuavam. Mas, Juliano, onde estaria meu irmão?

— Dr. César, desculpe-me interromper o seu relato, mas estou muito preocupado com a sua pressão... o senhor está muito emocionado e com a face muito vermelha... — disse Álvaro, realmente apreensivo.

— Não, Álvaro, não se preocupe comigo. Estou comovido sim, mas hoje, depois de todo um trabalho emocional que foi feito comigo quando estive na Escócia, anos atrás, me sinto muito mais preparado para falar sobre isso sem me sentir mal fisicamente. Fique tranqüilo, meu jovem — disse César, tentando se mostrar equilibrado.

— Tudo bem, Dr. César, sou todo ouvidos, então... — respondeu o jovem, conferindo se o gravador estava funcionando corretamente.

— Continuando, então, pouco tempo depois, o resgate da guarda costeira chegou, avisado pela minha mãe que sabia exatamente onde o barco fazia as suas melhores pescarias. Todos, em pontos distantes uns dos outros, cansados de se debaterem nas águas revoltas, foram salvos, menos meu irmão... Juliano desaparecera. Meu pai entrou em choque, ficou como que paralisado e não quis ir embora dali de forma alguma. Disse que ficaria no outro barco de resgate, procurando por Juliano. E ficou mesmo, até anoitecer. Na verdade, Álvaro, meu pai procurou Juliano por dias e dias, mas nem uma roupa, e muito menos o corpo dele foi encontrado — disse César, segurando na mão o porta-retrato de sua mesa, com a foto do irmão, tirada poucos dias antes do acidente.

— Puxa-vida, Dr. César, passar por isso aos 7 anos de idade deve ser muito marcante, não é? — considerou Álvaro, completamente consternado com a história que ouvira.

— É, Álvaro, mas ainda não terminei. A minha dor ainda estava para começar — disse César, reticente, e prosseguiu: — Durante o resgate, eu e minha mãe ficamos na praia, esperando a guarda costeira chegar com os sobreviventes, cheios de medo com o que poderíamos saber. Álvaro, eu era uma criança pequena, entende? Eu estava apavorado! Tremia e chorava sem parar. Minha mãe tentava segurar suas emoções para me acalmar. Quando vimos todos descer do barco e não vimos meu pai nem o Juliano, eu achei que iria desmaiar. Eu me senti zonzo e, trocando as pernas, corri até as pessoas para saber o que tinha acontecido. Aí, contaram para nós sobre o acidente e disseram que meu pai ficou para encontrar o meu irmão. Na mesma hora, Álvaro, explodiu dentro de mim uma culpa tão grande, tão pungente, porque era para eu estar lá, não o Juliano, entende? Por que fui ceder meu lugar para ele? Ah, que dor no meu coração...

— Dr. César, mas não foi culpa sua... Tinha de ser assim! Já vi tantos casos parecidos de acidentes aéreos ou mesmo de carro, em que as pessoas se livram deles na última hora por causa de uma impossibilidade de viajar, por exemplo. Sabe, Dr. César, acredito sempre que nós somos os autores da nossa história, mas sempre temos Deus por trás, nos mostrando os caminhos a seguir. Com certeza, não era a sua hora de partir... — disse o rapaz, tentando consolar o empresário.

— Sim, Álvaro, hoje eu penso assim também, mas com aquela idade e com o que ainda fui obrigado a ouvir... Ah, não foi fácil não! — disse

César, preparando-se para continuar a contar o desfecho da tragédia.
— Passei noites e noites sem dormir, lembrando-me da hora em que ele me abraçou e se despediu de mim. Eu não conseguia suportar tanta dor. Mas o mais triste é que ouvi várias vezes amigos e familiares comentarem que era eu que deveria estar no barco, naquele dia. Na minha cabeça infantil e ainda sem argumentos, era como se todos me acusassem de ter empurrado o meu irmão para a morte. Quando as buscas sem resultado cessaram, meus pais mandaram rezar uma missa para a alma dele e, depois da missa, minha mãe convidou os parentes e amigos para um chá em nossa casa. Eu fiquei na calçada de casa brincando com outras crianças e nunca me esqueci da nossa vizinha, quando passou por mim e disse: — Como pode, César Augusto, você não tem sentimentos, não? Seu irmão está morto e você fica aí brincando na rua? — contou César, com uma névoa de mágoa no olhar.

— Puxa, Dr. César, que insensibilidade dessa mulher! — redargüiu Álvaro.

— Álvaro, aquelas palavras ecoaram na minha vida por mais de 50 anos. A culpa pela morte do Juliano me perseguiu durante todos esses anos. Hoje, consigo contar tudo sem chorar. E aprendi também a me dissociar das lembranças, ou melhor, lembro-me de tudo, mas como se fosse um filme, não me vejo mais dentro da situação. Aprender a fazer isso me ajudou muito, inclusive a me perdoar e a perdoar os outros também. Precisei aprender a perdoar até a situação do acidente! — contou César, sentindo-se mais confiante.

— Nossa, Dr. César, o senhor precisa me contar direito como foi esse processo do perdão, porque pode servir de exemplo para muitos leitores, não é? — considerou Álvaro, realmente perplexo com história tão comovente.

— Sim, Álvaro, no momento certo vou contar essa etapa libertadora da minha vida, mas antes, ainda passei por muitos aborrecimentos e mágoas dolorosas, você nem imagina... — disse César, ansiosíssimo para contar tudo logo.

— Dr. César, como ficou a sua família depois desse episódio? O senhor já tinha mais irmãos nascidos naquela época? — perguntou o jovem, querendo organizar as idéias e pensando como as colocaria no livro.

— Ah, é mesmo, esqueci de lhe falar sobre os meus irmãos mais novos. Bem, naquela época, 1942, já tinham nascido o Alexandre e a Adriana, só faltava o Felipe, que nasceu dois anos mais tarde. Depois do acidente, a minha família mudou demais. Ficou triste, muito triste mesmo e desunida. Meu pai perdeu a graça com a vida familiar, talvez para evitar sofrer tanto, e passou a viver só para o trabalho. Minha mãe tentou tocar a vida, até porque tinha uma turma de filhos esperando pelos seus cuidados. Assim, aos poucos, ela e meu pai começaram a me tratar como o filho mais velho, cobrando muito mais de mim do que de meus irmãos. Meu pai se tornou um homem muito amargo e, talvez por se sentir culpado também, apegou-se mais a mim, querendo me preparar desde jovem para ser seu sucessor na Indústria e desenvolveu um sentimento de desprezo por meus outros irmãos. O meu irmão Alexandre, três anos mais novo do que eu, tinha um gênio terrível. Era muito agressivo, manipulador e as brigas em casa, tanto entre os irmãos como as dele com o meu pai, eram homéricas. Minha irmã Adriana, mais nova do que eu seis anos, era um pouco abandonada pelos meus pais em meio a tantos filhos homens, até porque mães têm mais afinidade com os filhos do que com as filhas, e meu pai estava com o coração fechado para amar de novo — disse César, recordando-se de como a sua irmã era carente afetivamente.

— Dr. César, imagino que não tenha sido nada fácil para ela, sensível como todas as garotas, ser criada em um ambiente tão hostil, não é mesmo? — perguntou Álvaro, penalizado por uma garota sem espaço para se expressar.

— É isso mesmo, Álvaro. Minha mãe não conseguia satisfazer a carência afetiva de Adriana e a enchia de presentes, roupas, viagens... Depois que ela completou 21 anos, meu pai a presenteou com uma fábrica de jóias, que ele já comprou funcionando com 20 empregados, um negócio muito promissor. Mas Adriana era uma pessoa revoltada e insatisfeita e tratava seus funcionários como verdadeiros escravos. Só para você ter uma idéia, Álvaro, um dia uma funcionária, filha de um colaborador da nossa Indústria, rebelou-se contra os maus-tratos de Adriana e resolveu procurar o meu pai e contar-lhe que ela, além de explorar o tempo de lazer dos funcionários, obrigava a todos a trazer seus lanches de casa e, pasme, até papel higiênico para os banheiros que eles usavam. Um absurdo, coisa de gente louca! — disse César, revoltado só de lembrar a sovinice e mesquinhez da irmã.

— Nossa, Dr. César, que patroa carrasca, hein?

— Com toda essa prepotência, os negócios de minha irmã foram se desestabilizando e, após muitas crises decorrentes do seu desequilíbrio emocional, a fábrica de jóias entrou em sérias dificuldades financeiras e foi fechada, cheia de dívidas, inclusive com os funcionários. Adriana voltou para casa, para não fazer nada e ficar atormentando a minha mãe com seus chiliques. Meu pai, sempre correto e zeloso do nome da família, assumiu as dívidas da empresa dela e pagou todos os funcionários e fornecedores em menos de seis meses — contou César, pensando e repensando onde estaria a sua irmã, hoje.

— Dr. César, ainda tem mais um irmão, não tem? — perguntou Álvaro, que sabia que Adriano Domenico tinha tido cinco filhos com Susana.
— Sim, tem o meu irmão caçula, o Felipe, que nasceu quando eu tinha 9 anos. Este era tranqüilo, mais introvertido, e acabou virando "massa de manobra" do maquiavélico Alexandre, principalmente quando Felipe era criança e eu adolescente. O sonho de Felipe era ser mergulhador, nada tão difícil assim e acabou fazendo curso superior de oceanografia. Depois do meu rompimento com toda a família, nem ele, que sempre tentou ser mais neutro nas nossas desavenças, me procurou mais. Posso dizer, de coração, que além do Juliano, é claro, o Felipe é o único irmão de quem sinto falta.
— Mas pelo que o senhor está falando, Dr. César, seus irmãos não tinham o menor interesse pelos negócios do seu pai? — perguntou Álvaro, um tanto surpreso com tamanha displicência.
— Por trabalhar, não! Eles tinham interesse em desfrutar da herança, mas, na nossa Indústria, o único que se preparou para a sucessão e demonstrou verdadeiro interesse em dar continuidade aos negócios de meu avô e de meu pai fui eu. Todos os meus estudos foram para me preparar para suceder meu pai um dia, embora ele nunca falasse sobre isso, como se quisesse ser eterno. Desde jovem, eu gostava de acompanhar o meu pai ao trabalho. Acho que até fazia isso para ficar mais ao lado dele, porque ele foi a única pessoa que, quando o Juliano morreu, não me olhou com ar de condenação. Pelo menos, foi o que sempre senti em relação ao meu pai. E eu sempre o admirei e procurei imitar suas habilidades administrativas, embora nem sempre eu concordasse com tudo — disse César, lembrando-se com carinho de seu pai.
— Mas, Dr. César, e seus irmãos? — instigou Álvaro.
— Ah, meu filho, essa é uma longa história e eu já me cansei! Você está dispensado por hoje. Preciso descansar, tomar algumas providências por telefone, e, no mais, não temos tanta pressa assim, não é? Afinal, você está contratado para me acompanhar até o meu suspiro final... Se bem que ninguém sabe o dia de amanhã, não é? — disse César, bem-humorado.
— É verdade, Dr. César. Vou transcrever esta gravação e vou aproveitar o sol e o mar — respondeu Álvaro, todo feliz com seu novo emprego.
Enquanto o jovem escritor se dirigia para seu quarto, pensava: "Que história trágica da infância dele. Estou ansioso para saber como o Dr. César se livrou do peso da culpa e da mágoa".

Capítulo 20

César, com certeza, teve bons sonhos, porque amanheceu feliz! Belo dia, bela casa, bela vida! Queria muito compartilhar com sua esposa tanta felicidade, beijá-la, amá-la... Mas Clara já estava lá embaixo, na praia, fazendo a sua caminhada habitual. Ele a viu pela sacada do quarto e ficou pensando como ela ainda era bonita... Um pouco sem vaidade, mas muito bonita. César acordou romântico. Chamou o caseiro pelo telefone do quarto e pediu-lhe que colhesse muitas flores do campo ou rosas — o que encontrasse — e trouxesse para ele dar a Clara.

Em poucos minutos, as flores estavam em seu quarto e ele preparou um belo buquê com algumas fitas que encontrou em uma gaveta. Aquela manhã, César despertou muito inspirado. E, antes que Clara chegasse, escreveu para ela o seguinte bilhete:

Minha querida, estou com saudades de você! Saudades de tê-la em meus braços, saudades do perfume dos seus cabelos, saudades do seu olhar de amor... Por favor, procure pensar em mim com carinho e me dê uma chance para reconstruirmos a nossa relação com mais confiança e tolerância. Procure me perdoar, meu amor... Minha Clara, eu prometo que vou fazer a minha parte... Por favor, me ame de novo... Preciso do seu amor, da sua atenção, do seu carinho! Serei sempre seu... César.

E junto ao bilhete, ele colocou uma mensagem bem antiga, que ele guardava em sua pasta e costumava lê-la todas as manhãs. O papel já estava até amassado, mas César pensou que este seria o momento ideal para Clara ler o seu conteúdo. Eis a mensagem, de autor desconhecido:

RESSENTIMENTO

Se você recebeu um tratamento péssimo daquele cliente, daquela namorada, do professor, do seu marido, dos seus pais, dos seus filhos, dos vizinhos, do seu chefe, dos seus colegas, dos críticos, do cachorro... Você tem toda razão em ter sentido mágoa, tristeza e desapontamento quando isso aconteceu. Mas sentir tais coisas só tem lógica se for naquele momento. Se você está, ainda hoje, sentindo essa decepção, essa tristeza, essa mágoa com outra pessoa, então você está ressentido, ou ressentida, com ela ou com o ocorrido. Veja com atenção o significado da palavra ressentimento: **RE-SENTIMENTO** = Sentir novamente. Ao guardar qualquer ressentimento você está se acorrentando a alguém que lhe fez mal, mesmo que essa pessoa não queira mais isso, ainda que tenha sido involuntariamente. Você está re-sentindo a dor que só existe em sua memória. A outra pessoa, por pior que tenha sido o fato, não será prejudicada por seu ressentimento. Mas você será... E muito! Viva o momento presente. Há momentos de tristezas, decepções, erros, partidas, traições ou simplesmente infortúnios. Chore, reclame, brigue e viva o momento que tiver de viver. Mas, quando o momento passar, viva o momento seguinte, sem ficar com os grilhões do passado prendendo sua existência até sua morte.

Esqueça as coisas ruins do passado. O passado não existe mais. Isso inclui os ressentimentos contra aquela pessoa que você encontra no espelho. O que ela tiver feito de errado, ontem ou há mais de 30 anos, deve ser deixado de lado. Não sinta ressentimento quanto aos erros dessa pessoa.

E, se mesmo com toda a lógica do mundo, você ainda estiver "sentindo re-sentimento" e mágoa de alguém, lembre-se do que disse William Shakespeare: "**Guardar ressentimento é como tomar veneno e esperar que a outra pessoa morra...**".

Ele olhou novamente pela janela e agora Clara estava sentada na areia, de frente para o mar, em posição iogue, fazendo uma meditação. Incrível, mas ele estava ansioso para ver a reação dela às flores e principalmente ao bilhete de amor. César nem se lembrava mais há quantas décadas não escrevia para a mulher.

Inconformado consigo mesmo, pensou: "Como pude deixar o nosso casamento esfriar tanto assim? Tenho absoluta certeza de que fui eu que criei muros em nossa relação. É estranho, mas para os homens, se a vida profissional vai bem, a gente fica achando que todo o resto vai bem também. Clara não, sempre dizia para mim que o referencial dela para a felicidade era a sua vida familiar, principalmente o casamento e, por isso, sempre dizia que não era feliz. Fui muito ausente mesmo, mas agora, enquanto ainda é tempo, quero recuperar o amor da minha vida...".

César lembrou-se de uma música muito linda que ele sempre ouvia no carro e, só agora, parece ter lhe tocado a alma.

Pegou o CD que estava em sua pasta, colocou em seu *walkman* e desceu as escadas cantando sua música predileta, Epitáfio, da banda Titãs: *"Devia ter amado mais, ter chorado mais, ter visto o sol nascer... Devia ter arriscado mais e até errado mais, ter feito o que eu queria fazer... Queria ter aceitado as pessoas como elas são... Cada um sabe a alegria e a dor que traz no coração... O acaso vai me proteger, enquanto eu andar distraído... Devia ter complicado menos, trabalhado menos, ter visto o sol se pôr... Devia ter me importado menos com problemas pequenos, ter morrido de amor... Queria ter aceitado a vida como ela é... a cada um cabe alegrias e a tristeza que vier... O acaso vai me proteger..."*

— Nossa, que susto Dr. César, nunca vi o senhor cantar! Bom dia, tudo bem? — disse Lourdes.

— Bom dia, Lourdes. Eu vou bem e você? Diga ao José Carlos que as flores que ele colheu estão muito bonitas. Tenho certeza de que a Clara vai gostar! — disse César, com um ar mais jovial.

Naquele momento, Clara entrou, cumprimentando a todos e subiu para tomar um banho antes de tomarem juntos o café da manhã. César deu um tempo para depois subir. Quando ela entrou no amplo banheiro de sua suíte, encontrou o arranjo de flores sobre a banheira de hidromassagem, com um pequeno bilhete por baixo. A mensagem havia sido colocada debaixo da sua toalha de banho. Clara, realmente, se surpreendeu... Nem imaginava que César poderia ser romântico novamente. Cheirou as flores e, ao ler e reler três vezes o bilhete do marido, Clara chorou, mas chorou muito.

Jamais pensou que tal momento — com uma declaração de amor tão sincera do marido — pudesse acontecer outra vez. Olhou-se no espelho, ajeitou o cabelo, sorriu para si mesma e respirou fundo. Então, viu a mensagem debaixo de sua toalha e a leu, encharcando-a com suas lágrimas. Estava realmente balançada, depois de tantos anos de indiferença que ela mesma criou para se defender do ciúme que sentia do marido e da dor de uma possível perda. "Quanto tempo perdido", pensava a esposa de César Domenico.

Clara se inspirou tanto com a atitude de César, que resolveu encher a banheira para um banho relaxante... Colocou sais de banho, espuma e, quando se despia para entrar, viu, pelo espelho, César chegando devagarinho, por trás dela, para abraçá-la. Naquele momento, Clara se desarmou e se entregou. Entraram juntos na banheira, ligaram a hidromassagem e, depois de décadas adormecidos, despertaram novamente para o amor e para a paixão.

O casal ficou em seus aposentos por várias horas, onde tomaram o café da manhã, felizes e falantes.

Clara parecia que tinha tirado um peso enorme de seus ombros — o peso do ressentimento. César se desdobrava em carinho e cortesia.

Não era mais o César distante, preocupado com os negócios... Era, agora, o companheiro afetuoso e interessado, que conversava com a esposa. Não era mais a Clara indiferente e rancorosa... Era, agora, uma mulher frágil e carente de afeto, aconchegada nos braços do seu amor... Na verdade, os dois estavam enamorados, encantados com o prazer que ainda podiam desfrutar juntos, enquanto ainda era tempo.

— Clara, meu amor, nunca é tarde para mudar, nunca é tarde para pedir perdão e nos perdoar. Eu te amo, minha linda mulher! — disse César, no auge do seu romantismo.

— César Domenico, meu amor, quero passar uma borracha no passado, porque quero ser feliz de novo! Eu sei que mereço ser feliz! Acho que sofri muito mais do que você nutrindo as minhas mágoas e me fazendo de indiferente com você! Foi orgulho demais da minha parte, meu amor... Perdoe-me também pelo tempo que perdemos! Eu também te amo! — respondeu Clara, derretendo-se como uma jovem em lua-de-mel.

— Clara, este dia será mais um divisor de águas em nossas vidas! Vida nova, alegria de viver juntos, paz na nossa família! Eu te amo, mulher! — disse César, bem alto e eufórico.

E assim estavam em sua paz conjugal, quando o telefone celular de Clara tocou. Era Vivian. Estava em casa, em São Paulo, achando muito ruim a solidão. Contou à mãe que fora à reunião do Grupo de Recuperação sozinha e disse que estava indo hoje para a ilha, ficar com eles, até o dia da próxima reunião.

— César, ótimo sinal a Vivian querer ficar conosco. Ela ainda não está bem, mas busca melhorar! Vamos incentivá-la aqui, viu? Precisamos apoiá-la para que encontre um sentido para a sua vida, encontre um trabalho que a realize. Estou muito otimista, querido — disse Clara para o marido, ambos relaxados na cama, de alma lavada...

Capítulo 21

César, Clara e Álvaro almoçaram de frente para o mar, à beira da piscina transparente, cujas paredes de vidro davam para a sauna. Álvaro já estava bronzeado, de tanto caminhar na praia durante a manhã. Disse para César que o seu depoimento do dia anterior já estava todo no computador e, por precaução, bem copiado em outros CDs. Álvaro conhecia bem a angústia de perder arquivos no computador por causa de vírus e agora se precavia como podia.

Seguiram para a sala de música, mais clara e mais fresca, com vista também para o lindo mar azul de Angra dos Reis. Era hora de continuar a contar a sua história...

"Dr. César está diferente hoje", pensava Álvaro, que já havia percebido a troca de olhares misteriosos entre o casal.

— Álvaro, tudo preparado para gravar? — perguntou César, cheio de ânimo.

— Tudo pronto! Dr. César, o senhor está muito bem hoje! O ar marinho é realmente fantástico! — disse Álvaro, fingindo inocência.

— Estou bem mesmo e é bom que seja assim! Hoje vou lhe falar sobre os problemas que meu pai enfrentou na empresa e as nossas desavenças em família... Preciso mesmo estar bem protegido contra qualquer energia negativa. Afinal, isso é passado e passado só serve para ser lembrado, nunca revivido! — disse César, enfaticamente.

— Bem, Dr. César, ontem o senhor me contou um pouco sobre a sua infância e sobre o seu preparo para gerir a Indústria Domenico.

— Isso, meu filho. Vamos falar agora dos negócios da família, de como uma empresa familiar deve e não deve ser gerida, a partir das minhas difíceis experiências — disse César Domenico, com ares de professor.

Sentaram-se à vontade nas confortáveis poltronas da sala de música e, com o gravador ligado, Álvaro ouvia atentamente o depoimento do grande empresário César Domenico:

— Álvaro, meu pai foi um grande empresário, dentro da concepção do seu tempo. Fez a Indústria se expandir em tempos nada fáceis, mudou o conceito de perfumaria e de cosméticos no Brasil, expandiu o negócio de venda direta, que fez a marca Luna ser tão conhecida no país, o que me facilitou, mais tarde, trocar o sistema de vendas porta-a-porta pelo sistema de franquia. Hoje, os produtos da Domenico estão nos melhores *shopping centers* do Brasil e de vários países da América Latina e da Europa. Assim como no Brasil, são produtos climatizados, ou seja, feitos de acordo com o clima e os tipos de pele dos diferentes mercados consumidores. Mas tudo prosperou foi com a garra e o tino empresarial de meu pai... Isso jamais deixarei de reconhecer. Quando o meu pai assumiu a Indústria, com a morte do meu avô, a Segunda Guerra não tinha ainda nem começado e ele, realmente, passou por um período de muitas incertezas. Além do mais, filhos pequenos e outros ainda por vir. Mas meu pai, com a ajuda dos bons técnicos que empregava na Indústria, conseguiu superar os tempos difíceis, sempre apostando em inovação, em produtos de beleza. Não se limitou a perfumaria, como meu avô havia concebido, mas partiu para a criação de cremes e dos primeiros produtos de maquiagem feminina. Eu gostava de ver meu pai sair cedo, todos os dias, para trabalhar, de terno, cheio de orgulho do império que a Domenico estava se tornando. Mas, infelizmente, meu pai era um homem muito fechado e não tinha o hábito de se aconselhar com a minha mãe. Era orgulhoso, mesmo. A sua palavra era sempre respeitada. Certa ou errada, tinha de ser obedecida. Depois que o Juliano morreu, meu pai nunca me olhou com reprovação, como eu lhe contei, mas distanciou-se muito de nós, seus filhos. Hoje, entendo que ele fez isso como defesa, para não sofrer tanto caso outra tragédia acontecesse; mas, na época, sofremos muito. Depois de mim, três anos mais novo, tinha o meu irmão Alexandre, que realmente foi uma pedra no meu sapato desde quando éramos crianças. Ele tinha um temperamento calado e tímido e eu era mais falante e cheio de amigos. Sabe o que ele fazia comigo? Fazia as coisas erradas e dava um jeito de colocar a culpa em mim... Ele fez isso muitas vezes, perdi até a conta, Álvaro. Tive vontade de enforcar o meu irmão, porque a minha mãe acreditava mais nele do que em mim, que era o mais velho. E ele se aproveitava disso e abusava de mim. Ele fazia tanta intriga na escola, que eu vivia apanhando dos meninos maiores e até daqueles que eram meus amigos. Ele se fazia de bonzinho, de amigo, e dizia para eles coisas que eu não havia falado ou feito, e todos acreditavam nele, com aquela carinha de coitado, de santo... Quando eu estava com 12 anos, pedi ao meu pai para me colocar em aulas de lutas marciais. Depois que aprendi o judô, os meninos passaram a me respeitar mais. Em casa, Alexandre era o filho mais prestativo, mais interessado, mas era tudo fingimento... Ele era assim só para os meus pais o apoiarem quando eu reclamava dele. Eu sempre fui mais autêntico e, portanto, mais rebelde. Engraçado, dias atrás, estava ouvindo na TV um terapeuta dizer que não devemos reprimir demais os filhos rebeldes, porque a rebeldia é sinal de maior inteligência e sabedoria. É rebelde aquele que tem poder de argumentação e sabe falar "não" para as pessoas, sem culpa, quando todos esperam dele um "sim". Segundo o terapeuta, crianças rebeldes, se bem dosadas e compreendidas em seus argumentos, serão adultos mais felizes, mais assertivos e certos do que querem na vida. É claro que há de ter equilíbrio, não é? Senão estaremos construindo monstrinhos para, no futuro, nos isolarem de suas vidas... Sabe, Álvaro, acho muito difícil ser pai e mãe, porque os filhos são muito diferentes entre si. Você pode criá-los da mesma maneira, mas cada um sai de um jeito. Na verdade, Alexandre sempre foi meu inimigo

— Ah, Dr. César, tem religião que explica isso muito bem... — considerou Álvaro, com certo receio de abordar um tema um tanto delicado.

— É mesmo... Há pouco tempo, um amigo meu, que é espírita kardecista, me disse que essa inimizade nossa vem de um passado muito antigo, onde, em outra vida, ou encarnação, como ele diz, eu prejudiquei muito o meu irmão e ele não me perdoou por isso. Ele me disse que há casos de pessoas que se odeiam há séculos e que só um trabalho de perdão pode quebrar esse ciclo de ódio mútuo. Como eu vou lhe contar mais adiante, passei por um trabalho de transformação pessoal na Escócia, anos atrás, que me permitiu perdoar o meu irmão. Mas, Álvaro, eu aprendi que perdoar não é esquecer, porque se eu esquecer tudo o que ele me fez de mal, vou virar um bobo que pode sofrer tudo de novo nas mãos dele ou de outra pessoa. Aprendi a tirar lições dessa experiência dolorosa e entendi que perdoar é recusar-me a guardar ressentimentos dentro de mim. Perdoar, Álvaro, é parar de julgar os outros, é me colocar no lugar do outro. Perdoar é dar graças a Deus por saber que, hoje, não sou o algoz, mas apenas uma vítima e isso é infinitamente melhor para mim. O triste é quando prejudicamos os outros, sabendo que "a semeadura é livre e a colheita obrigatória". Enfim, fico feliz pela oportunidade de contar a minha vida, porque sei que vai ter muita gente que vai se identificar comigo. A vida em família, em muitos casos, é um campo minado, e, pior ainda, quando a família tem uma empresa para gerir. Aí o drama é muito maior.

— Mas, Dr. César, não tinha jeito de desmascarar o seu irmão diante de seus pais? — perguntou Álvaro, um pouco irritado com o relato.

— Eu era um bobo, Álvaro — respondeu César, de repente. — Sabe por quê? Eu achava que a força física ia resolver tudo. Quando fiquei mais forte e bom de briga, eu enfrentava o fingimento do meu irmão na "porrada" e, é claro, era sempre perseguido pelas surras e castigos da minha mãe. O Alexandre era o coitadinho, tímido e, com o passar do tempo, eu não conseguia nem olhar para ele. Quando fiz 15 anos, pedi à minha mãe para me deixar ocupar um dos quartos de hóspedes, porque me era insuportável compartilhar o quarto com ele e com o meu irmão menor, o Felipe, então com 6 anos. Minha mãe achou uma boa idéia, para diminuir as brigas terríveis que havia lá em casa, mas foi difícil convencer o meu pai. Por fim, ele cedeu. Meu pai havia idealizado uma família para ele e ai de quem ousasse desfazer a sua idealização. Ele brigava todo dia com a minha mãe, dizendo que ela não estava sabendo lidar com a gente, que ela não tinha autoridade, por isso a gente brigava tanto. Perto dele, tínhamos tanto medo, que até o Alexandre ficava mais quieto. Meu pai dizia para todo mundo da maravilhosa família que tinha e ficava uma fera quando não nos comportávamos bem em público. Éramos como animaizinhos ensinados, nas festas e reuniões que ele nos levava. Bastava um olhar seu para que nos aquietássemos na hora. Hoje, eu vejo que o grande defeito do meu pai, como pai, foi comparar demais os seus filhos. Primeiro, que ele elogiava demais os filhos de seus amigos e, dentro da nossa casa, nos depreciava, dizia que éramos muito inferiores aos filhos dos seus amigos. E, pior, fazia comparações entre nós mesmos. Como eu era o que mais se interessava pelos seus negócios, fazia muitas perguntas sobre dinheiro, sobre empregados, meu pai dizia que eu era o filho mais inteligente dele, que eu me parecia com ele, que eu daria um ótimo empresário. Dizia isso na frente dos meus irmãos. Eu me lembro da minha irmã Adriana muitas vezes ter chorado durante as refeições porque o meu pai dizia que ela não iria servir nem para esposa, porque o seu café era muito ruim. Menosprezo mesmo, sabe o que é isso, Álvaro? A minha mãe também era freqüentemente humilhada por ele na nossa frente, um dia porque os sapatos dele não estavam bem engraxados; em outro, porque o pente dele não estava no lugar de sempre. Pensando bem, meu pai era três homens em um: em casa, um tirano doméstico; socialmente, um bom amigo e deixava transparecer que era um ótimo marido e pai; e, na empresa, era a mistura dos dois primeiros, dependendo da situação social de quem estivesse perto dele. Com os funcionários ele era muito ríspido, a ponto de exigir que todos fossem revistados ao chegar e ao sair da Indústria, não aceitava mulheres que ainda pudessem ter filhos, ou as que tivessem filhos pequenos, exigindo que os seus gerentes fossem duros com os subordinados. Mas, com os diretores, que ele contratou entre seus amigos, ele era outra pessoa, amável e alegre. Confesso, Álvaro, que o temperamento confuso do meu pai me fez sofrer muito, porque a gente nunca sabia quando podia contar com ele ou não. E o pior é que ele tinha a sensação da eternidade. Jamais ouvi meu pai falar que iria preparar os filhos para o sucederem, ou planejar como seria o futuro da Indústria sem ele. Eu, por gostar dessa área, cursei uma faculdade de administração de empresas e pedi ao meu pai que me empregasse na Domenico, para eu fazer os estágios lá mesmo. Foi aí que tive um contato maior com a empresa que, tempos depois, eu assumiria com muito sacrifício pessoal. Por falar em sensação de eternidade, acho esse sentimento muito perigoso, porque nos faz adiar aquilo que temos de fazer, como se fôssemos viver eternamente. Eu, Álvaro, desde jovem, por mim mesmo e depois por muitas leituras que fiz, me considero participante da "turma do faça já", daqueles que não deixam para amanhã o que podem e devem fazer hoje. E sempre me saí muito bem com esta minha característica.

— Dr. César, o senhor tem algum fato concreto que comprove as maldades do seu irmão Alexandre — questionou Álvaro, pensando que esse assunto precisava ser mais explorado, visto que é um problema que ocorre em numerosos sistemas familiares.

— Nossa, tenho muitos que ainda vou ter de contar a você. Vamos por etapas... Quando eu tinha 16 anos, eu estava namorando a filha de um grande empresário, amigo de nossos pais... Lorena era o nome dela... e Alexandre armou uma cilada para o nosso romance. Escreveu uma carta para mim, assinando como uma amiga dela, marcando um encontro entre eu e Lorena, em um parque perto da casa dela. E escreveu para ela também, como se fosse um amigo meu, marcando o mesmo encontro comigo, dez minutos mais tarde. Só que quando cheguei e não a encontrei, me sentei em um banco e fiquei esperando. Chegou uma jovem, da mesma idade que eu, minha colega de aula, que era apaixonada por mim e, muito moderninha para a época, me abraçou, me beijou, agradecendo por tê-la convidado para um encontro. Ela também havia recebido uma carta, com o convite apaixonado em meu nome. Eu não entendi nada... Na verdade, só entendi dias depois, quando a Lorena terminou o namoro dizendo que havia me visto no parque com outra namorada, apesar do convite que lhe fiz para nos encontrarmos lá. Aí eu lhe disse que havia recebido o seu convite para o encontro, mas ela não acreditou e nunca mais quis falar comigo. Quando percebi a confusão, logo entendi que havia o dedo do Alexandre nessa intriga. Fui até o quarto dele, mexi em seus cadernos e encontrei o rascunho de todas as cartas em um caderno da escola. Estava me preparando para destacar as folhas do caderno dele, pois iria mostrar para os meus pais, só que ele chegou e armou o maior escândalo, dizendo que eu estava invadindo a sua privacidade e, é claro, com tanto choro falso e gritaria, minha mãe acabou acreditando nele de novo, e rasgou os papéis, me deixando sem provas... Mas não adiantaria nada não, minha mãe e meu pai já tinham uma idéia preconcebida de que era eu que tinha inveja do Alexandre e o perseguia. Sofri muito, Álvaro, muito mesmo, porque o sentimento mais triste que existe é o de ódio, de vontade de matar... Isso mesmo: de matar meu próprio irmão. Eu chegava a pensar que ele, o Alexandre, é que devia ter morrido no lugar do Juliano, que eu não iria nem ligar para isso. Mas você pode imaginar a culpa que eu sentia por ter um sentimento tão baixo assim? E essa culpa me levava a ter raiva de mim, a me achar o pior dos filhos de meu pai, afinal, eu é que parecia o briguento e invejoso. Tudo foi piorando quando Alexandre, um jovem sem brilho, sem carisma, sem influência em lugar nenhum, começou a perceber que o meu pai estava admirando o meu interesse pela Indústria. Quando me formei na faculdade, já não falava com o Alexandre. Então, nossa inimizade era explícita, embora a cobrança pela reconciliação fosse maior para mim que, por ser o filho mais velho, deveria ser mais compreensivo. Assim que me formei, meu pai me colocou para trabalhar como seu assessor, com uma mesa em sua sala, e Alexandre quis morrer de tanta raiva. Brigou com o meu pai e, a partir daí, algumas máscaras suas começaram a cair. Até tal data, ele não havia conseguido passar no vestibular de Direito, faculdade que ele insistia em fazer, para aprender a defender os seus direitos, como ele mesmo dizia. Pouco tempo depois, já cursando a faculdade, começou a se preparar para ser o advogado da empresa, como meu pai orgulhosamente dizia para todos, mas Alexandre tinha algumas intenções a mais. Durante o seu curso de Direito, fez amizade com os melhores advogados de São Paulo, seus professores, sempre usando do prestígio do nosso pai, e foi se informando e se preparando para, um dia, tomar a empresa para ele. Eu, meus pais e irmãos nada percebíamos... Estávamos mais aliviados porque parecia que Alexandre havia amadurecido e por isso havia parado de cobrar tanto dos meus pais em relação a ele e estava me dando sossego. É... Álvaro, sabe quando a cobra está preparando o bote? É muito triste dizer isso, mas Alexandre era uma cobra peçonhenta, invejosa, intrigante.

— E então, Dr. César, qual era o bote que ele estava preparando? — perguntou Álvaro, morrendo de curiosidade com essa história tão lamentável.

— Assim que ele se formou, me pai o colocou como assistente jurídico da empresa, trabalhando junto com o advogado da Domenico, que também era o advogado pessoal de meu pai, um homem muito íntegro, que trabalhava lá desde a época do meu avô e que acompanhara por décadas o crescimento da Indústria. Realmente, para o Dr. Franco, a companhia de Alexandre foi o verdadeiro inferno. Primeiro, porque Alexandre era apenas um funcionário de fachada, não cumpria horários como eu sempre cumpri. Segundo, porque ele chegou com a pose de dono da Empresa, querendo saber mais que o Dr. Franco e mandar em suas decisões. Todo dia, nosso advogado tinha de conversar com o meu pai, para que ele colocasse o Alexandre a par das decisões da Empresa que não poderiam ser mudadas de um dia para o outro.

— Dr. César, eu sempre leio em revistas empresariais sobre o perigo das brigas familiares no ambiente empresarial. Como era o ambiente na Domenico? Muitas brigas mesmo? — perguntou Álvaro, interessado.

— Ah, Álvaro, o nosso ambiente de trabalho ficou terrível, desde que Alexandre entrou na Empresa. Quando éramos só eu e meu pai, nós deixávamos para discutir sobre qualquer assunto, tanto pessoal quanto profissional, em casa, para que ninguém nos ouvisse e saísse contando pela Empresa. Mas o Alexandre não tinha a menor compostura. Fazia de tudo para me desmoralizar diante dos empregados e, principalmente, dos diretores e gerentes. Ainda bem que eles já me conheciam, mas muitas vezes, eu aceitava o convite para a briga e até me pai saiu da linha, algumas vezes. Alexandre não suportava me ver na sala de nosso pai, sentado ao lado dele, trocando idéias novas com ele... Sempre dava um jeito de desmerecer as minhas idéias e nos provocar. Mas, àquela altura, nosso pai já estava conhecendo melhor esse filho, que tinha tudo para ser feliz, mas era completamente insatisfeito, nervoso e implicante. Alexandre já não tentava mais disfarçar seus defeitos. Para ele, a Empresa era a sua maior ambição. O seu grande sonho era suceder o meu pai, mas, para isso, teria de me tirar do caminho... Sabe, Álvaro, eu chegava a ter medo do olhar dele. Muitas vezes, eu pensava que ele devia ser louco, porque uma pessoa normal não consegue fingir por tanto tempo como ele conseguiu.

— E com tantas discussões, o ambiente dentro da Empresa com certeza era muito constrangedor... — insistiu Álvaro nesse ponto, porque ele tem amigos que trabalham em empresas familiares e o assunto principal deles é contar os "barracos" que lá acontecem entre os parentes.

— Claro, Álvaro, eu ficava tão envergonhado depois de uma discussão, que, muitas vezes, não recebia ninguém mais em nossa sala. Escondia-me para me refazer da raiva. Os funcionários ficavam perturbados, e isso refletia também em seus relacionamentos com os colegas. Afinal, éramos líderes dando exemplo de tudo o que há de pior em uma administração — não sabíamos administrar nem nossas próprias vidas... Que mau exemplo! — conclui César, chateado.

— Mas penso que os funcionários sabiam com quem estava a razão... — refletiu Álvaro.

— Álvaro, sabe o que aconteceu? O que eu soube, muito tempo depois, é que ele comprou a fidelidade de muitos funcionários da Domenico, que lhe contavam todas as nossas conversas... Até a secretária executiva, da mais absoluta confiança de meu pai, tornou-se sua cúmplice. Era uma mulher de 35 anos, solteira, sem encanto físico algum, apesar da enorme competência no que fazia e da confiança que sempre inspirou em meu pai. Alexandre, jogando charme para ela, fez com que ela acreditasse em seu amor, sonhasse em ser a primeira dama da Domenico, e, com isso, ganhou uma forte aliada em seus planos imorais. Imorais ou amorais, não sei bem. O Alexandre, muitas vezes me parecia um psicopata, e pessoas com essa doença não sabem o que é moralidade, são completamente amorais, embora passem a imagem de pessoas boas e idôneas. São grandes atores nos palcos da vida real.

— Mas o que foi que ele fez de tão grave assim, Dr. César? — perguntou Álvaro, vivenciando com César Domenico um dos períodos mais angustiantes de sua vida.

— Alexandre, com o auxílio de nossa secretária, começou a confundir nosso pai, com os papéis que ele assinava. Ele tinha tanta confiança em D. Belarmina, que, para ganhar tempo, assinava muitos papéis sem ler, apenas confiando no que ela lhe dizia que estava escrito. Com isso, assinou muitas autorizações de compras erradas, muitos cheques que não justificavam a sua existência. Os cheques sem destinação certa iam para o bolso de Alexandre, que dividia os valores com a secretária, e as compras erradas chegavam ao meu conhecimento através de gerentes espantados com as besteiras que meu pai estava fazendo. O prejuízo que tivemos na empresa até perceber os erros naquelas compras foi muito grande, e Alexandre se aproveitou desse fato, maldosamente preparado por ele, para entrar na Justiça com um pedido de afastamento do meu pai da presidência, por estar inapto para o exercício do cargo. Fez entender, em seu pedido, que meu pai estava com problemas mentais graves e que deveria ser afastado para tratamento e para preservar a Indústria da falência. O juiz contratou um psiquiatra para avaliar meu pai, mas, antes da primeira consulta, Alexandre, com toda a sua lábia, presenteou-o com uma viagem caríssima de navio e contou barbaridades a respeito de meu pai e de mim também, dizendo que o meu pai enlouquecera de tanto ouvir meus conselhos desvairados de administração. O psiquiatra não nos conhecia, mas, com tantos agrados, caiu de amores por Alexandre. Aí, ao ver o meu pai indignado, colérico, possesso mesmo de raiva do filho que o traiu, não teve dúvidas (ou teve, mas achou melhor não revelá-las ao juiz) de que ele precisava de um sério tratamento psiquiátrico, com internação imediata. E foi nesse dia, em que meu pai, no fórum, recebeu a notícia do seu afastamento da presidência, seguido de internamento psiquiátrico, que sua pressão arterial subiu tanto, que um derrame lhe invadiu o corpo, deixando-o realmente inapto para as funções que tão bem assumiu por anos a fio. Nossa família ficou totalmente consternada com tamanha tragédia, exceto Alexandre, que agia como se nada estivesse acontecendo.

— Mas com quem ficou a presidência da Indústria, então? — perguntou Álvaro, um pouco confuso ainda.

— Álvaro, quando meu pai percebeu que poderia perder no processo que meu irmão armou, isso antes de adoecer, tratou de fazer um documento, na surdina, sem que ninguém soubesse, a não ser minha mãe, que também teve de assinar, dando-me plenos poderes de gerir a Domenico, caso ele fosse afastado da presidência. Deixou tudo assinado, antes da notícia dolorosa que lhe causou o derrame irreversível. Nem eu sabia disso. Só ele, minha mãe e o advogado, que lavrou o documento, devidamente registrado em cartório. Então, quando Alexandre recebeu o documento do juiz afastando nosso pai da gestão da Domenico, já se preparou com os seus amigos advogados, para brigar comigo pela presidência, e foi aí que o nosso advogado, Dr. Franco, que já o detestava de longo tempo, mostrou-lhe o documento deixado por meu pai, assinado e registrado. É, Álvaro, mas meu irmão não se deu por vencido. Entrou novamente na Justiça para embargar a validade do documento, dizendo que fora assinado por meu pai em meio à sua loucura, que tinha sido comprovada pelo psiquiatra, no processo anterior.

— Dr. César, que maldade! E seus irmãos, o que diziam disso tudo? Afinal, eles também eram herdeiros... — perguntou Álvaro, com a cabeça quente, de tantas tramas em busca do poder.

— Olhe, Álvaro, Adriana era totalmente desequilibrada, como eu já havia relatado antes, lembra-se? Só pensava na sua mesada e ficaria sempre do lado de quem estivesse ganhando a briga... Já o Felipe não estava interessado nos negócios da Empresa, e queria mesmo sua independência financeira, fazendo o que mais gostava, que era mergulhar. O que fosse decidido, para ele estava bom. E nossa mãe, a doce Susana, ficava como cega em um tiroteio, preferindo não opinar para não gerar mais desavença entre mim e Alexandre. Mas acredito que ela agiu errado, porque, como mãe, já conhecia a índole do Alexandre desde criança. Ela teve muitas oportunidades de desmascará-lo, mas preferiu se omitir. Não quero ficar julgando a minha mãe agora, Álvaro, mas penso que as mães, que normalmente convivem mais com os filhos e que podem contar com a intuição como ferramenta, deveriam ser mais atuantes no momento em que descobrem os defeitos de caráter ou, no caso do Alexandre, os distúrbios de comportamento.

— Mas o que o senhor pensa que ela poderia ter feito diferente, Dr. César? — questionou Álvaro, também sem saber o que faria se fosse com ele.

— Eu acredito que ela deve ter percebido o coração mau do Alexandre desde quando éramos pequenos, porque todos nós reclamávamos dele, principalmente eu, o mais perseguido. Mas perceber o erro e calar-se não adianta nada. Uma grande reclamação que tenho de minha mãe é que ela não nos apresentou para a religiosidade, nem meu pai. Crescemos sem religião definida, até íamos com ela à igreja católica, nas missas de Natal, mas não aprendemos a rezar em casa e, muito menos, a falar de Deus e confiar na Sua Proteção Infinita. Álvaro, isso fez muita falta em nosso lar, sabia? Esse ambiente de guerra seria mais ameno se minha mãe (digo ela, porque a função de educar, naquela época, era responsabilidade só da mãe) tivesse nos ensinado a generosidade, a tolerância com as pessoas, e principalmente a lei de Causa e Efeito (hoje plantamos e amanhã colheremos aquilo que plantamos). Se Alexandre tivesse mais convívio com a espiritualidade, no sentido do amor ao próximo, de fazer aos outros o que você gostaria que lhe fosse feito, ele poderia ter crescido com menos maldade e inveja em seu coração. Mas minha mãe deixou tudo ir acontecendo e, hoje, eu sei que a melhor oportunidade de se moldar uma criança para o bem é principalmente até os seus 8 anos de idade, em que sua mente parece uma esponja que absorve facilmente tudo o que lhe é ensinado. Mas nunca é tarde para se colocar Deus no coração. Sempre é tempo de mudar! Hoje eu vejo, Álvaro, que faltou esse sentimento de fraternidade e de religiosidade em nossa criação, e, agora, lembrar disso serve para que os meus problemas, decorrentes dessa falha em minha criação, sejam soluções para quem conhecer a minha história. Acredito também que minha mãe, ao perceber o comportamento estranho do meu irmão, deveria ter tomado a iniciativa de procurar ajuda psiquiátrica, enquanto se pudesse fazer alguma coisa... Sabe, Álvaro, com este livro que estamos organizando, sinto que a minha história pode "acordar para a vida" os nossos futuros leitores, enquanto estão fortes, saudáveis e lúcidos; enquanto é tempo de mudar para melhor... — disse César, lembrando-se do livro que Vivian ganhou do Dr. Edmundo Benetti.

— Claro, Dr. César, nada do que vivemos neste mundo é por acaso... Pelo menos, é o que eu penso. Não acredito no acaso. Acredito na felicidade ou infelicidade que nós mesmos construímos com os nossos pensamentos e as nossas ações — respondeu o jovem Álvaro, filosofando.

Naquele instante, entrou Clara na sala de música, trazendo um geladíssimo suco de abacaxi com hortelã e umas bolachinhas salgadas para eles:
— Que tal um descanso, hein, escritores?
— Claro, Clara! — respondeu César, rindo-se do trocadilho.

Lancharam rapidamente, entusiasmados com o andamento do trabalho. Clara aproveitou a oportunidade para avisar a César que Vivian havia chegado e que ela não parecia tão bem quanto eles gostariam de vê-la.
— Vivian me parece muito angustiada — disse Clara.
— Sim, Clara, essa é uma reação normal ao processo que ela se encontra. Você se lembra do que aprendemos naquela reunião? Ela, ao voltar para as drogas, despertou o seu leão interno adormecido, e até acalmá-lo novamente, é preciso disciplina, paciência e muito autodomínio. Clara, você está achando que ela teve uma recaída? — perguntou César, com o semblante preocupado.
— Não sei, vamos observá-la — respondeu Clara, com um ar de desconsolo e pensando como é difícil superar a fase inicial da abstenção da droga.

Clara aproveitou para contar também que Júlio César ligou para convidar o pai para um evento na Federação das Indústrias de São Paulo (Fiesp), no próximo final de semana, onde eles iriam assistir palestras com temas muito interessantes de uma famosa conferencista de renome internacional — Diana Francis —, além de participarem de alguns debates sobre gestão empresarial e liderança.
— Ah, que ótimo! Vou sim e vou levar o Álvaro, afinal, agora, o ambiente que ele mais precisa vivenciar é o empresarial... — disse César, animado.

Clara despediu-se, informando aos dois que dentro de duas horas o jantar seria servido à beira da piscina externa.

César, então, continuou o seu relato, afinal estava ansioso para terminar essa fase de sua vida e contar fatos mais positivos que lhe aconteceram:
— Pois então, Álvaro, quando eu soube do novo processo do meu irmão para embargar a decisão do meu pai, me enfureci e resolvi reagir, até porque, o pior já tinha acontecido — meu pai imóvel e sem falar, em uma cama de hospital. Junto com o Dr. Franco, contratamos uma junta de advogados especialistas em Direito Familiar e Empresarial e conseguimos, por meio de investigações, descobrir que o psiquiatra que afastou o nosso pai da liderança da Indústria tinha sido tendencioso. Descobrimos a viagem que ele ganhou e os muitos encontros que ainda tinha com meu irmão, sempre trocando favores. Mais ainda: descobrimos

outros casos de corrupção e má-fé ligados ao psiquiatra. Com todas essas provas em mãos, tivemos ganho de causa na Justiça e eu pude assumir a Domenico em 1970, em meio a esse turbilhão de emoções. Foi difícil porque estávamos começando um processo de expansão da Indústria e das linhas de produção e meu pai era um grande empreendedor e *expert* no assunto. Felizmente, Álvaro, a nossa equipe de diretores era muito competente e, depois de certo tempo de adaptação à falta do meu pai, conseguimos colocar a Domenico novamente no seu lugar de destaque no mercado nacional.

— E Alexandre, o que aconteceu com ele? — perguntou Álvaro, disfarçando a curiosidade para saber o fim do maquiavélico irmão, depois de tantas tramas.

— Ele ainda deu muitas cabeçadas... Depois que viu que não tinha mais jeito mesmo de voltar a atuar na Empresa, exigiu continuar ganhando o que ganhava lá, sem trabalhar, e nós, da diretoria, aceitamos, até para nos livrarmos mais rápido da sua influência. A partir daí, ele virou um verdadeiro *playboy*. Meu pai voltou para casa, depois de dois meses internado, tentando recuperar os movimentos básicos, e Alexandre continuou morando lá. Era exigente e minha mãe não conseguia dizer "não" para nenhum dos seus caprichos. Ele foi ficando cada vez pior no relacionamento com os nossos pais e irmãos. Eu fazia de tudo para não me encontrar com ele quando visitava meus pais e, assim, passaram-se 5 anos, sem problemas maiores para nós.

— E ele não se casou, Dr. César?

— Depois desse tempo, ele resolveu se casar com uma garota milionária que cortejou até conseguir o "sim" de seus pais e, agora, tinha a vida que sempre sonhou. Mesada garantida, uma linda mansão que ganhou do sogro, uma esposa charmosa, apesar de fútil como ele, carros importados na garagem e a renda do aluguel dos imóveis de sua esposa. Quando perguntavam a ele no que trabalhava, ele dizia que era administrador dos próprios imóveis. Mas algo me dizia que ele estava muito quieto em relação à nossa Empresa. Ele não era o tipo de pessoa que aceita perder. A única coisa que eu podia fazer era rezar para que ele fosse feliz em sua nova vida e me deixasse em paz.

— E ele teve filhos, Dr. César?

— Não, não teve tempo de ter filhos. A sua vida conjugal terminou com uma terrível tragédia com sua esposa... Quando eles estavam com seis meses de casados, mais ou menos, a esposa de Alexandre conheceu, por meio de uma amiga comum, uma senhora adepta de uma religião muito extremista, daquelas que não permitem nenhuma liberdade para a pessoa, nada de TV, nada de vida social, só roupas muito discretas, mas que promete em troca, o

céu para quem a pratica. Seus adeptos são extremamente fanáticos, seguidores de uma fé cega... Você já ouviu falar dessas religiões, Álvaro?
— Claro, Dr. César... só estou estranhando porque eles pregam que os seus adeptos têm de doar todos os seus bens para a Igreja e colocam a maior culpa naqueles que são ricos... Pelo menos, foi isso que já li a respeito.
— É isso mesmo, Álvaro, foi o que aconteceu com ela. Isso que eu estou relatando aqui foi o que minha mãe me contou depois, porque eu nem a conheci. Ela era uma jovem muito perturbada e se sentia muito culpada pela sua riqueza diante da pobreza do mundo. Conhecer essa religião combinou com as culpas que ela trazia dentro de si. Culpas infundadas, é claro.... Conta a minha mãe que certo dia, ao sair da Igreja onde ouviu muitas condenações aos ricos, a jovem esposa de Alexandre comprou galões de álcool, guardou em seu carro e, em uma estrada vicinal, suicidou-se, ateando fogo ao seu carro. Foi uma grande tragédia familiar, principalmente para os pais dela, donos de um império industrial no Estado do Espírito Santo — disse César, consternado com tais lembranças.
— Nossa, Dr. César, que perigo é a fé cega... É por isso que procuro ler muito, desenvolver o meu bom senso e alimentar em mim uma fé raciocinada, aquela que conhece todos os lados das questões e pesa com sensatez o que é certo do que é errado. Ninguém é dono de verdade alguma... — disse Álvaro, inconformado com a história que acabou de ouvir. — E Alexandre? Como reagiu a essa tempestade?
— Não demonstrou a menor emoção nem tentou disfarçar... E essa indiferença fez com que seu sogro se voltasse contra ele, acusando-o pelo desequilíbrio da esposa. Com o ressentimento à flor da pele e com todas as influências que tinha no mundo jurídico, seu sogro conseguiu na Justiça pegar de volta todos os empreendimentos imobiliários da filha, a casa e, de uma hora para outra, Alexandre se viu pobre, pedindo guarida para os nossos pais.
Naquele mesmo mês, nosso pai não resistiu, teve outro derrame e faleceu, deixando a família Domenico cada vez mais desunida e rancorosa. Minha mãe, três meses depois, teve uma forte hemorragia e morreu duas horas depois de ter dado entrada no hospital. Foi então que descobrimos que ela tinha um câncer que começou no útero e rapidamente alastrou-se para outros órgãos do abdômen, e ela não havia contado para ninguém. Só ela e o médico sabiam. Minha mãe ficou muito só depois que o meu pai morreu, e com tantas desavenças dentro de casa, ela preferiu amargar a sua dor sozinha. Quando não deu mais para disfarçar, já era tarde demais. Ela acabou partindo repentinamente deste mundo, deixando-nos órfãos das suas preces e do seu olhar conciliador.
— Puxa, Dr. César, que ano difícil, hein?
— Pior ainda foi a briga por causa da herança de nossos pais... Ah, você não imagina a confusão que aconteceu... Meus dois irmãos mais

novos não queriam assumir nenhum cargo na Empresa, mas queriam continuar desfrutando de todos os benefícios como herdeiros. Alexandre sonhava voltar, mas, juridicamente, estava impedido (felizmente, para a Domenico!). Contratamos um grupo de advogados para fazer a partilha dos bens e o meu grande desejo, àquela altura da vida, era comprar as partes de todos os meus irmãos e me tornar o único dono da Domenico. Pensava dia e noite no que eu poderia fazer a respeito disso, mas não poderia sacrificar todo o meu capital e os meus bens nessa compra de tão alto valor. Mesmo assim, contratei alguns auditores e consultores para avaliar o capital da empresa e o quanto valiam as partes de cada um de meus três sócios. Perdi muitas noites de sono, avaliando os nossos investimentos, o que eu poderia vender para capitalizar e comprar as ações.

— Sim, Dr. César, foi uma idéia muito boa; afinal, a Domenico sempre foi sua mesmo. Faltava só formalizar essa realidade... E só de pensar na economia que vocês teriam com os pró-labores mensais que saíam para esses sócios que nada ofereciam para a empresa... — ponderou Álvaro, desejoso de saber logo o desfecho desta história.

— É. Passei horas e horas infindáveis em busca de uma solução que fosse boa para todos, pois sempre acreditei que negociações só conseguem ser sólidas se forem na base do "ganha-ganha"... e como está lá na minha antiga sala da Indústria, na parede, "o Universo adora apoiar quem sabe o que quer", sabe o que me aconteceu?

— Não faço a menor idéia, mas o senhor está me deixando curioso... — respondeu Álvaro, ansioso para saber.

— Só amanhã, Álvaro... — cansei por hoje, afinal, relatar essa fase da minha vida, vivenciá-la novamente não foi tão fácil como eu pensei que seria, mas me mostrou algo muito sério: hoje, consigo ver tudo o que se passou com outros olhos, com mais equilíbrio, porque vejo que me saí muito melhor de tudo isso. Muito melhor mesmo! — concluiu César, com um suspiro.

Capítulo 22

Cada um saiu para um lado da casa, sendo que César foi direto ao quarto da Vivian, dar-lhe um abraço de boas-vindas. Assustou-se com a palidez da filha, mas disfarçou o espanto.

Conversaram sobre os remédios, e ela contou que os estava tomando direitinho, conforme a recomendação médica, mas ligou para reclamar ao médico do sono que estava sentindo. O médico lhe explicou que são efeitos colaterais, que seu corpo vai se adaptar aos poucos e pediu-lhe paciência. Vivian contou ao pai também do quanto está nervosa e agitada nos últimos dias, mas sabe que isso é a falta da droga e que, com o efeito dos medicamentos que está usando, essa sensação vai passar.

— Por isso, minha filha, é importante fazer o tratamento psiquiátrico quando a pessoa decide abandonar o vício... — disse César, interessado.

Ao sentir o interesse do pai pelo seu bem-estar e a sua total recuperação, Vivian decidiu conversar abertamente com ele: — Pai, sabe o que achei interessante? Dr. Benetti me sugeriu buscar uma religião e freqüentar semanalmente algum culto religioso, para me fortalecer. E ele disse que o mais importante é que, além de me aproximar mais de Deus, uma religião vai me levar à prática mais consistente da caridade, que, segundo ele, é o caminho mais rápido para a minha cura.

— Que interessante, Vivian, porque hoje mesmo estava contando para o Álvaro o quanto fez falta para a minha família, em nossa criação, alimentar a espiritualidade. E acabei falhando também na criação de vocês... — disse César, pensando em como é fácil julgar sem pensar nos atos errados que também cometemos.

— Sabe o que eu vou fazer, papai? Vou pesquisar na Internet sobre as religiões, seus fundamentos, para então escolher uma que me ofereça mais respostas aos meus anseios — disse Vivian.

— Isso mesmo, Vivian. Pesquise bem; afinal, você conhece a história louca da esposa do seu tio Alexandre... Pura falta de bom senso religioso... — disse César.

— Dr. Benetti me sugeriu fazer caridade com crianças abandonadas ou em creches, porque assim, doando o meu carinho para as crianças, vou indiretamente, agradar também a minha criança interior, que ele disse que está muito abafada dentro de mim, cheia de culpas pelos meus erros e com medo de mudar.

— Nossa, Vivian, que bonito isso que ele lhe disse... Criança interior... Estou me lembrando que o sábio Amór também me falou sobre criança interior. Ah, filha, tem um filme que ele me sugeriu assistir... É lindo... — disse o pai, lembrando-se daqueles transformadores dias na Escócia, aprendendo a viver melhor, e de quando Amór lhe telefonou, no ano em que o filme foi lançado, falando-lhe que assistisse e prestasse atenção na história.

— Qual filme, pai?

— *Duas Vidas*, com o ator Bruce Willis. Fala de culpas e dos problemas que temos hoje, quando adultos, ligados a uma infância mal vivida. Quando você for assistir, me chame, que quero ver de novo, viu?

— Claro, papai. Estou precisando mesmo me divertir. Nossa, pai, faz muitos anos que nós dois não assistimos nenhum filme juntos, hein?

— É verdade, filha, mas vamos recuperar o tempo perdido! Depois, Vivian, quero assistir com você o filme da vida do Ray Charles. É outro filme transformador, que também fala do peso insustentável da culpa. Esse filme, eu é que descobri e liguei para Amór para lhe recomendar...

— Ah, pai, estou adorando o livro que ganhei do Dr. Edmundo. Vamos ter muito o que conversar nas próximas consultas, porque estou me identificando muito com as lições. Sabia que quando abro o livro a esmo, sempre cai um texto que estou precisando ler naquela hora?

— Claro, filha. Seu anjo de guarda é poderoso! — disse César, dando-lhe um beijo na testa.

— Pai, vou dormir um pouco, porque dormindo eu me acalmo. Até mais tarde! — disse Vivian, virando-se para o canto, com o seu *walkman* ligado.

Capítulo 23

Durante o café da manhã, Álvaro, que estava muito curioso para saber a continuação do relato que César Domenico começara a fazer no dia anterior, perguntou-lhe a que horas começariam a trabalhar. E César, satisfeito com o interesse do jornalista disse:

— Álvaro, hoje vamos fazer diferente. Vamos almoçar mais cedo e já mandei o Zé Carlos preparar o iate para sairmos todos a passeio, depois do almoço. O tempo está maravilhoso e um passeio desses pode fazer muito bem para a Vivian. Vocês já se encontraram?

— Não, ainda não a vi desde que chegou aqui. Ela está melhor, Dr. César?

— Está melhorando, mas ainda está muito insegura. Felizmente está tomando corretamente a medicação, o que facilita a sua recuperação, que é um longo caminho; mas dessa vez Clara e eu vamos caminhar ao lado dela e isso vai fazer uma grande diferença, eu sei! — respondeu César.

César aproveitou a manhã para colocar em dia os seus *e-mails* e fazer algumas leituras pela Internet. Recebeu muitas mensagens e piadas, convites para participar de *workshops* empresariais, e outros convites para falar em escolas de administração. Ele nunca teve muita habilidade para dar palestras; mas, agora, com tantos relatos que estava gravando, talvez percebesse que era só questão de treino. Até que seria interessante aceitar alguns desses convites e ensinar jovens estudantes como é a administração de empresas... Tudo começa com uma equilibrada administração pessoal, passando pela familiar, para então, aí sim, a pessoa estar preparada para gerir outras pessoas e seus negócios. Iria pensar nas propostas que recebia nesse sentido... Quem sabe, depois de ditar o livro ao Álvaro, este poderia assessorá-lo na preparação de palestras e ele, então, se tornaria um ativo palestrante na área empresarial? Mais planos para César. Que bom!

Das mensagens que recebera naquela manhã, uma em especial chamou-lhe a atenção. Imprimiu-a e chamou Álvaro para escutar o texto que iria ler:

A PARÁBOLA DA CAIXINHA
(Autor desconhecido)

Um fazendeiro, certa vez, pediu a um sábio que o ajudasse a melhorar sua fazenda, que tinha baixo rendimento. O sábio escreveu algo em um pedaço de papel e colocou em uma caixa, fechou e entregou ao homem, dizendo: "Leve esta caixa por todos os lados de sua fazenda, três vezes ao dia, durante um ano".

Assim fez o fazendeiro. Pela manhã, ao ir ao campo segurando a caixa, encontrou um empregado dormindo, quando deveria estar trabalhando. Acordou-o e chamou sua atenção. Ao meio-dia, quando foi ao estábulo, encontrou o gado sujo e os cavalos sem alimentos. E à noite, indo à cozinha com a caixa, deu-se conta de que o cozinheiro estava desperdiçando os gêneros. A partir daí, todos os dias, ao percorrer sua fazenda de um lado para outro com seu amuleto, encontrava coisas que deveriam ser corrigidas.

Ao final do ano, voltou a encontrar o sábio e lhe disse: "Deixe esta caixa comigo por mais um ano; minha fazenda melhorou o rendimento desde que estou com o amuleto".

O sábio riu e, abrindo a caixa, disse: "Você pode ter este amuleto pelo resto da sua vida".

No papel estava escrito a seguinte frase: "Se queres que as coisas melhorem, deves acompanhá-las constantemente".

— Muito boa essa história, Dr. César. Eu a conheci em uma palestra que assisti. Aliás, desde jovem, sempre gostei de aproveitar as palestras com entrada franca e aprendi muito com elas. Antes, eu era muito mais revoltado com a minha mãe, com um pai que nem sei se existe, com a vida e muito pessimista, quando cheguei aqui em São Paulo. Mas tive a sorte de ser acolhido por pessoas muito generosas, que me emprestaram vários livros de crescimento pessoal e, aos poucos, fui mudando e percebendo que minha mudança estava facilitando a minha vida, deixando-me mais receptivo para as oportunidades. Até que apareceu para mim a grande oportunidade: trabalhar com o senhor, Dr. César Domenico — disse Álvaro, todo orgulhoso.

— Mas você viu que história interessante? Serve para qualquer área da nossa vida... casamento, família, empresa, profissão... As pessoas ficam sempre procurando simpatias e amuletos para o amor, para enriquecer, mas se esquecem de assumir a responsabilidade por suas vidas. Um casamento em que os cônjuges não acompanham como vai a relação, não se mantêm fazendo surpresas que encantam, não se interessam um pelo outro, não tem futuro — disse César, pensando em seu próprio casamento.

— E as empresas, então, Dr. César? Eu penso que uma empresa em que o dono não acompanha mês a mês o andamento dos negócios e as mudanças necessárias, chega no fim do ano e as surpresas podem ser bem assustadoras, não é?

— É verdade, Álvaro, e o interessante é que tanto na vida pessoal quanto na profissional nós temos uma tendência muito forte de nos apegarmos a hábitos e rotinas, além de sempre ficarmos procurando culpas externas para a nossa falta de visão — disse César.

— E quando tomamos atitudes que nem pensamos, fazendo as coisas sempre de um jeito só porque aprendemos que deveria ser assim? Isso é muito perigoso!

— É verdade, Álvaro. Têm pessoas que não questionam nada. Herdam um negócio da família e continuam fazendo tudo do mesmo jeito, não se atualizam e ainda dizem que em time que está ganhando não se mexe... Ficam fazendo o mesmo que todo mundo faz... Grande perigo! Isso é alienação! — disse César, recordando-se das muitas mudanças que foi implementando na Indústria depois que entrou no lugar do seu pai.

— E por falar em crenças que as pessoas nem questionam, parece que existe uma crença geral, com a qual eu não concordo de jeito nenhum, de que todas as famílias muito ricas e poderosas são infelizes, com sucessões traumáticas, mortes trágicas por acidentes ou uso de drogas, distúrbios psicológicos e outros problemas que fazem com que os menos afortunados saiam por aí dizendo "Prefiro ser pobre e feliz", como se uma coisa fosse diretamente ligada à outra. É claro que existem famílias ricas bem felizes, prósperas na verdadeira acepção da palavra. Mas com uma crença tão forte assim, todo mundo acaba se programando para ser pobre, achando que vai ser feliz... — disse Álvaro, revoltado com idéias preconcebidas sobre riqueza e infelicidade.

— Você está coberto de razão, Álvaro. A crença que existe é que membros de famílias ricas, que têm oportunidades e recursos para fazer coisas que os outros não podem fazer, parecem sofrer mais infortúnios que os pobres... Infelizmente, essa é a crença geral e é por isso que temos tantos pobres por aí. As pessoas ficam com medo de ser ricas, porque desenvolveram um preconceito contra o dinheiro. A culpa não é do dinheiro! É do mau uso que se faz do dinheiro. A culpa é das pessoas que ainda não aprenderam a lidar com a poderosa energia do dinheiro — disse César, indignado com as crenças comuns contra o dinheiro e a riqueza.

— Quanta ignorância ainda há no mundo... — disse Álvaro, feliz por estar convivendo com um homem não apenas rico, mas que sempre buscou a prosperidade.

— Álvaro, estou procurando aqui no computador um artigo que salvei ontem para lhe mostrar... — disse César Domenico.

— Sobre o quê, Dr. César?

— Ah, encontrei... Veja isso comigo, Álvaro. São estatísticas sobre as empresas familiares — disse César, preparando-se para ler junto com Álvaro. — Não sei se são dados fidedignos, porque, infelizmente, não sei quem passou estas informações, mas parece ser verdade. Veja, Álvaro: *"Pelos dados do Cadastro Geral de Empresas de 2002, do IBGE, 3,1 milhões de empresas brasileiras não tinham empregados e eram operadas apenas por seus donos e, portanto, todas familiares. Sua importância para a economia é marcante: mais de 90% das empresas no Brasil são de origem familiar. E entre as 200 maiores empresas brasileiras, 72 são familiares. Nos Estados Unidos, 98% das organizações são familiares e na Ásia é onde existe a maior concentração de sucessões. O peso econômico das companhias controladas por famílias é de 70% na Espanha, de 75% na Inglaterra, e de 80% na Alemanha".*

— Puxa-vida, os números de empresas familiares são expressivos no mundo todo — disse o jovem, espantado.

— Pois, então, diante dessa realidade, eu acho inaceitável que haja tanta discórdia nas gestões e, pior, inaceitável que desavenças sejam vistas com naturalidade. É preciso quebrar essa crença reinante, porque são essas empresas que geram as maiores riquezas para os países em que estão inseridas e elas precisam sobreviver. Veja, Álvaro, esta outra manchete aqui e a crença de que lhe falei: *"Pesquisa confirma o velho ditado 'Pai rico, filho intermediário e neto pobre', revelando que cerca de 30% das empresas familiares chegam à 2ª geração e apenas 5% sobrevivem à 3^a. Uma das soluções é o modelo misto de gestão, aliando profissionais contratados aos herdeiros"* — mostrou César na tela do computador e continuou. — Olhe a crença aí de novo, Álvaro: "Pai rico, filho intermediário e neto pobre...". Incrível, como é pequena a porcentagem de empresas nas mãos das gerações mais novas. Acabam falindo, até porque falta muito profissionalismo das pessoas envolvidas no comando e, mais ainda, acredito que falta uma boa dose de autoconhecimento para saber lidar com os próprios defeitos e contornar os defeitos dos parentes, e falta também aprenderem a se programar para o sucesso. Ficam com essa crença, esse ditado na cabeça e... — disse César, excitado com o que pode ensinar ao jovem Álvaro.

— E como mostra esse texto — completou Álvaro —, hoje, a opção de profissionalizar a área estratégica das empresas familiares tem sido mais considerada. Executivos fora do contexto familiar podem ter mais condições de gerir as empresas sem o comprometimento das emoções.

— Você tem razão, Álvaro. Quando percebi que estava na hora de preparar a minha sucessão, com os conflitos de idéias entre o que aprendi e o que o mercado atual exigia e eu não conseguia oferecer, conversei com Júlio e perguntei-lhe se ele se achava preparado para assumir ou se preferiria que contratássemos um executivo de peso, que assumisse a presidência. Sabe qual foi a reação de Júlio?

— Não faço a menor idéia... — respondeu o jovem.

— Ficou indignado, uma fera mesmo! Não se conformava de ter se preparado tanto para depois ouvir tal proposta. Não aceitou e sentiu-se ultrajado. Mas não foi essa a minha intenção, eu queria poupá-lo, porque cada dia mais vejo o quanto é difícil gerir uma empresa em um mundo tão globalizado, em que a concorrência às vezes surge do outro lado do planeta, de forma devastadora. Ele está lá há poucos meses e ainda não consegui avaliar se está indo bem ou não. O conselho consultivo, que presido, me parece um pouco constrangido em fazer críticas à gestão de Júlio, por ser meu filho, mas estou de olho. Não aceito regredir... Os tempos estão difíceis, mas comigo na gestão a Indústria Domenico só cresceu. Júlio sabe disso. Não podemos perder de vista o nosso crescimento. Jamais!

— Eu entendo... — disse Álvaro, percebendo que esse assunto incomodava César Domenico.

— Cá entre nós, Álvaro, não sinto que a personalidade do Júlio combine com o seu cargo. Nunca disse isso para ninguém, nem para Clara, mas percebo no meu filho uma certa fraqueza ou ingenuidade que às vezes me assusta. Sei que ele está dando o melhor de si, mas há uma grande diferença entre poder posicional e poder pessoal. Acho que falta ao meu filho o poder pessoal, que, independente do cargo que ocupe ou venha a ocupar em sua vida, é um poder que não se perde, só se expande.

— Como assim, Dr. César? — perguntou Álvaro, um pouco confuso.

— Poder pessoal, meu jovem, é o carisma, a capacidade de fazer a diferença onde estiver e como estiver. É cativar as pessoas para o seu modo de pensar, e tem tudo a ver com o poder da liderança. Já o poder posicional tem a ver com a posição que você ocupa no momento e que pode ser perdida de uma hora para a outra. Mas quem tem poder pessoal, independentemente da posição, sempre poderá estar melhor, porque é um ímã de oportunidades.

— Mas tem como a gente desenvolver esse poder pessoal ou ele já nasce com a pessoa? — questionou Álvaro, pensando em si mesmo.

— Alguns já nascem com ele... São aquelas pessoas simpáticas, cativantes, que todo mundo gosta de ficar perto e que têm um forte poder de influência sobre as outras. Infelizmente, há quem tem esse poder e o utilize para o mal, mas isso é um problema de consciência de cada um. Agora, fique tranqüilo, meu jovem, porque com tantas técnicas modernas de mudanças de comportamento, hoje já sabemos que é possível sim desenvolver um poder pessoal capaz de remover montanhas de indiferença, maus-tratos e injustiças. Conheço muita gente em altos cargos profissionais ou de alta classe social, com pequeno poder pessoal, antipáticas, arrogantes e orgulhosas, que se perderem seus cargos ou situação social será como se tivessem perdido a própria razão de viver. O grande erro da maioria das pessoas é dar poder para que outras pessoas ou coisas comandem suas vidas

— É verdade... tem gente que vive só de reagir... e outros, os que vencem, vivem de agir... — disse Álvaro, entendendo muito bem o que César lhe explicava...

— Sabe, Álvaro, no mundo existem três tipos de pessoas: as que são espectadoras da vida, assistindo passivamente as coisas acontecerem; as que ficam só imaginando o que aconteceu e as que realmente fazem as coisas acontecerem. Eu aprendi, com muito sofrimento, é verdade, que sou o leme do navio que é a minha vida. E aprendi mais: preciso de disciplina. Disciplina é a bússola que me permite navegar por mares distantes. Se eu não colocar disciplina em meus dias, serei como um navio sem bússola, que só pode navegar pela costa. A disciplina, palavra que antes me assustava muito, é o meu caminho para a liberdade que sempre busquei, até porque se eu disciplinar o meu tempo, terei mais tempo para ser livre...

— Puxa, Dr. César, quanto ensinamento... Ainda bem que ando sempre com o gravador ligado — disse Álvaro, com uma gostosa risada.

— Eu me empolguei, é isso! — disse César, lembrando-se do que estava pensando a respeito de fazer palestras.

— Dr. César, eu quero aprender a desenvolver o meu poder pessoal.

— Sim, ainda vamos falar sobre isso. Falaremos sobre o nosso relacionamento com nós mesmos, com a família e na profissão. Quando aprendemos a nos relacionar melhor, o nosso poder pessoal aumenta significativamente. Sabe, Álvaro, penso que a maior dificuldade para um ser humano é a convivência familiar. Pelo menos, essa foi a minha realidade. Mas aprendi muito sobre isso também na Escócia — disse César, saudoso dos momentos mágicos que passou, anos atrás, com o místico Amór.

— Dr. César, o senhor fala tão bem desses momentos que está me deixando muito ansioso para saber mais — disse Álvaro, em tom de brincadeira.

— Logo chegaremos lá, meu jovem. Paciência...

Capítulo 24

Agora estavam os quatro — César, Álvaro, Clara e Vivian — em alto-mar, no luxuoso barco de César Domenico. O jovem Álvaro não conseguia disfarçar seu deslumbramento, pois nunca pensara que teria momentos tão lindos como esses dos últimos dias.

Vivian parecia um pouco triste, olhando para o horizonte, como se buscasse respostas para a sua angústia existencial.

Clara observava Vivian do andar de cima do barco, um pouco preocupada. Naquela noite, tivera um sonho com Vivian que a deixou ansiosa. Sonhou que viu a filha em uma espécie de caixa, se debatendo e chorando... Mas Clara preferiu não contar esse sonho a ninguém.

César, já acostumado com tantas belezas naturais e ansioso para continuar o seu relato, chamou Álvaro para a sala de estar do barco:

— Vamos, Álvaro. Vamos começar o nosso trabalho. Mais tarde eu o libero para aproveitar esta magnífica paisagem de Angra dos Reis.

Sentaram-se em amplas poltronas de couro, serviram-se de um delicioso suco de maracujá e, com o gravador ligado, Álvaro puxou o assunto:

— Dr. César, paramos ontem na parte em que o senhor queria muito comprar as partes de seus irmãos na Indústria, mas estava perdendo o sono sem saber como fazê-lo. Até que o senhor, contando da sua fé na Providência Divina, disse que algo inesperado aconteceu... E então...? — perguntou o jovem, curiosíssimo.

— Sim, Álvaro, naquele momento o meu grande problema era o dinheiro para fazer a compra, sem desestruturar financeiramente a minha vida e a empresa. Então, depois de seis dias procurando soluções, recebi a seguinte notícia, triste, mas salvadora, vinda diretamente da Itália: meu padrinho, que era o melhor amigo do meu pai, um milionário solteiro e sem herdeiros, deixou todos os seus bens para mim. Tudo, imóveis, carros, investimentos. Tudo!

— Não é possível, Dr. César... o senhor nasceu literalmente "virado para a Lua"...

— É verdade, meu jovem. Fazia cinco anos que eu não o via, mas sempre mantínhamos contato por correspondência e telefone e ele acompanhou tudo o que aconteceu com a nossa família, embora de longe. Tínhamos um carinho muito grande um pelo outro, afinal, como ele não tinha filhos, se apegou muito a mim. Só para você entender o seu carinho comigo, no ano em que o meu irmão Juliano morreu, ele me levou para a Itália, nas férias de julho, e passei um mês com ele, que me cobriu de mimos e de afeto. Ele foi muito importante no meu processo de aceitação da perda do meu irmão.

— E ele trabalhava com o quê, Dr. César? — questionou Álvaro, impressionado com a história.

— Ele tinha sido um grande industrial de calçados na Itália, mas quando estava mais velho, por volta dos seus 70 anos, resolveu vender todas as suas indústrias e foi viver de investimentos. Ele dizia que vendeu suas empresas para poder descansar depois de morto, senão iria ficar preocupado com a falta de herdeiros e a continuidade dos negócios, o que não combina nada com quem já morreu. Sempre teve um grande senso de humor... Ah, meu padrinho! Penso nele todos os dias, sonho com ele de vez em quando, mas todos os dias agradeço a ele por ter me salvo de maiores problemas com os meus irmãos.

— E então, com o dinheiro que o senhor herdou, comprou as partes na Empresa de todos os seus irmãos? Nenhum se recusou a vender?

— Nenhum deles... Acharam muito bom ficar livres das cobranças que eu fazia; afinal, todos recebiam sem produzir nada para a Domenico. Isso ficava muito caro para a Empresa. Às vezes, perdíamos a competitividade por causa dos preços maiores que tínhamos de praticar para conseguir manter o padrão de vida de meus irmãos... Tem condições de sobreviver assim, Álvaro? Impossível...

— Puxa, Dr. César, estou impressionado! E aí o Alexandre lhe deu sossego, depois que recebeu o dinheiro? — perguntou Álvaro.

— Ele desapareceu... Pelo que eu soube, mudou-se para a Europa e estava vivendo da renda do dinheiro investido e de alguns pequenos golpes, a sua especialidade, infelizmente...

— Melhor assim, Dr. César. Só assim o senhor teve tempo para viver de forma mais tranqüila, sossegada, não é?

— Nem tanto, Álvaro... Eu era um homem muito perturbado pela culpa da morte do Juliano. Eu crescera em tamanho, em idade, mas as minhas emoções pararam, de certa forma, nos meus 7 anos de idade. Sonhava muito com o meu irmão morto, me estendendo as mãos, como se dissesse que me perdoava, mas era eu que não me perdoava, e essa falta de perdão me bloqueou a vida pessoal e profissional por décadas.

— E a Indústria, Dr. César? Prosperou nessa época, livre das interferências de seus irmãos? — perguntou Álvaro, desviando o assunto da culpa.

— Prosperou muito, porque competência para os negócios eu sempre tive. Passamos por momentos econômicos muito difíceis no Brasil, mas nós, empresários, temos de ter preparo para essas crises econômicas, que são cíclicas e inevitáveis, principalmente quando ainda ficamos esperando soluções vindas dos governos. Aprendi, Álvaro, a não esperar nada do Governo Federal, e o que vier de bom será lucro. Não posso deixar a minha Indústria à mercê da vontade, ou melhor, da má-vontade política. Aprendi que sou eu que dirijo a minha vida e, até meses atrás, tinha poder total de dirigir a minha Empresa também. Com essa concepção, a Domenico cresceu, a despeito de todas as crises que passamos, e também porque cresce no mundo, não só no Brasil, a demanda por produtos cosméticos e perfumes que melhorem a auto-estima das pessoas e esse sempre foi o foco da Domenico e da nossa marca Luna, desde que a Indústria foi fundada pelo meu avô. Vender perfumes e cosméticos é vender sonhos.

— E como foi que o senhor conseguiu superar todas as adversidades econômicas que a Empresa e o País passaram? — perguntou Álvaro, querendo sugar toda a sabedoria de César Domenico. Ele não queria perder nenhuma chance de aprender e depois repassar essas lições.

— Ah, meu jovem, o grande segredo foi investir muito no bem-estar de nossos colaboradores, ensinando-lhes o equilíbrio entre vida pessoal e profissional. A vida na empresa é uma extensão da vida familiar, afinal, eles e todos nós, passamos quase um terço de nossas vidas no nosso trabalho. A Domenico transformou-se em uma Empresa verdadeiramente familiar, no sentido que vivemos uma real parceria com os nossos colaboradores. Nossos funcionários, Álvaro, contam com bolsas de estudo, programas de desenvolvimento profissional, programas voltados para a educação e saúde, e um centro de lazer que construímos para que, além do lazer nos finais de semana e nas folgas, lá possam ser realizados encontros motivacionais e de qualidade de vida, inclusive com a participação dos familiares dos colaboradores.

— Puxa, Dr. César, é por isso que a Domenico se destaca tanto em produtividade!

— Claro! Nós sabemos que se a pessoa está bem consigo mesma, relaciona-se melhor na família e, conseqüentemente, têm uma motivação maior para trabalhar e produzir com empenho, relacionando-se melhor também com seus companheiros de profissão. E os nossos colaboradores ainda contam com outros benefícios, como cesta básica, vale-transporte, prêmios por produtividade, além de uma política bem justa de cargos, salários e carreiras. Temos um jornal mensal, distribuído para todos os funcionários, com os relatórios mensais de nossos resultados, positivos ou negativos, para que se sintam parte não apenas do sistema produtivo mas também do administrativo, além de conter páginas de humor e textos motivacionais, que, quinzenalmente, são trabalhados pela área de Recursos

Humanos com os nossos funcionários, divididos em grupos. Em todos os ambientes da indústria há, nas paredes, um quadro com a nossa missão, a nossa visão e os valores que prezamos. Conheço muitas empresas que só a área estratégica conhece a sua visão, missão e valores, o que é um grande erro. É claro que a área produtiva precisa participar dos projetos e planos de um empreendimento! Quando envolvemos todos os colaboradores em nossas propostas de crescimento e nos propomos a ouvir suas sugestões, a responsabilidade deles aumenta, assim como a sua motivação...

— Dr. César, que exemplo de gestão... Estou admirado!

— Temos também, Álvaro, um programa de Responsabilidade Social, em que mantemos uma creche na mesma rua da Indústria, não só para os filhos de funcionários, mas também para toda a comunidade vizinha. Você pode imaginar a tranqüilidade das mães que trabalham conosco? — perguntou César Domenico, muito orgulhoso do que conseguiu implementar na Indústria, desde que a assumiu em 1970.

— É verdade. E, com certeza, com os colaboradores satisfeitos e motivados, a Domenico só pode crescer cada dia mais.

— Álvaro, outro aspecto importante da nossa indústria e muito valorizado hoje em dia é o respeito à Natureza, com estação de tratamento de efluentes industriais, com coleta seletiva de lixo industrial e outros projetos de preservação do meio ambiente — completou César.

— Interessante... hoje as empresas têm sido muito cobradas nesse quesito...

— Sabe, Álvaro, nós realizamos um sério e importante projeto de desenvolvimento pessoal e profissional com o nosso material mais precioso, o material humano, nossos colaboradores, porque sabemos que eles são fundamentais para o sucesso de nossa empresa. Uma empresa não sobrevive só de executivos inteligentes e habilidosos, nem de máquinas da mais alta tecnologia. Ela só sobrevive se seus recursos humanos forem valorizados e bem preparados, não só tecnicamente, como acreditavam antes, mas, principalmente, emocionalmente.

— O que eu sei, Dr. César, é que funcionários bem tratados se sentem tão valorizados que tomam amor pelo emprego.

— É isso mesmo, Álvaro, e são eles que fazem o maior *marketing* para a Empresa. Se são bem tratados e valorizados no emprego, andam de cabeça erguida, e cuidam mais da própria aparência. Onde estão, falam bem do seu ambiente de trabalho e isso agrega valor aos nossos negócios, você me entende? A alegria deles lhes confere um belo *marketing* pessoal que favorece o nosso *marketing* empresarial, que, necessariamente, é muito bem trabalhado pelo nosso Departamento de *Marketing*.

— E pelo que o senhor já me contou, era bem diferente na época do seu pai...

— Ah, sim. Meu pai foi um grande empreendedor, mas, por outro lado, era paternalista demais, apegava-se aos funcionários que pareciam ser os sofredores, as vítimas, e judiava dos mais apagados ou tímidos e daqueles que ousavam discordar de suas idéias. Meu pai era muito parcial em seus julgamentos. Adorava ser bajulado e muitos funcionários, ao perceber essa sua fraqueza, se aproveitavam disso, prejudicando os mais sinceros e dedicados. Tinha muita falsidade na empresa, na época do meu pai. Ou ele gostava de alguém ou odiava e, como eu mesmo lhe disse, ele adorava fazer comparações entre as pessoas.

— E hoje, o senhor não percebe falsidades? Afinal, o ambiente de trabalho geralmente é um campo fértil para a inveja, falsidades e perseguições — disse Álvaro.

— Sabe, Álvaro, enquanto estive na Empresa, toda vez que eu percebia um clima desagradável de sentimentos mesquinhos à nossa volta, procurava conversar com os envolvidos juntos, colocando todos os "pingos nos is". Se alguém vinha fazer uma fofoca, eu chamava o alvo da fofoca e perguntava na frente do outro se era verdade ou não. Sempre evitei nutrir sentimentos de inveja na Empresa. E esse ambiente negativo se desfez a partir do momento em que começamos a investir em programas de crescimento e de qualidade de vida, porque assim ficou bem mais fácil trabalhar as diferenças entre eles.

César, de repente, interrompeu seu relato porque ao olhar pela janela do barco avistou, distante, um grupo de golfinhos a brincar nas águas revoltas do mar. Chamou Álvaro para saírem e filmarem aquele espetáculo de rara beleza. Clara e Vivian se entusiasmaram também, correndo para a lateral esquerda do barco, de onde a vista era melhor.

— Que interessante! Como os golfinhos encantam os seres humanos! — disse Álvaro, perplexo com a alegria dos animais, que percebendo o interesse deles, começaram a fazer gracinhas...

— Álvaro, estou me lembrando de um texto sobre golfinhos que quero lhe mostrar, porque poderemos citá-lo em nosso livro — disse César, tentando lembrar-se onde havia arquivado esse texto em seu computador.

— Eu quero ver sim... — respondeu o jovem, sem tirar os olhos do grupo de golfinhos graciosos.

Ficaram por mais de meia hora sendo acompanhados em seu passeio por uma família de golfinhos, encantados com a amabilidade desses mamíferos. Depois, voltaram para a sala de trabalho e César foi procurar em seu *laptop* o texto de que havia falado para Álvaro.

— Ah, encontrei, finalmente! Na verdade, é um texto sem referência de autoria, que faz uma adaptação de um livro que eu já li, muito importante para a área empresarial, chamado *A Estratégia do Golfinho*, de Paul Kordis e Dudley Lynch, no qual eles criaram a metáfora do golfinho, da carpa e do tubarão.

Escute isso com atenção, porque, quando li esse livro, fiquei dias refletindo sobre a minha postura empresarial por todos esses anos...

> Existem três tipos de animais: as carpas, os tubarões e os golfinhos. A carpa é dócil, passiva e quando agredida não se afasta nem revida. Ela não luta mesmo quando provocada. Considera-se uma vítima, conformada com seu destino. Se alguém tem de se sacrificar, a carpa se sacrifica. Ela se sacrifica porque acredita que há escassez. Nesse caso, para parar de sofrer ela se sacrifica. Carpas são aquelas pessoas que numa negociação sempre cedem, sempre são os que recuam; em crises, se sacrificam por não poderem ver outros se sacrificarem. Jogam o perde-ganha, perdem para que o outro possa ganhar.
>
> Nesse mar existe outro tipo de animal: o tubarão. O tubarão é agressivo por natureza, agride mesmo quando não provocado. Ele também crê que vai faltar. Tem mais, ele acredita que, já que vai faltar, que falte para outro, não para ele! "Eu vou tomar de alguém!" O tubarão passa o tempo todo buscando vítimas para devorar porque ele acredita que podem faltar vítimas. Que vítimas são as preferidas dos tubarões? As carpas! Tanto o tubarão como a carpa acabam viciados nos seus sistemas. Costumam agir de forma automática e irresistível. Os tubarões jogam o ganha-perde, eles tem de ganhar sempre, não se importando que o outro perca. Primeiro ele tenta vencer os outros e se não consegue, procura juntar-se a eles.
>
> O terceiro tipo de animal: o golfinho. Os golfinhos são dóceis por natureza. Agora, quando atacados revidam e se um grupo de golfinhos encontra uma carpa sendo atacada eles defendem a carpa e atacam os seus agressores. Os verdadeiros golfinhos são algumas das criaturas mais apreciadas das profundezas. Podemos suspeitar que eles sejam muito inteligentes — talvez, à sua própria maneira, mais inteligentes do que o *Homo Sapiens*. O comportamento dos golfinhos

O Enigma da Bota

em volta dos tubarões é legendário e, provavelmente, eles fizeram por merecer essa fama. Usando sua inteligência e sua astúcia, eles podem ser mortais para os tubarões. Matá-los a mordidas? Oh, não! Os golfinhos nadam em torno e martelam, nadam e martelam. Usando seus focinhos bulbosos como clavas, eles esmagam metodicamente a "caixa torácica" do tubarão até que a mortal criatura deslize impotente para o fundo. Mais do que por sua perícia no combate ao tubarão, o golfinho foi escolhido para simbolizar as idéias sobre como tomar decisões e como lidar com épocas de rápidas mudanças devido às habilidades naturais desse mamífero para pensar construtiva e criativamente. Os golfinhos pensam? Sem dúvida. Quando não conseguem o que querem, eles alteram os seus comportamentos com precisão e rapidez, algumas vezes de forma engenhosa, para buscar aquilo que desejam. Golfinhos procuram sempre o equilíbrio, jogam o ganha-ganha, procuram sempre encontrar soluções que atendam as necessidades de todos. Declaração que o golfinho faz para si mesmo: "Sou um golfinho e acredito na escassez e na abundância potenciais. Assim como acredito que posso ter qualquer uma dessas duas coisas — é esta a nossa escolha — e que podemos aprender a tirar o melhor proveito de nossa força e utilizar nossos recursos de um modo elegante, os elementos fundamentais do modo como crio o meu mundo são a flexibilidade e a capacidade de fazer mais com menos recursos". Se os golfinhos podem fazer isso, por que não nós?

— Que bela analogia, Dr. César! Por que o senhor ficou intrigado com isso? Pelo que conheço do senhor, acredito que aja sempre como um golfinho, buscando negociações no ganha-ganha, tanto com seus clientes externos quanto os internos — disse Álvaro, puxando a língua de César.

— Sabe o que é, meu filho, já tive momentos de carpa e de tubarão. Algumas vezes, recuei e deixei de arriscar, preferindo perder, e acabei deixando os meus concorrentes ganharem. Todavia, outras vezes agi como um feroz tubarão, principalmente em algumas negociações que fiz com fornecedores da Indústria. Hoje, tenho até vergonha do tanto que eu os "espremia" por preços menores, o que acabava até prejudicando seus representantes comerciais. Nessa época, eu me vangloriava desses feitos, jogando o ganha-perde. Mas, felizmente, posso assegurar a você que meus maiores momentos foram de golfinho mesmo. Principalmente depois de tudo o que passei com o Alexandre, resolvi colocar a ética acima de tudo em minha vida e, aí sim, tive noites melhores de sono, com a consciência mais tranqüila, buscando negociações na base do ganha-ganha.

— Dr. César, tem aqui, no final deste arquivo, outro pequeno texto que também parece interessante. Veja. Aqui diz que o autor é Brian Bacon:

> O tubarão é um peixe grande, predador de peixes menores e muito agressivo. Ele é o peixe mais temido no oceano, mas não é muito inteligente. Esta é uma metáfora para o oceano da vida no qual vivemos. Não adianta nos escondermos como pequenos peixes tímidos, fingindo que não iremos encontrar dificuldades. Nós temos de sair e nadar com os tubarões. E a melhor estratégia é estar no oceano como um golfinho. O golfinho é um mamífero muito inteligente, ágil e rápido. Ele é o único que consegue derrotar o tubarão."

— É isso aí, Álvaro! E eu tenho tentado, por todos esses anos, passar essa filosofia empresarial ao Júlio. Espero que ele esteja se dando bem. Ando um pouco preocupado, sabia? — considerou César, com um semblante fechado.

— Mas por que o senhor está assim preocupado, Dr. César?

— Antes, o Júlio me consultava mais, mas agora faz muitos dias que não me telefona e, não sei não, mas acho que preciso voltar para São Paulo e ficar a par da situação. Não adianta eu querer me isolar, porque a Domenico é a minha vida, é a minha história e eu não vou permitir que nada a desestruture. O Júlio ficou muito vaidoso com a sucessão, e isso não é nada bom! — disse César, decidido a voltar naquele mesmo dia.

César Domenico dispensou Álvaro, para que ele desfrutasse um pouco do passeio, e foi conversar com Clara. Avisou-a que voltaria para casa no dia seguinte, bem cedo, e aproveitaria para acompanhar Vivian ao Centro de Recuperação, ao lado de Clara. Disse também à esposa que iria convocar uma reunião na Domenico e participaria do evento empresarial do final de semana, na Federação das Indústrias de São Paulo. O fato de ter lembrado da gestão do filho lhe causou certa irritação, como se pressentisse algo estranho no ar.

Álvaro pulou no mar e foi nadar com Vivian, que estava tomando sol em uma cadeira, flutuando naquelas águas verde-cristalinas. Ele ficou deslumbrado com a beleza da jovem mulher, principalmente bronzeada e de biquíni. Ficou um pouco constrangido, no início, sem assunto, porque ainda não tinham tido oportunidade de trocar mais do que meia dúzia de palavras. É... Mas olhares eles trocaram bem mais de meia dúzia. Isso confundia um pouco Vivian, porque ainda estava muito confusa em relação à sua opção sexual. Às vezes, sentia atração por homens — e Álvaro era um homem vistoso —, mas a forma maternal de ser das mulheres a atraía muito mais.

Uma hora depois, voltaram todos para a casa na praia e foram se preparar para o jantar e para a volta a São Paulo.

Capítulo 25

De volta a São Paulo, César ligou para a Indústria e marcou com Júlio César e a Diretoria Executiva, o Conselho Administrativo e o Conselho Consultivo, o qual ele presidia, uma reunião naquele mesmo dia, às 18 horas, para apresentação de resultados desde a sucessão de Júlio. É claro que o filho se ofendeu e quis até brigar com o pai por telefone, até porque Júlio andava mesmo estressado nos últimos dias. Estava sentindo certa resistência da diretoria em relação a seus projetos e idéias inovadoras, e ainda não tinha o "jogo de cintura" de seu pai. Na verdade, Júlio estava com muito medo do fracasso, porque ele sempre se cobrou demais e não admitia seus próprios erros. Ainda lhe faltava a sabedoria de que aprendemos mais com erros e fracassos do que com o sucesso e, por isso, as oportunidades melhores geralmente surgem das crises bem aceitas e aproveitadas. Ah, mas até ele aprender os detalhes que faculdade nenhuma ensina, seria preciso muita paciência de seu pai. E César Domenico era um homem impaciente e cobrador.

César, ultimamente, pensava muito:

— Não poderia ser em vão tanto preparo para colocar meu filho em meu lugar... Será que eu forcei o Júlio a seguir meus passos? Será que é isso mesmo que ele quer para a sua vida? Não consigo me lembrar, mas devo ter influenciado nas escolhas dele e isso não vai dar certo...

Enquanto esperava um telefonema confirmando o horário da reunião, César Domenico ligou a TV no momento exato em que passava um programa motivacional chamado *Positivo* e que a apresentadora contava uma história que se encaixou à sua história familiar. César pegou uma caneta e anotou o nome do texto para depois procurá-lo na Internet e mostrar aos familiares e a Álvaro. "Que história fantástica! Muito importante para os pais que querem poupar seus filhos de dificuldades... assim eles não conseguem crescer com raízes...", pensou.

Assim que o programa terminou, Domenico entrou no Google e, pelo nome da história — *O Bosque* —, encontrou-a, conferiu o autor — Jean Paul Barnier — e a imprimiu, lendo-a novamente:

Tempos atrás, eu era vizinho de um médico, cujo *hobby* era plantar árvores no enorme quintal de sua casa. Às vezes, observava da minha janela o seu esforço para plantar árvores e mais árvores, todos os dias. O que mais chamava a atenção, entretanto, era o fato de que ele jamais regava as mudas que plantava. Passei a notar, depois de algum tempo, que suas árvores estavam demorando muito para crescer.

Certo dia, resolvi então aproximar-me do médico e perguntei se ele não tinha receio de que as árvores não crescessem, pois percebia que ele nunca as regava.

Foi quando, com um ar orgulhoso, ele me descreveu sua fantástica teoria. Disse-me que, se regasse suas plantas, as raízes se acomodariam na superfície e ficariam sempre esperando pela água mais fácil, vinda de cima. Como ele não as regava, as árvores demorariam mais para crescer, mas suas raízes tenderiam a migrar para o fundo, em busca da água e das várias fontes nutrientes encontradas nas camadas mais inferiores do solo. Assim, segundo ele, as árvores teriam raízes profundas e seriam mais resistentes às intempéries. Disse-me ainda, que freqüentemente dava uma palmadinha nas suas árvores, com um jornal enrolado, e que fazia isso para que se mantivessem sempre acordadas e atentas.

Essa foi a única conversa que tive com aquele meu vizinho. Logo depois, fui morar em outro país, e nunca mais o encontrei.

Vários anos depois, ao retornar do exterior, fui dar uma olhada na minha antiga residência. Ao aproximar-me, notei um bosque que não havia antes. Meu antigo vizinho havia realizado seu sonho! O curioso é que aquele era um dia de um vento muito forte e gelado, em que as árvores da rua estavam arqueadas, como se não estivessem resistindo ao rigor do inverno. Entretanto, ao aproximar-me do quintal do médico, notei como estavam sólidas as suas árvores: praticamente não se moviam, resistindo, implacavelmente, àquela ventania toda.

Que efeito curioso, pensei eu... As adversidades pela qual aquelas árvores tinham passado, levando palmadelas e tendo sido privadas de água, pareciam tê-las beneficiado de um modo que o conforto e o tratamento mais fácil jamais conseguiriam.

Todas as noites, antes de ir me deitar, dou sempre uma olhada em meus filhos. Debruço-me sobre suas camas e observo como têm crescido. Freqüentemente, oro por eles. Na maioria das vezes, peço para que suas vidas sejam fáceis: "Meu Deus, livre meus filhos de todas as dificuldades e agressões deste mundo".

Tenho pensado, entretanto, que é hora de alterar minhas orações. Essa mudança tem a ver com o fato de que é inevitável que os ventos gelados e fortes nos atinjam e aos nossos filhos. Sei que eles encontrarão inúmeros problemas e que, portanto, minhas orações para que as dificuldades não ocorram, têm sido ingênuas demais. Sempre haverá uma tempestade, ocorrendo em algum lugar.

Portanto, pretendo mudar minhas orações. Farei isso porque, quer nós queiramos ou não, a vida não é muito fácil. Ao contrário do que tenho feito, passarei a orar para que meus filhos cresçam com raízes profundas, de tal forma que possam retirar energia das melhores fontes, das mais divinas, que se encontram nos locais mais remotos.

Oramos demais para ter facilidades, mas, na verdade, o que precisamos fazer é pedir para desenvolver raízes fortes e profundas, de tal modo que quando as tempestades chegarem e os ventos gelados soprarem, resistiremos bravamente, ao invés de sermos subjugados e varridos para longe.

Assim que acabou de ler, César disse para si mesmo:
— Ah, como eu mudei depois da minha ida à Escócia... Já está quase no momento de contar isso para o Álvaro... Antes eu era tão insensível e achava que esses textos chamados de auto-ajuda eram patéticos, só para pessoas melodramáticas e inseguras. Mas, quando "acordei para a vida" e passei a me interessar por esses materiais, despertei para uma grande realidade: se eu não me ajudar, estarei perdido, porque a minha vida só depende das minhas próprias escolhas. Sou eu e ninguém mais o autor, diretor e o protagonista da minha vida. Os outros podem me apoiar, mas somente eu posso me ajudar. Que descoberta transformadora... Cresci e mudei sem cobrar mudança do mundo. Mas, pelo fato de eu ter mudado, o mundo também mudou à minha volta, porque mudou a minha percepção do mundo.

Continuando em seus pensamentos e analisando a história do bosque, César lembrou-se de que havia criado seus filhos com muitos mimos e agora ambos, cada um em um grau diferente, é claro, mostravam-se despreparados para enfrentar a vida real.

— É, mas tenho de parar com essa culpa pelo passado que não construí tão bem assim, até porque isso é passado e não volta nunca mais! Agora, tenho a chance de fazer diferente e é somente isso o que importa! — pensou em voz alta o grande empresário César Domenico.

Álvaro voltou para sua casa e não trabalhou naquele dia, porque César lhe pediu um tempo para resolver as pendências na Indústria. César havia pensado em levar Álvaro à reunião na Empresa, mas teria de contar sobre o livro para explicar a presença do jovem jornalista. Então, preferiu não levá-lo ainda. O rapaz estava ansioso para conhecer todo o complexo industrial, mas teriam de inventar uma desculpa para sua visita. Falar do livro para os trabalhadores da Indústria estava fora de cogitação.

Capítulo 26

César se preparou com antecedência para a reunião na Domenico e pediu ao seu motorista que saísse bem cedo, porque em São Paulo o trânsito estava cada vez mais imprevisível. Chegou na Indústria uma hora antes da reunião e decidiu passear pela produção. Estava com saudades do contato com o chão de fábrica, e precisava sentir como estava o clima no setor mais importante de uma indústria: o produtivo. Foi muito bem recebido por todos, mas notou que alguns itens de segurança estavam sendo desprezados. Perguntou ao chefe de segurança o porquê dessa falha e ele relatou que era por falta de material que, tendo se acabado, fora pedido a tempo de ser reposto, mas ainda não tinha chegado.

César pegou um bloco de anotações em sua pasta executiva, anotou a reclamação e escreveu embaixo: "grande falha na produção". Depois, andando pelo almoxarifado, viu cartazes e *folders* que tinham sido feitos para distribuição nas franqueadas guardados de forma inadequada, com vários deles amassados ou rasgados, e isso o deixou furioso, porque ele era um homem muito econômico e exigia responsabilidade de seus colaboradores com a economia na empresa.

Mas isso estava demonstrando a ele falta de foco nos detalhes, falta de visita nos departamentos, fazendo uma checagem periódica no cumprimento dos deveres de cada um.

Júlio precisava entender que não é porque é o Presidente da Domenico que vai deixar essas tarefas para os gerentes. Ele agora é o gerente-mór, o comandante do navio, e todos os detalhes, sem exceção, têm de ser observados.

César só estava pensando como abordaria tais problemas na reunião. Eles poderiam acusá-lo de ficar espionando; mas, afinal, tudo aquilo é dele e foi construído por ele, não é?

Resolveu ir ao Departamento de *Marketing* e, ao saber da nova campanha milionária que Júlio estava contratando, ficou muito apreensivo. Júlio estava empenhado em colocar a marca Luna definitivamente na cabeça dos consumidores e, para isso, estava em processo de contratação, nada mais nada menos, da sensual atriz norte-americana Sharon Stone. É claro que seria uma campanha bem-sucedida, mas será que a Domenico teria condições financeiras de aguardar os resultados? Afinal, o investimento seria altíssimo! E mais: será que a Indústria teria capacidade de produção para a previsível demanda dos produtos da marca Luna pós-campanha? Será que o resultado da campanha havia sido estimado? Este foi outro assunto sério que César, diplomaticamente, teve de abordar na reunião que fizeram.

Júlio preferiu calar-se e ouvir todas as ponderações do pai, para depois se pronunciar. Mas, antes dele, vários diretores, conselheiros e gerentes foram ouvidos. E ficou claro para César que Júlio estava realizando uma gestão muito centralizadora, tomando decisões sem consultar seus pares mais experientes e ao mesmo tempo, por não saber delegar, ficava sem tempo para andar pelo Complexo Industrial e ver o andamento de cada departamento.

Realmente, a situação estava um pouco preocupante e César decidiu que seria franco com o filho, e foi. Mas para falar o que precisava ser dito sem machucar o filho ou humilhá-lo, César lembrou-se de uma regrinha que aprendera também na Escócia: se tiver de criticar, e for realmente inviável fazê-lo em particular, procure ao menos iniciar a conversa com um elogio. Depois faça a sua crítica de forma justa e termine a sua fala com mais um elogio.

— Júlio, meu filho, admiro muito a sua coragem de tomar nas mãos o controle de uma Indústria tão complexa! Realmente, preciso falar que você me surpreende a cada dia com o seu empenho. E, passeando por toda a Domenico, percebo que será melhor se você delegar mais poder aos nossos diretores nas tomadas de decisões, porque isso fará com que lhe sobre tempo para caminhar diariamente por toda a Indústria e observar como está o andamento de cada departamento. Você sabe, meu filho, se não cobrarmos e motivarmos o nosso material mais precioso, que são os nossos colaboradores, eles não se empenharão como são capazes de fazer e como faziam no meu tempo... Você me entende, Júlio? Eu preciso lhe dizer isso, porque sei o quanto você se cobra em resultados e o quanto você se esforça em acertar. Por isso estou aqui, hoje! — disse César, buscando estabelecer mais empatia com seu filho nesse momento tão crítico.

E conseguiu, porque Júlio ouviu e aceitou as considerações do pai.

O único resvalo de César nessa conversa foi quando ele disse "como faziam no meu tempo". Essa é uma conversa realmente muito chata, que costuma afastar os mais jovens da sabedoria dos mais velhos. Comparar tempos passados com o atual é uma grande perda de tempo.

Ficou combinado entre todos os presentes na reunião que Júlio mudaria sua conduta centralizadora e procuraria ouvir mais a diretoria e o Conselho. E ficou combinado, também, que se ele porventura achasse que um executivo, com larga experiência, desempenharia melhor o papel de Presidente, ele mesmo, Júlio César, convocaria uma reunião para falar sobre o assunto. Esse executivo poderia ser algum diretor da Domenico que tivesse o perfil para presidir a Indústria ou outro de fora, que poderia ser indicado por algum *headhunter* e escolhido com tempo.

César Domenico saiu mais aliviado da reunião, e Júlio, disfarçando a frustração e até uma certa mágoa do pai, não aceitou o convite para jantar em família, com o pretexto de uma reunião da Associação Brasileira da Indústria de Higiene Pessoal, Perfumaria e Cosméticos (ABIHPEC), da qual ele era vice-presidente. Mas César imaginou que se tratava apenas de uma desculpa...

"Tudo bem, Júlio tem seus direitos", pensou César Domenico.

Capítulo 27

Ao chegar em casa, César foi contar para Clara a respeito da reunião e da reação de Júlio.

— Clara, por mais que eu tenha me esforçado no preparo de Júlio para me suceder, percebo nele uma imaturidade que pode comprometer os nossos negócios. Estou preocupado.

— Assim que a reunião terminou, ele me ligou perguntando o que estava acontecendo com você... Senti que o Júlio está enciumado com a sua convivência com o Álvaro. Ele chegou a insinuar que o Álvaro está "fazendo a sua cabeça" — disse Clara, aborrecida.

— Ah, minha Clara, só problemas e preocupações... Por falar nisso, como está Vivian? Você tem observado se ela está tomando as medicações direitinho?

— Se ela não estiver jogando os comprimidos fora, como já fez muitas vezes, parece que está tomando sim. É muito difícil para a gente controlar a vida de um adulto. Se ela fosse criança...

— Diga a ela que iremos acompanhá-la à reunião, daqui a pouco — disse César, olhando as horas.

— Ela já está nos esperando, César. Hoje fiquei triste porque, quando chegamos, a ouvi chorando em seu quarto. Fui até lá para conversar, mas ela me disse que quando estiver preparada vai nos contar um segredo que muito a incomoda. Mas disse que ainda não está preparada... — disse a mãe, com um ar de desconsolo.

— Não me diga isso, Clara! Então vem mais "bomba" por aí? Ah, estou cansado...

Vivian permaneceu calada durante todo o trajeto para a reunião. E os pais, cansados de problemas, preferiram manter-se calados também, até porque, assim, evitariam falar de assuntos pessoais na presença do motorista. Sempre foram muito discretos quanto a isso.

A vida de César na família em que fora criado, com todas as experiências negativas que passou, lhe mostrou que quanto menos gente souber das nossas dificuldades, mais rapidamente teremos condições de solucioná-las. O grande perigo são as fofocas e as calúnias. Por isso a importância de ser discreto, sempre!

Chegaram um pouco mais cedo à reunião no Grupo de Recuperação e foram recebidos amorosamente pelo coordenador, o Dr. Marcos Weiss. Ele apresentou-lhes a palestrante daquela noite, que falaria sobre a autoestima como base para as realizações pessoais e profissionais. Vivian, César e Clara adoraram a explanação feita e voltaram comentando suas principais impressões.

Como disse Clara, era preciso comentar, para que tudo o que foi dito por ela não se perdesse em sua memória. E César Domenico ficou empolgado, porque a palestra o fez recordar-se dos ensinamentos de Amór, quando falaram sobre a auto-estima.

— Vocês ouviram o que ela falou sobre a importância de saber falar "não"? Hoje eu vejo que errei muito na educação de vocês, Vivian, porque como fui muito reprimida na infância, acabei sendo uma mãe permissiva. E pelo que a gente aprendeu hoje, quando somos verdadeiros ou sinceros conosco e dizemos "não" sem culpas, principalmente para nossos filhos, nós os ensinamos a também dizer "não" para vícios, para más companhias, para traficantes e para tudo aquilo que sabem que é errado — despejou Clara, já se sentindo culpada pelos problemas da filha.

— Ah, não, Clara! Não comece com esse sentimento de culpa, porque é contraproducente. Você fez o melhor que podia fazer naquela época. Se, naquele tempo, você fosse a Clara de hoje, tudo seria diferente. Mas viver de "se" não vai nos levar a lugar nenhum — disse César, com rigor.

— Pai, mãe, sabe o que eu gostei mais na palestra dela? Quando ela perguntou quem é a pessoa mais importante na minha vida, hoje! Aí, eu fiquei pensando se colocaria você, papai, ou a mamãe, e levei o maior susto quando ela falou que a pessoa mais importante na minha vida sou eu mesma, e que sempre tenho de me colocar em primeiro lugar... Então, não é egoísmo pensar que sou o centro da minha vida? — disse a filha, um pouco aliviada de saber disso.

— Pois, então, Vivian, hoje eu me lembrei do que aprendi há anos, com Amór: há uma diferença entre gostar muito de mim e ser egoísta — disse César, empolgado. — Gostar mais de mim é me fortalecer, cuidar de mim com o mesmo carinho que cuido de vocês, meus amados, e, com a minha força interior expandida, irradiar benefícios aos outros. Agora, ser egoísta, como ela disse, é fazer tudo por mim e ainda ficar esperando que os outros façam também. Ser egoísta é só querer receber, sem cumprir a nossa missão nesta vida, que é justamente sermos importantes para a melhora do mundo.

— César, sabe do que mais gostei? — perguntou a esposa, realmente entusiasmada com o tema — Ela falou muito bem sobre a nossa mania de "engolir sapos" e o quanto isso faz mal para a nossa saúde. Como a gente aceita desaforo nesta vida, não é? Agora eu entendo porque costumo ficar indiferente com quem me magoa... É falta de coragem de enfrentar a situação e, também, uma recusa em aceitar desaforos. Aí, fico indiferente e faço de conta que não é comigo...

— É, mamãe, mas isso também não faz bem para a saúde, porque a indiferença é um disfarce para o ressentimento que fica aí, te corroendo por dentro — refletiu Vivian.

— Vivian, você guardou bem o que Dr. Weiss falou hoje sobre drogas? — perguntou César, interrompendo a conversa da filha com Clara.

— Ah, papai, eu anotei... Está aqui: ele disse que de 2002 para cá, aumentou em 60 a 70% a criminalidade por jovens de classe média, envolvidos com as drogas. Disse, também, que este é um grave problema social, ligado à impunidade e às facilidades do mundo moderno. As crianças e os jovens precisam de uma sólida formação, que começa na família e deve contar com o apoio da escola e da religião. E que quando essas instituições (família, escola e religião) falham em seus papéis, os jovens acabam sendo socializados por outros jovens ou por traficantes.

— É... isso é fato, minha filha! Sabe o que eu gostei de ouvir o Dr. Weiss falar? Ele sempre fala isso, muitas vezes... — disse César, testando a memória da filha.

— Ah, papai, já decorei isso: "Ou você vive por você ou você vive pelas drogas... a escolha é só sua!" — disse Vivian, imitando o jeito engraçado de falar do psicólogo.

— É, e ele repetiu que no momento em que você se prepara para se livrar do vício, o mais importante é a humildade e a determinação. Por isso, Vivian, quero combinar com você uma coisa: quando não estiver se sentindo bem, quando a vontade de consumir a droga lhe tomar os pensamentos, tenha a humildade de falar conosco, porque estamos aqui justamente para apoiá-la nesta luta sem fim — disse o pai, carinhosamente.

— César, sabe por que, também, tenho gostado dessas reuniões? Porque está fazendo com que nós, pais, fiquemos mais espertos com a manipulação que os filhos tentam fazer conosco o tempo todo com chantagens emocionais, presentinhos e bilhetinhos que nos enchem de esperança, fazem-nos ceder em algumas proibições e, depois, era tudo manipulação para conseguirem seus intentos — disse Clara, olhando bem nos olhos da filha, como se dissesse para ela que, agora, a farsa acabou...

— Ai, ai, ai! Tô ferrada... — disse a filha, num misto de brincadeira e seriedade.

— Vivian, minha filha, lembre-se de sempre andar com os seus remédios na bolsa, como o Dr. Marcos falou. Você, então, que vive dormindo em casa de amigas, não pode se esquecer dos remédios, viu? — asseverou o pai.

— Fique frio, papai. Esse é um hábito antigo meu. Aonde eu vou, levo meus documentos, celular e todos os remédios de que preciso, inclusive para dor de cabeça, indigestão, colírio, antialérgico... Nesse ponto, sou bem prevenida... — disse a jovem, abrindo a bolsa para os pais verem a sua *necessaire* de remédios.

— Sabe, filha, acho melhor que, nesse processo de cura, você procure dormir sempre em casa, porque estamos prontos para apoiá-la — disse Clara.

— Tudo bem, mamãe. Concordo...

— Sabe, Vivian, ninguém muda o outro se o outro não quiser se modificar, mas vejo que, agora, é pra valer... Você está querendo uma mudança em seu estilo de vida e estou muito orgulhoso de você, viu? — disse o pai, já se preparando para descer do carro.

— Eu sei, papai. Agora é assim: eu mudo ou eu mudo! Não vou dar outra opção para mim a não ser a mudança! Como diz o Dr. Weiss, meu compromisso agora é com a felicidade! — disse a filha, beijando o pai e a mãe e, em seguida, subiu correndo para o seu quarto.

Capítulo 28

César estava entusiasmado com o final de semana que se iniciava. O evento na Fiesp — com a palestrante Diana Francis, cujo diferencial é saber mexer com as emoções do seu público, e todos os debates programados —, com certeza daria muito o que falar... Uma característica marcante de César Domenico, despertada depois da sua experiência na Escócia, é fazer questão de ser um eterno aprendiz. Então, oportunidades de aprender com a rica experiência de executivos, empresários, autores e consultores eram preciosas para ele. Principalmente agora, que ele cogitava da possibilidade de também se tornar um conferencista! Era hora de aprender mais ainda e observar todos os detalhes que tornam esses palestrantes mais carismáticos e bem-sucedidos.

Depois de tomar seu desjejum com Clara, César aguardava a chegada de Álvaro, que o acompanharia. Júlio César ligou bem cedo para o pai, combinando de se encontrarem no local do evento. Disse que anotaria tudo, para, depois, se reunirem e comentar a respeito do que aprenderam. César gostou do que ouviu, afinal, sempre ensinou aos filhos que humildade é uma característica muito importante para um empresário que busca o sucesso ou quer manter o sucesso já obtido.

Já sabendo que o marido só voltaria à noite, Clara resolveu aproveitar o dia para sair um pouco, visitar amigas, passear com elas, fazer compras, almoçar fora.

De vez em quando, é bom para a mulher descansar da obrigação de estar sempre com tudo a tempo e a hora para o marido e os filhos. E Clara, agora de bem com a vida e com o marido, estava mais leve, mais alegre e até mais jovial.

Dias atrás, César deixara, embaixo do travesseiro dela, um artigo que recebera pela Internet, falando a respeito de como as pessoas não fazem justiça à alegria de viver. Dizia que as pessoas têm vergonha de se mostrar alegres para os outros, porque podem ser chamadas de bobas, e que o que mais rende atenção neste mundo, infelizmente, é o sofrimento, é a posição de vítima. Então, inconscientemente, as pessoas afetivamente mais carentes buscam o sofrimento para conseguir a atenção daqueles que as cercam.

Clara ficou chocada com o texto e resolveu que tentaria, a todo custo, cultivar a alegria de viver. Chega de sofrer, de ser a coitada. Afinal, todo mundo suporta os "coitadinhos", mas ninguém agüenta de verdade ficar perto deles.

César Domenico estava aprendendo a apoiar a esposa sem ficar "enchendo" demais a cabeça dela. Com a estratégia de recadinhos e bilhetinhos, os resultados estavam sendo muito melhores.

Clara combinou com Sílvia, uma amiga antiga que a presenteara com o livro de Dale Carnegie, que iria para a sua casa e, mais à tarde, sairiam para almoçar. A visita e o passeio, realmente, valeram a pena.

Sílvia era uma mulher de 48 anos de idade, de muito "bom astral" e brilhante em tudo o que fazia. Era proprietária, com seu marido, de uma franquia de doces e sobremesas e estava sempre viajando para aprender novas receitas e inovar nos negócios. Mulher tranqüila e segura, tinha um marido completamente apaixonado por ela. O que Clara não sabia, e então ficou sabendo, é que, há seis anos, aquele casamento exemplar quase se acabara, mas, de repente, o casal aprendeu a mudar e, da mudança, surgiu uma nova relação, com muito mais companheirismo e compreensão.

Ao conversarem, com tempo para desabafos, Clara contou à amiga da reconciliação com o marido, de o quanto estava se sentindo bem-humorada e, então, Sílvia aproveitou para lhe contar o que salvou o seu casamento anos atrás.

— Ah, Sílvia, conte mesmo, porque às vezes me sinto insegura. Quero recuperar esses anos perdidos, quero ser feliz de novo! — disse Clara, curiosa para ouvir a amiga.

— Clara, você sabe que eu e o João participamos de Encontros de Casais na Igreja que freqüentamos, não é mesmo?

— Sim, e vocês continuam participando? — perguntou Clara, interessada.

— Continuamos, e com mais entusiasmo! Afinal, foi lá que aprendi a conhecer melhor a mim e ao João, e soube que tudo aquilo que eu via como defeito nele, eu deveria ver como característica da sua personalidade, que é diferente da minha — disse Sílvia, empolgadíssima em poder ensinar à amiga um conceito transformador.

— Então, me conte logo! — disse Clara, ansiosa.

— A orientadora do Grupo de Casais contratou uma terapeuta comportamental, especializada em relacionamentos, para fazer um bate-papo conosco, num dia de comemorações variadas... Isso já faz seis anos! Eu e o João participávamos de tudo, numa tentativa desesperada de salvar nossa relação, afinal, amor sempre tivemos um pelo outro, mas estávamos muito desinteressados e muito culpados por isso também. Foi então que aprendemos que a comunicação é tudo nos relacionamentos, e que precisamos conhecer a arte da boa comunicação, porque não é só o que falamos que influencia o outro, mas, principalmente, a nossa postura perante as situações. Estes são alguns dos ensinamentos de Programação Neurolingüística, que as pessoas se referem como PNL. Depois que constatei os resultados fantásticos, passei a estudar PNL através de leituras.

— Sim, e o que você aprendeu? — perguntou Clara, extremamente curiosa.

— Aprendemos, amiga, que nós, humanos, usamos três canais de comunicação para entender o mundo, para memorizar fatos e para nos comunicar com os outros: o canal visual, o canal auditivo e o canal cinestésico. Mas, o mais comum, é usarmos mais um canal do que os outros, principalmente quando estamos estressados ou nervosos.

— É mesmo? Como assim? — perguntou Clara, muito interessada.

— Quem tem o canal visual mais atuante é uma pessoa que valoriza a aparência, repara as pessoas, adora vitrines, comenta muito o que vê, gostando sempre de manter uma certa distância enquanto conversa com os outros, para ter um bom campo de visão. Para você se comunicar de modo eficaz com uma pessoa mais visual, não adianta ficar falando demais ou tocando demais, que ela não gosta. O ideal, nesse caso, é comunicar-se por meio de bilhetinhos, recadinhos, ou fazer como a palestrante ensinou: se o seu marido é mais visual, escreva com batom, no espelho do banheiro, tanto os elogios e declarações de amor, como as broncas! O efeito é surpreendente — disse Sílvia, fazendo a amiga cair na risada...

— Que interessante! — interrompeu Clara.

— Já a pessoa mais auditiva é aquela que observa muito os sons, o canto dos pássaros, os barulhos que incomodam... São pessoas que gostam de falar mais e são mais difíceis de ser identificadas como tal, porque são mais discretas — disse Silvia, com ar professoral.

— Mas como é que a gente consegue se comunicar melhor com quem é mais auditivo? — perguntou Clara, totalmente interessada.

— Ah, minha amiga, o auditivo adora dialogar, contar as novidades. E costuma ouvir conselhos, também. Basta dar-lhe abertura para dialogar que a comunicação flui. O interessante é que esse conhecimento, Clara, serve não só para relacionamento a dois, mas também para pais e filhos e para os nossos relacionamentos profissionais.

— E o outro canal, como é mesmo o nome? — perguntou Clara.

— Canal cinestésico. É o que mais uso e é muito fácil de ser identificado. Ele está ligado ao tato (toques, abraços e sensações), aos cheiros, ao paladar e aos movimentos. Quem é mais cinestésico em suas características pessoais, é uma pessoa que gosta de se sentir confortável, adora perfumes, quer ser tocada e abraçada, e aprecia muito os sabores... Ah, deve ser por isso que engordo com facilidade... afinal, não resisto a uma comida cheirosa...

— Pelo que você está descrevendo, acho que sou mais visual, Sílvia. O bilhete de reconciliação que o César me escreveu... Lembra que eu te contei? ...teve um impacto muito grande nas minhas emoções. Ele já tinha me pedido perdão, pedido para eu reconsiderar tantas vezes, mas eu nunca quis conversar sobre isso. Mas, ao ler o bilhete, aí meu coração balançou... Incrível isso! Agora estou entendendo — disse Clara, admirada com o que havia aprendido.

— Então, amiga, eu, por exemplo, sou mais cinestésica e, ao entender minha característica, tão diferente da do João, que é mais visual, percebi que nós dois precisávamos equilibrar esses canais se quiséssemos melhorar nosso casamento.

— Como assim? — perguntou Clara, um pouco confusa.

— A pessoa que é mais cinestésica gosta de se vestir com mais conforto, ou melhor, acaba ficando relaxada mesmo! Lembra como eu ficava em casa: camisetão, rabo-de-cavalo, chinelo-de-dedo, bem à vontade? Acontece que, se o João é um homem mais visual, com certeza ele não achava nada bonito me ver assim, desarrumada, o tempo todo. Lembro-me de ele ter me perguntado várias vezes porque eu só me arrumava para sair. Ele vivia dizendo que gostava de me dar roupas novas e muitas delas eu nem usava... O pior, Clara, é que, toda noite, eu o esperava chegar do trabalho de banho tomado, perfumada, com um jantar delicioso e cheiroso, achando que estava "abafando", agradando o meu marido, pois ele não reclamava do meu desmazelo em me vestir nem da minha praticidade em servir todo o jantar nas panelas mesmo. Mas, pelo que aprendi, descobri que isso ia sendo armazenado no inconsciente dele como um desprezo da minha parte... você entende, Clara?

— Sim, Sílvia, estou entendendo.

— E, eu, por minha vez, gostando de carinhos como sempre gostei, ficava esperando que, quando chegasse, ele me enchesse de abraços e beijos, mas isso não acontecia... ele mal me dava um beijinho de "olá". Comecei a achar que ele estava muito frio comigo e, é claro, comecei a colocar minhocas na cabeça...Essa ciumeira minha quase nos separou.

— Nossa, Sílvia, estou impressionada! Isso é muito sério! — disse Clara.

— Lógico! O bom é que eu e o João aprendemos isso juntos, naquele Encontro de Casais, e juntos, também, resolvemos ceder um pouco em nossas características mais fortes e procurar agradar um ao outro naquilo que é importante para cada um. Então, passei a ser mais vaidosa e, agora, espero meu marido sempre com uma roupa melhor, com batom nos lábios, um delineador realçando os meus olhos, cabelos arrumados. Não custa nada esse agrado. O jantar... Ah, agora preparo umas saladas bem coloridas para ele, que fica todo feliz e animado comigo.

— E ele, o que fez para melhorar a relação? — perguntou Clara.

— Bem, ele passou a me tocar mais e, agora, me dá muitos abraços por dia sem eu ter de ficar esmolando... Quando ele chega, à noite, e eu estou na cozinha preparando o jantar, ele vem por trás e me dá aquele amasso! E o tanto que ele gosta dos bilhetinhos de amor, bem sugestivos e insinuantes, que coloco na mala dele, entre as roupas, quando ele viaja? Ele fica louco para voltar! — disse Sílvia, entre gargalhadas.

— Estou impressionada com isso, Sílvia, porque foram pequenos detalhes que fizeram uma enorme diferença no seu casamento, hein? Estou impressionada também com a sua memória... Como é que você guardou tudo isso que aprendeu na palestra?

— Não, não memorizei isso tudo assim, só de ouvir uma vez! Eu me interessei pelo assunto e comecei a aprofundar-me pela Internet e também por livros, ora essa... Quando comecei a ver os resultados aqui em casa, esperta que sou, comecei a pesquisar tudo sobre as diferenças entre homens e mulheres. Li vários livros e, com o que estou aprendendo, estou cada dia mais interessante para o meu marido e ele para mim — disse Sílvia, com ar de malícia.

— É uma vergonha, mas até hoje não sei ligar um computador... Bem que o César tem me dado apoio para fazer um curso de Informática... E, para mim, é fácil porque já tem um professor que vai lá em casa, quando ele precisa. É só contratá-lo para me ensinar, ainda mais agora que estou motivada a aprender também sobre esses temas... Sabe, Sílvia, enquanto você estava falando, eu estava pensando... Acho que eu e César somos mais visuais e, se for assim, vou começar a escrever para ele também — disse Clara, preparando-se para irem almoçar.

Capítulo 29

César, Álvaro e Júlio César se encontraram no Centro de Convenções, onde os demais participantes do evento da FIESP, empresários e executivos de todo o Brasil já estavam chegando e tomando um farto e sofisticado café da manhã.

Após a abertura oficial, com discursos mais políticos do que práticos, a tão esperada conferencista brasileira, de renome internacional, Diana Francis, subiu ao palco. Muito elegante e, ao mesmo tempo, bem descontraída, revelou ao público sua alegria por participar de tão importante evento. Naqueles dois dias estavam programadas duas palestras suas, com temas bem instigantes: uma no sábado e outra no domingo, pela manhã.

Sua primeira palestra teve quase duas horas de duração. Sob o tema "Gestão pessoal: como administrar sua própria vida", Diana Francis falou a respeito da relação entre vida pessoal e profissional, ressaltando que a valorização da primeira é crucial para o sucesso da segunda. Ela iniciou sua palestra dizendo que muitas pessoas relegam a vida pessoal a segundo plano e, depois, não conseguem entender porque não prosperam. "Todo progresso começa dentro de cada um", disse a palestrante. "Se uma empresa quer ser bem-sucedida em seus negócios, tem de ter pessoas equilibradas e felizes por trás desses empreendimentos", completou. A palestrante deixou bem claro que cada pessoa é uma empresa e, ao mesmo tempo, uma empresária de si mesma. Por isso, a administração — seja pessoal ou empresarial — é sempre um grande desafio.

Álvaro anotava tudo o que achava importante... Aliás, estava anotando tudo, mesmo!

César Domenico estava enlevado, porque começou a perceber que o estilo da palestrante se assemelhava em muito ao estilo de ensinar do seu inesquecível amigo-mestre Amór.

Diana Francis afirmou que, sendo o ser humano a maior e mais importante empresa, enquanto as organizações não perceberem que precisam mais do envolvimento emocional de seus colaboradores (espírito, coração e mente) do que da força de seus braços, mãos e pernas, elas vão ficar patinando em direção ao sucesso. "Gente tem coração, tem emoção, e isso precisa ser trabalhado nas corporações; afinal, o recurso mais valioso de uma empresa é o humano. Assim como uma empresa tem seu planejamento estratégico, cada colaborador tem de ter o seu planejamento pessoal estratégico, saber a sua missão (finalidade de vida) e ter a sua visão (aonde ele quer chegar). Com a globalização, o grande diferencial competitivo das empresas é a sua habilidade para reconhecer, desenvolver e reter talentos. Aí entra a importância de se ter verdadeiros líderes, que se envolvam com o crescimento não apenas da organização, mas das pessoas que participam dela", disse a palestrante, que sintetizou a importância do líder no seguinte ditado: "O líder é ótimo quando o grupo confia nele; porém, ele é excelente quando o grupo confia em seu próprio potencial". E, ainda falando de liderança, Diana Francis apresentou uma pesquisa realizada pelo Instituto Gallup, mostrando que dois terços dos funcionários que deixam seus empregos estão se demitindo de seus chefes e não das empresas. Isso chega a ser assustador, pois as empresas não podem perder os seus talentos! Como exemplo ela citou Henry Ford, que, em suas empresas, fazia questão de empregar pessoas melhores do que ele, porque o verdadeiro líder sabe que o seu sucesso vai depender da excelência da sua equipe.

Álvaro sentia-se muito importante por participar de um evento de tão alto gabarito! Júlio, por sua vez, prestava muita atenção, pois se identificara com o tema apresentado por Diana Francis naquela noite.

Em continuidade, a conferencista falou sobre a importância da implementação de programas voltados ao autoconhecimento e ao resgate da auto-estima de cada um dos colaboradores de todas as áreas da empresa, da estratégica à operacional. Falou também sobre a valorização do *marketing* pessoal, porque cada funcionário, pela sua postura na sociedade, é um agente que pode favorecer ou prejudicar o *marketing* da empresa em que trabalha. Diana comentou ainda sobre a comunicação eficaz nas equipes como instrumento de transformação e sobre as regras para melhorar os relacionamentos interpessoais, dentre as quais, a importância de se interessar pelo bem-estar dos outros – "Para ser interessante, seja interessado!", disse ela, numa frase de efeito muito oportuna.

César Domenico observava se Álvaro estava anotando tudo, mas o jovem jornalista, mesmo afobado, não perdia nada.

A palestra foi muito rica. Diana Francis falou sobre o quanto é preciso motivar as equipes no sentido da valorização do seu trabalho, e citou uma frase muito interessante de Máximo Gorki: "Quando o trabalho é prazer, a vida é uma grande alegria. Quando o trabalho é dever, a vida é uma escravidão". Ela mostrou que "cada colaborador, para se comprometer de fato com a empresa em que trabalha, precisa se sentir em harmonia com o ambiente em que trabalha. E uma forma de conseguir motivar e comprometer as equipes é compartilhando dos sonhos, das metas de cada um". Ela foi brilhante ao falar sobre a flexibilidade exigida pelo mercado atual, não apenas das empresas, mas das pessoas, e ao comentar acerca da importância das metas, quando citou Sêneca: "Não há vento favorável para quem não sabe para onde ir". E, por meio de dinâmicas e exemplos reais, demonstrou o quanto o poder mental pode influenciar na realização das metas. A palestrante explicou que, quando programamos a nossa vida, utilizamos a vontade e a imaginação, mas que a imaginação é sempre mais potente que a vontade, ou seja, você pode querer muito uma coisa, mas se imaginar que não vai conseguir, então, provavelmente, não conseguirá. E, durante alguns minutos, ela ensinou técnicas para o fortalecimento da imaginação — ferramenta poderosíssima na trilha do sucesso. E fechou esse tópico com a famosa citação de Henry Ford, que citava Virgílio: "Se você acha que pode ou se você acha que não pode, de qualquer jeito você tem razão!".

Júlio César ficou impressionado quando Diana Francis disse que "todas as pessoas, todas as noites, ao se deitarem para dormir, devem se questionar se já descobriram a sua finalidade de vida, e se estão realmente fazendo a diferença neste mundo. Guarde bem: você é muito mais do que um enfeite para o Planeta Terra. Você nasceu com um propósito e já está passando da hora de revelar-se ao mundo, deixando que seus dons e talentos sejam descobertos e trabalhados para o bem comum, sem medo da escassez, porque, ao servirmos aos outros, o dinheiro é uma agradável e evidente conseqüência".

César, encantado, disse para Júlio:
— Em nosso próximo evento motivacional na Domenico, vou sugerir a contratação da Diana. Quando a escuto, é como se estivesse recordando os ensinamentos de Amór. Estou impressionado com o comprometimento dela em nos despertar! Tenho certeza de que a experiência dela e sua habilidade em comunicar-se vão gerar altos resultados na nossa empresa, eliminando os padrões de pensamentos negativos e comportamentos indesejados daqueles funcionários mais pessimistas, não é?

— É verdade, pai, ela fala de um jeito que balança a gente por dentro, me fez pensar em coisas importantes que eu nunca pensei — disse Júlio, bem baixinho.

— Sabe, Júlio, quando ela for apresentar-se na Domenico, estou pensando em presentear cada colaborador que participar com o primeiro livro dela, que, como sua mãe diz, "é um jardim de lições transformadoras" — disse César, cheio de empolgação, considerando a importância do equilíbrio e da sabedoria na gestão empresarial.

Quase encerrando o tema daquela manhã, Diana falou ainda sobre as emoções negativas que paralisam as pessoas. Disse que, "se carregamos muitas culpas e mágoas é porque somos arrogantes, não suportamos as nossas próprias imperfeições e nem as dos outros" e que "quando alguém esconde seus medos, está, na verdade, fortalecendo-os", explicando que quem quiser tirar o poder de seus medos, não deve renegá-los, mas, sim, tratar de assumi-los e, inteligentemente, procurar apoio. Falou, ainda, sobre apego ao passado, preocupação com o futuro, etc. E no combate às emoções destrutivas, gerando um equilíbrio emocional necessário ao crescimento, ela sugeriu vários caminhos fáceis e acessíveis para todos: ter amigos verdadeiros, cultivar pensamentos promissores, praticar relaxamento diário, desenvolver uma efetiva administração do tempo, alimentar-se de modo saudável, fazer exercícios físicos com regularidade, ter diálogos construtivos, saber falar "não" sem culpas, "chutando o balde, se for preciso", tomar medicamentos corretamente, quando prescritos, e perdoar a si mesmo e aos outros, soltando as amarras do ressentimento. "Aprenda a escrever nas areias de seu coração as injúrias recebidas, para que as suas lágrimas, como ondas do mar, as apaguem rapidamente", disse ela, enfatizando a importância do perdão.

E, no encerramento do tema, Diana Francis abordou a importância das mudanças na vida das pessoas, dizendo que o medo de mudar vem do apego ao passado, da falta de fé no futuro e da crença de que estabilidade é bom. Ela citou um dos pressupostos da Programação Neurolingüística (PNL), que diz o seguinte: "Se você continuar fazendo tudo do mesmo jeito, vai continuar obtendo os mesmos resultados". E finalizou sua apresentação com a música preferida de César Domenico, em que todos de pé, cantaram com ela — Epitáfio, dos Titãs.

Quando a música terminou, ela projetou no telão este lindo texto, sem referência autoral, que Álvaro copiou, rapidamente:

> Os Titãs conseguiram colocar numa linda melodia uma grande reflexão sobre a vida. Não deixe para o seu epitáfio... Escreva hoje na história de sua vida que você viveu intensamente cada instante do hoje como se não houvesse um amanhã. Viva mais. Culpe-se menos e também culpe menos. Ame mais. Aceite a vida, pois ela é realizada por você. Repare mais naqueles que te rodeiam. Lembre-se: Cada um é um ser diferente, com suas virtudes e seus defeitos. Repare mais no Sol, na Lua, nas estrelas, nos pássaros, nas flores, na beleza da natureza, enfim. Arrisque mais, chore mais, ria mais, brinque mais, namore mais, viva mais!!! Seja feliz! Você merece!

Ao final da rica e emocionante palestra, depois de ser aplaudida de pé pelos expectadores extasiados e emocionados, Diana Francis parabenizou os produtores do evento pela escolha do tema, que lhe deu a oportunidade de fazer um alerta aos milhares de empresários e executivos ali presentes, porque, como ela mesma disse, "infelizmente, no Brasil, ainda existem muitas empresas que investem alto em tecnologia e treinamentos técnicos, deixando de lado os treinamentos motivacionais e os transformacionais e, com isso, sem o perfeito equilíbrio, bem-estar e motivação dos colaboradores, a produtividade corre o sério risco de ficar irremediavelmente comprometida".

César, Júlio e Álvaro saíram para o *coffee-break* impressionados com o tema. Júlio não conseguia pensar em outra coisa senão em como implementar aqueles princípios na sua indústria, começando por ele, é claro!

César comentou com eles sobre o quanto cuidar do lado emocional dos colaboradores pode melhorar o ambiente e a lucratividade das empresas, porque, afinal, todo mundo busca ser bem tratado e quer ser motivado a crescer no trabalho, quer ser valorizado.

— É, papai, não podemos nos esquecer dos bons relacionamentos dentro da empresa. Adorei quando ela nos lembrou da simpatia que devemos irradiar para os nossos funcionários, onde estivermos, e como devemos nos interessar pela vida deles. Isso cria um ambiente leve e agradável dentro da empresa — disse Júlio, satisfeito.

— É verdade, meu filho. E, sabendo disso, podemos aperfeiçoar os nossos encontros motivacionais, transformando-os em eventos sociais, que facilitem a aproximação dos nossos colaboradores de diferentes áreas — complementou César, cheio de idéias para implementar na Domenico. E deixando os dois jovens a sós, ele disse:

— Agora, vocês me dão licença que vou cumprimentar alguns amigos.

Júlio aproveitou para se aproximar mais de Álvaro, que estava calado para não interferir na conversa de pai e filho.

— E aí, Álvaro, está gostando de trabalhar com o meu pai? Ele tem falado de mim? — perguntou Júlio, um pouco sarcástico e enciumado da relação que o jovem mantinha com seu pai.

— Estou gostando muito da convivência com o seu pai... Tenho aprendido muito. Quanto a falar sobre você, muito pouco, porque ele está me relatando a vida dele — respondeu Álvaro, bem cuidadoso.

— Ele já lhe contou da experiência dele na Escócia? Meu pai voltou outro de lá... Até eu queria ser um mosquitinho para ter estado lá e acompanhado toda a terapia pela qual ele passou. Eu ainda quero conhecer o místico Amór. Peça para ele lhe contar... Ele nunca me contou direito o que aconteceu, diz que é porque foi uma experiência tão pessoal, tão interior, que é difícil exteriorizá-la... — disse Júlio, voltando com Álvaro para o salão de conferências.

Os temas das outras palestras daquele dia também foram interessantes: situação econômica do Brasil, *marketing* e vendas, excelência no atendimento e alguns casos empresariais. Álvaro terminou o dia deslumbrado com o mundo em que estava se inserindo — o mundo empresarial.

Capítulo 30

César Domenico e Júlio foram convidados para jantar com Venâncio Nunes, velho amigo de César, mas Júlio agradeceu e resolveu ir para casa descansar. Ele tinha, mesmo, muito sobre o que refletir. Talvez por ter tido uma criação em que foi paparicado demais, ele nunca havia pensado muito sobre si mesmo, sobre como poderia deixar uma marca positiva em sua passagem por este Planeta. E agora, com todas as reflexões da palestrante Diana Francis, Júlio se sentia muito frágil, muito perdido e com a certeza de que precisava elevar a sua auto-estima.

Na volta para casa, Júlio passou em uma videolocadora e alugou os dois filmes recomendados pela conferencista: *Fomos Heróis*, com Mel Gibson, sobre a verdadeira liderança, e *Desafiando os Limites*, com Anthony Hopkins, que trata não só de superação, mas também de como tudo é possível quando sabemos nos relacionar bem com os outros. Pelo menos um desses filmes Júlio queria assistir ainda naquela noite. Há muito tempo Júlio havia aprendido que tudo o que a pessoa vivencia nos últimos 20 ou 30 minutos antes de pegar no sono fica impregnado no seu subconsciente e é trabalhado em sua mente durante a noite toda. Já que os temas das palestras que assistiu mexeram com ele, nada melhor que, antes de dormir, assistir a um dos filmes sugeridos e ver se a sua intuição e o seu inconsciente encontram meios de aplicar o que aprendeu.

César foi jantar na casa do amigo Venâncio, que estaria sozinho naquele fim de semana, pois sua esposa viajara para visitar seus pais.

Foi uma noite muito interessante, porque Domenico pôde exercitar a sua generosidade — parece que o amigo precisava desabafar. Venâncio estava enfrentando um longo processo na Justiça. Desde que se casou de novo, após anos de viuvez, os filhos voltaram-se contra ele e, por medo de dividirem a herança com a nova companheira do pai, preferiram cortar juridicamente todos os laços com ele. A ingratidão e o egoísmo tomaram conta de suas consciências.

— César, meu amigo, sem exagero, quando a quarta geração — meus dois primeiros netos — veio somar esforços, aquilo que deveria ser uma empresa familiar, a exemplo de meu pai e eu, foi se transformando em um verdadeiro caleidoscópio. Uma confusão de vaidades e insatisfação. Um dos filhos que participava da empresa resolveu sair, porque não aceitava subordinar-se a mim, às minhas idéias, e isso acabou sendo um acidente de percurso.

E quando meus netos, filhos do meu outro filho, entraram na empresa sem o devido preparo, mas por imposição do pai, e assumiram a direção, fiquei tão descontente que resolvi afastar-me de minha posição, para evitar mais choques. Porém, de longe, observava que o novo ritmo dos negócios não se coadunava com a segurança necessária e passei a fazer levantamentos contábeis, que muito me preocuparam. Bem, resumindo, sugeri uma cisão, que depois de muita briga foi aceita e eu, segunda geração, fiquei com a Indústria, e meus filhos e netos, terceira e quarta gerações, com a loja. Nessa época, meu pai, o fundador da Empresa, já tinha morrido. Sorte dele, porque nunca vi uma família tão desunida quanto a minha! Ah, César, e isso foi só o começo, porque meus outros filhos também resolveram assumir cargos na empresa, reivindicando seus direitos, e aí o circo pegou fogo — disse Venâncio, já cansado de lembrar-se do que gostaria de ter se esquecido.

— Ainda bem que isso é passado, não é? — disse César, tentando animar o amigo.

— É verdade... Eu quero mais é deixar para lá. Agora estou aqui, com minha esposa querida, que os meus ingratos filhos chamam de "estranha no ninho". Vendi a minha parte da empresa a terceiros e estamos com advogados, que nos orientam e defendem quando os filhos insurgem contra nós. Atualmente, dois de meus filhos estão com um processo na Justiça, tentando me desapossar das ações de minha propriedade... É muita ingratidão, Domenico! Tudo o que eles têm de patrimônio, os imóveis e os estudos que fizeram, vieram da empresa criada por meu pai e desenvolvida por mim. E agora que os negócios estão consolidados e equilibrados, não me deixam ser feliz e desfrutar de meus bens com a pessoa que escolhi como companheira. Isso é um absurdo, mas hoje vejo que não percebi a tempo as "tolas vaidades", os individualismos, a falta de preparo dos herdeiros que coloquei na empresa. Ah, Domenico, foram tantos erros... — disse Venâncio, desconsolado.

— O grande problema da humanidade é o egoísmo, meu amigo. Principalmente o egoísmo grupal, familiar... É uma praga, uma doença devastadora — completou César, solidário ao amigo.

— Lamento muito por ser um exemplo de empresa familiar que não deu certo, sabe? Tenho tantos amigos que convivem pacificamente com a família e seus negócios... Mas, parece que há certas famílias em cujo seio só nascem espíritos adversários, inimigos do passado... — disse Venâncio, tentando justificar seu calvário familiar.

— Você sempre acreditou em reencarnação, não é? Eu até acho essa explicação bastante plausível... Não encontro outro modo de explicar tanta desavença. Mas — disse César, tentando mudar o clima daquela conversa —, se a vida nos deu um limão, vamos fazer uma limonada.

— Como assim, Domenico? — perguntou Venâncio Nunes, curioso.
— Você é um sábio amigo e eu quero aprender com você. O que você tirou de lições depois de tantas frustrações com a família e a Empresa? — perguntou César, instigando o amigo a procurar os benefícios que surgiram depois das tempestades vividas.
— Bem, deixe-me pensar... Eu vejo, agora, que o patriarca deve ter uma antevisão da sucessão. Assim: se forem vários os possíveis sucessores, com possibilidade de bem repartir o comando, que se coloquem as pedras no tabuleiro. Tudo no seu devido tempo. É preciso muito bom senso e paciência nessa fase. Aos poucos, vai se definindo a manutenção das posições ou as possíveis trocas de pedras, lembrando-se que "o tempo é o senhor da razão".
— É, meu amigo, bom senso é o xis da questão — completou César, achando interessante a analogia que o amigo estava fazendo com o jogo de xadrez.
— É. E havendo equilíbrio, as pedras se movimentarão, suprindo falhas, desinteressadamente, sem tolas vaidades, com respeito aos parceiros e às regras do jogo. Observadas essas premissas, já podemos antecipar o êxito.
— Essa é a mais pura verdade! — disse César, fazendo um esforço sobre-humano para memorizar o que o amigo lhe ensinava.
— Outro fator importantíssimo é que o patriarca deve conhecer a filosofia reinante, começando por observar seus filhos (seus herdeiros diretos), a boa-fé e a harmonia, superando os individualismos e tomando cuidado com a formação de grupelhos. É necessário, Domenico, que aqueles que vão compor a sucessão tenham demonstrado interesse sincero pela empresa, a ela se ligando prévia e naturalmente. Há de se ter cuidado com filhos arrivistas e com aqueles com quem eles se casam, porque o que mais destrói o crescimento e o sucesso de uma empresa familiar são as pessoas ambiciosas e sem escrúpulos, que querem vencer na vida a qualquer custo.
— É... eu conheço bem pessoas assim... — disse Domenico, referindo-se ao seu irmão Alexandre e à ex-mulher de Júlio César.
— E mais: nada de precipitação e, muito menos, auto-suficiência! — disse Venâncio, bem enfático. — O patriarca, sentindo dificuldades em deliberar, deve ouvir pessoas merecedoras da sua confiança.
— Venâncio, pelo seu ponto de vista, o que um patriarca deve fazer quando percebe que seus filhos não se interessam pela empresa ou percebe que eles não serão bons administradores? — perguntou César, interessado no sábio ponto de vista do amigo.
— Ainda outro dia estava pensando nisso... Eu acredito que o patriarca, sempre com antecipação, percebendo que não há e nem haverá

sucessores capazes de dar continuidade à empresa, deverá expor à família os problemas e decidir o que será feito, conforme a sua visão e vontade. É preciso que o patriarca se submeta a uma realidade: ninguém é eterno! Se a empresa tiver base econômica e financeira, se tiver pessoal à altura de seus misteres e, especialmente, se tiver em vista uma verdadeira função social, ele deve transformá-la em uma Fundação. Já se a empresa não tiver esses primeiros requisitos, o patriarca precisará pensar em sua subsistência e, então, sugiro vendê-la a terceiros. E, em último caso, se a venda também não for possível, a empresa deve ser dissolvida.

— Puxa, amigo, é isso mesmo. Você falou de Fundação... Eu penso em criar uma Fundação também. Vou estruturar o meu projeto e depois trago aqui para você me aconselhar — disse César, com um profundo respeito pelo amigo.

— Domenico, a principal lição que tirei de tudo isso é a seguinte: não devemos idealizar demais os nossos filhos, porque as decepções podem ser muito grandes, uma vez que a realidade pode não corresponder à nossa idealização. Você me entende? — perguntou Venâncio, entristecido.

— Entendo, Venâncio. Eu penso que não devemos idealizar ninguém, nem esposa, nem filhos, nem funcionários... Devemos, sim, desejar o melhor para eles. Mas temos de ser realistas com seus defeitos. Não adianta ficar jogando a sujeira para debaixo do tapete, porque, mais dia, menos dia, teremos de fazer a limpeza... Agora, Venâncio, uma coisa é certa: não podemos generalizar a nossa experiência familiar negativa, porque existem muitas e muitas famílias e empresas familiares felizes e prósperas, que conseguiram superar o jogo das vaidades, colocando o bem-estar geral acima de quaisquer sentimentos individuais — disse César, tentando consolar o amigo.

— É, você tem razão. Há muitas famílias que vivem bem. Eu, depois de tudo o que passei, aprendi que nós, os patriarcas, devemos fazer sempre um autojulgamento a fim de identificar em quê estamos errados ou erramos no passado, nos perdoarmos por isso e aprendermos a não errar mais nos aspectos identificados. Digo autojulgamento porque, para mim, depois do que meus filhos fizeram, é muito fácil dizer que tenho mil e um motivos para sentir mágoas deles; mas, se eu não perdoá-los do fundo do meu coração, estarei sujeito às piores doenças do mundo e preso às tristes lembranças do passado. Aprendi que, para conseguir perdoar as pessoas, é preciso parar de julgá-las, deixar de achar que sou Deus e começar a fazer o meu autojulgamento — disse Venâncio, receoso de não estar sendo bem-compreendido pelo amigo.

— Sim, meu amigo, autojulgamento é necessário, mas temos de nos precaver do peso insustentável da culpa. No passado, você fez o que melhor sabia fazer, e hoje, com a sua experiência e sabedoria, tenho certeza de que faria muito melhor. O que importa, Venâncio, é quem você é hoje, não o Venâncio que mora no passado. Vida nova, amigo! Vá viajar com a sua amada e doce esposa, vá desfrutar do seu direito de ser feliz! — disse César, preparando-se para ir embora, pois a hora já estava adiantada e Clara devia estar esperando por ele.

— Domenico, meu caro amigo, obrigado por esse tempo ao meu dispor... Foi muito bom desabafar com você, porque você é um sujeito que sabe mostrar para as pessoas que todo sofrimento traz a semente de um grande benefício. O meu maior benefício, hoje, é que tenho lições de sobra e, com certeza, em uma próxima existência, serei bem melhor e mais feliz! — disse Venâncio, com o seu estilo conformado.

— Meu amigo, pois então vou lhe contar uma coisa: estou organizando um livro sobre a minha vida e as minhas experiências em uma empresa familiar e vou colocar a sua experiência e o seu relato lá, sem identificá-lo, é claro, porque aí, então, não apenas você será beneficiado com essas profundas lições, mas também todos os leitores que se identificarem com os seus problemas — disse Domenico, dando um caloroso abraço no amigo, que se emocionou ao saber que sua sabedoria de vida, adquirida a custo de tanto sofrimento, poderá ser utilizada como lição para milhões de patriarcas por este mundo afora...

César seguia de volta para casa pensando na experiência do amigo Venâncio Nunes e no livro que estava organizando. "Ah, inteligentes são as pessoas que aprendem com a experiência de vida dos outros. Imagino um patriarca em situação familiar difícil e convivência insuportável na empresa da família, lendo e tendo a humildade de aprender com os mais velhos e experientes... Muitos sofrimentos poderão ser evitados... Nós não temos de sofrer para aprender! Só sofre quem é prepotente e se acha insuperável, que não precisa aprender mais nada. Ah, como as pessoas perdem tempo com a arrogância! Ainda bem que conheci o mestre Amór antes de sofrer mais ainda... E como aprendi com ele! E o melhor, aprendi a me perdoar e a não julgar tanto os outros. Que saudades dele... Que saudades de Amór!"

Capítulo 31

Segundo dia de conferências. César Domenico acordou muito entusiasmado. Júlio César chegou cedo para tomar o café da manhã com os pais e, juntos, seguirem para o Centro de Convenções, onde Álvaro os esperava, reservando-lhes lugares na primeira fileira.
Júlio não gostava de sentar-se na frente. Nunca gostou. Assim, agradeceu a iniciativa de Álvaro e foi sentar-se mais atrás. Eram pequenos detalhes no comportamento de Júlio que desagradavam César, que pensava: "Que falta de educação! Um lugar para ele e ele não quer! Que medo é esse de se sentar mais à frente? Ah, eu e meu filho somos muito diferentes...".

As atividades do domingo se iniciaram com a esperada palestra sobre Como Gerenciar o Estresse, com a mesma conferencista do dia anterior — Diana Francis —, que, ao ser apresentada e convidada pelo organizador do evento, subiu ao palco cheia de energia e carisma. Pelo sucesso da palestra do dia anterior, foi aplaudida com muito entusiasmo pela platéia.

César estava bem curioso a respeito daquele tema, porque não tem "vírus" mais destruidor no meio empresarial e familiar do que o estresse.

— Como será que é possível gerenciar o estresse? — perguntava baixinho, para Álvaro, sentado ao seu lado, cheio de importância por estar participando daquele evento com seu patrão.

Em tom divertido e informal, Diana Francis, expert em agitar as emoções de seu público, falou durante duas horas entremeadas de dinâmicas variadas e testes que cada um participou, cheio de curiosidade.

Álvaro, na sua prática jornalística, ia anotando as idéias principais.

Primeiramente, a palestrante fez questão de saber de alguns da platéia qual era a impressão que eles tinham a respeito do estresse e eles foram unânimes em enxergar os prejuízos físicos, emocionais, familiares e financeiros que ele causa. Então, Diana Francis revelou que o estresse pode também ser positivo, ou seja, ela mostrou as duas faces do estresse — o negativo e o positivo —, dizendo que, naquele dia, todos aprenderiam como gerenciar e transformar a energia poderosa do estresse a seu favor.

Iniciou sua apresentação mostrando que "o estresse que o homem moderno sofre é bem diferente do estresse do homem pré-histórico, que, ao precisar correr das feras ou enfrentá-las, passava por um desgastante processo físico que, ao final, o deixava totalmente esgotado, sem energias. Entretanto, depois do susto, havia tempo suficiente para ele se recompor fisicamente. E é justamente isso o que não acontece com o homem moderno, que não tem feras para enfrentar, mas é perseguido por tantas preocupações e aborrecimentos, por tanta correria no seu cotidiano, que se esquece de parar e deixar o seu organismo se normalizar. Hoje, as pessoas se estressam e continuam ativas, até que chega um momento em que o corpo pede socorro". Ela explicou que temos de nos lembrar dos nossos ancestrais pré-históricos e nos dedicarmos a períodos de descanso quando percebermos as descargas de adrenalina, as pulsações cardíacas aceleradas, o suor frio, a tensão muscular e outros sintomas de um corpo e mente estressados.

Naquele instante, César olhou para Álvaro e disse:

— Ah, ela tem razão, mas dedicar um tempo para descansar? Até que hoje eu consigo fazer isso, mas a maioria dos empresários e executivos que conheço são "elétricos", não param nunca. Aliás, eles param sim, mas só quando a doença os obriga a passar um tempo no hospital, como aconteceu comigo.

Como os dois estavam na fileira da frente, defronte à palestrante, ela ouviu o comentário de César e aproveitou para repeti-lo para a platéia. Então, explicou que o tempo de descanso a que se referia pode ser na sua própria cadeira do escritório e ensinou uma programação positiva simples, que acalma a mente e revigora o corpo: "Sentado em sua cadeira, faça pelo menos sete respirações profundas e, ao mesmo tempo, repita para si mesmo: 'Todos os dias, sob todos os aspectos, estou cada vez melhor!'".

Como Diana fazia questão de desenvolver um trabalho interativo com sua platéia, pediu que César Domenico subisse ao palco e contasse a sua experiência com o estresse. César, então, com seu domínio na arte da oratória, pegou o microfone e relatou toda a sua trajetória de homem estressado até que o seu coração deu um basta — foi aí que ele percebeu que ninguém é imprescindível, porque os negócios, sem ele, não se desorganizaram, como ele imaginava que iria acontecer. Depois do seu breve depoimento, foi fortemente aplaudido, não apenas pela sua sinceridade, mas também pela sua importância no meio empresarial.

Continuando o tema, a conferencista explicou que o estresse pode ser positivo sim, e, nesse caso, é chamado de "eustresse", devendo ser reconhecido como um gerador de novas energias para o trabalho, para a criatividade e para as realizações, impulsionando a pessoa para o cumprimento de suas metas. "Há uma agitação dentro de cada pessoa que é necessária para movê-la rumo ao sucesso (estresse positivo); mas a partir do momento em que ela se deixa dominar por essa agitação, transformando-a em ansiedade, preocupação, medo, fobia e até depressão, aí, então, instala-se o estresse negativo, também conhecido como 'distresse'. Nessa situação, as energias físicas, espirituais, mentais e emocionais se fragilizam e a pessoa entra em desequilíbrio."

Álvaro anotava tudo na maior pressa, lamentando a proibição de gravar as conferências, pois, se o fizesse, teria toda a preciosa fala de Diana Francis na íntegra. Sabia que alguns participantes gravavam escondido, mas jamais faria isso, pois poderia comprometer a sua credibilidade e a de César Domenico, seu acompanhante.

Diana colocou todo mundo para pensar. Fizeram um rápido *brainstorm* e, juntos, enumeraram algumas fontes de estresse: dormir pouco, falta de exercícios físicos, excesso de fumo, consumo de bebidas alcoólicas, café e refrigerantes, trabalhar sem descansar, má alimentação, pressão das pessoas e dos acontecimentos ao redor, pressão por resultados profissionais, trânsito congestionado, medo da falta do dinheiro e outros medos paralisantes, pensamentos negativos, revolta, mau humor, lamentações, críticas e queixas, ressentimentos e culpas...

O público presente era *expert* em estresse, pois o vivenciava em seu cotidiano. Às vezes, lá do meio da platéia, ouvia-se alguém dizer: "Ah, este sou eu!" ou "Este é o meu problema...".

Bem, mas só detectar problemas não iria adiantar nada. Era preciso ir além e foi o que Diana Francis fez. Usando o projetor multimídia, ela, cuidadosamente, preparou uma série de *slides* bem impactantes para mostrar o quanto o estresse negativo pode prejudicar as pessoas e propôs um interessante teste para os participantes detectarem seu grau de propensão ao estresse. O teste, nem seria preciso dizer, causou grande agitação, pois o público foi se reconhecendo nas questões e se conscientizando da necessidade premente de realizar mudanças em seu estilo de vida.

César Domenico ficou bem empolgado, porque, depois de todas as mudanças aprendidas na Escócia com o sábio Amór, ele estava realmente fora da situação de risco em relação ao estresse. Mas para a maioria ali sentada, os resultados do teste não foram nada animadores. É por isso que Diana Francis é considerada uma palestrante que gera impacto. Seu trabalho integra razão e emoção, funcionando como um "toque de despertar" na vida de cada um que participa de suas palestras, principalmente de quem se esquece de colocar sua própria vida em primeiro lugar e considera a empresa, a família, a casa e muitas outras coisas mais importantes que ele próprio, que é a pessoa mais importante.

Ela disse assim: "Além das suas imprescindíveis reuniões de negócios, você precisa aprender, urgentemente, a marcar encontros consigo mesmo! Se você quer equilíbrio e bem-estar em sua vida, não espere nada dos outros em tempo algum, mas habitue-se, diariamente, em seus encontros consigo mesmo, a recarregar suas próprias baterias com doses de otimismo, entusiasmo e bom-humor. Só depende de você! De mais ninguém! Aí está a sabedoria para uma vida longa e saudável!".

Diana explicou, de modo bem convincente, que "cada pessoa é, na verdade, um aglomerado dos papéis que assume na vida e, por isso, precisa buscar qualidade de vida em todas as áreas em que atua: pessoalmente, buscando auto-estima, autoconfiança e autovalorização; fisicamente; em família; emocionalmente, sabendo conviver com ganhos, perdas e mudanças necessárias e exercitando o perdão a si mesmo e aos outros; espiritualmente, desenvolvendo a religiosidade e a fé, seja em que religião for; socialmente, por meio do respeito e da consideração; e profissionalmente, cultivando o comprometimento, a dedicação ao trabalho, a honestidade, a gratidão, a cooperação, as metas, etc.".

De tudo o que escutou, Álvaro impressionou-se, mesmo, quando Diana revelou que um grande gerador de estresse na vida das pessoas é o fato de dar muita importância a um único aspecto na vida: só ao trabalho ou só à família ou só a um grande amor... "Tem gente tão apegada a uma única área da sua própria vida que, quando sofre alguma perda, é como se perdesse o chão, como se nada mais valesse a pena em sua vida. Isso é altamente negativo e destrutivo." Ela falou sobre o quanto a idealização em relação aos outros é prejudicial, pois, geralmente, termina em decepção: "Minha filosofia de vida é a seguinte: eu acredito sempre no melhor, mas estou sempre preparada para o pior, caso aconteça. Pensando assim, fica muito mais difícil eu me estressar com os aborrecimentos naturais da vida".

— Pôxa, Álvaro, que realismo, hein?! Essa é uma fórmula interessante para nunca sermos pegos de surpresa. É o que eu chamo de "plano B" — disse César Domenico, impressionado com a fluência da apresentadora.

Não foi difícil para a conferencista ouvir que César estava comentando sobre o seu realismo; então, ela complementou o assunto com um pensamento do teólogo inglês William George Ward, do século XIX, que disse: "O pessimista queixa-se do vento. O otimista espera que ele mude. O realista ajusta as velas". E continuou: "Não basta ser só otimista, só esperar o melhor. É preciso ser mais, é preciso ser entusiasmado, fazendo o melhor acontecer, colocando-se em ação".

E Diana continuou mexendo com as emoções de seu público. Ela afirmou que outro fator de risco para o estresse é o perfeccionismo, o fato de querer ser bem-sucedido o tempo todo: "Isso é arrogância; é preciso entender que ninguém é perfeito e que o fracasso é parte inerente da vida de cada um, trazendo crescimento e aprendizagem".

Ela alertou também para o perigo de uma auto-estima fragilizada: "A pessoa que sempre precisa de estímulos externos para se sentir bem é alguém com forte propensão ao estresse, porque isso denota uma dependência emocional muito grande. Guarde bem: quando você está bem consigo mesmo e procurando se relacionar melhor com os outros, você está muito mais protegido do estresse e, conseqüentemente, dos acidentes de trabalho e da tão temida depressão".

Diana Francis falou que o estresse positivo pode se transformar em sucesso pessoal e profissional desde que seja usado para a ação, para a tomada de resoluções que levem às realizações: "Se você souber gerenciar o seu estresse, ele funcionará como um propulsor de energias novas para a solução de todos os seus problemas e o conduzirá para a vitória. A sua vida sempre esteve, está e estará em suas próprias e abençoadas mãos!".

Depois de inúmeras dicas para combater o distresse e viver melhor, a conferencista ensinou alguns exercícios de energização e de visualização. Falou mais um pouco sobre o poder dos pensamentos positivos e sobre como otimizar as relações interpessoais. Então, ela abriu um espaço de dez minutos para perguntas, que lhe deveriam ser encaminhadas por escrito. Mas foram tantas, que, por falta de tempo, ela respondeu a algumas e comprometeu-se a responder as outras em seu *site*, dentro de uma semana.

Encerrando, a conferencista apresentou um belíssimo *clip* sobre as belezas da vida que não percebemos e não valorizamos no dia-a-dia, e finalizou assim: "Você quer uma vida plena, sem distresse e com menos conflitos? Então, aplique a regra de ouro: Faça sempre aos outros aquilo que você gostaria que fosse feito a você! Esse é o segredo!".

Diana Francis foi aplaudida de pé pelos participantes e passou à sessão de autógrafos de seus dois livros já publicados. Como já tinha o primeiro livro da palestrante, César o trouxe para pedir-lhe um autógrafo e comprou quatro exemplares do livro novo: um para ele e Clara e os outros para presentear Júlio, Vivian e Álvaro.

O jovem jornalista estava exultante e muito agradecido ao patrão, que lhe oferecia esta oportunidade tão esperada de aprender mais e conhecer tantas pessoas interessantes.

— É... esse carisma e seu estilo franco e doce, ao mesmo tempo, explicam perfeitamente porque Diana Francis se tornou uma das palestrantes mais admiradas em todo o Brasil. Logo a perderemos para o mundo! — comentou César Domenico para outro empresário com quem conversava na fila de autógrafos.

No intervalo, Júlio encontrou um colega de faculdade, Caio Ramos, filho de um grande empresário, dono de uma rede de farmácias no Paraná. Quando estudavam juntos, Júlio e Caio conversavam muito sobre as empresas de seus pais e o que era esperado deles, jovens estudantes, fadados a herdar, muitas vezes sem preparo e entusiasmo, um patrimônio de tão alto valor. O amigo, filho caçula de uma prole de cinco filhos, contou-lhe que assim que ele se formou, o pai, com setenta e poucos anos, resolveu dividir as suas farmácias — na época, 24 unidades no Estado do Paraná — entre ele e seus filhos, ficando cada um com quatro farmácias, para começarem a crescer com seu próprio esforço e talento. Dois dos irmãos não quiseram tocar o negócio. Um deles vendeu as farmácias para o pai e para uma irmã, e o outro as vendeu para um outro empresário do ramo.

— Mas por que seu pai quis dividir assim a empresa? — perguntou Júlio.

— Um dos motivos que fizeram o meu pai optar pela divisão ainda em vida é que a família estava crescendo demais, com noras, genros e netos querendo tomar parte nos negócios e, com tantas interferências, não há negócio que resista. Até os funcionários já não sabiam mais a quem recorrer ou a quem obedecer. Eram muitas ordens, muitas vezes contraditórias, e a confusão acabaria por afetar a produtividade e os lucros, é claro — respondeu Caio, feliz por reencontrar o amigo.

— E você, gostou do resultado? — perguntou Júlio, lembrando que Caio era um rapaz muito genioso e detestava ter a sua liberdade tolhida.

— Eu? Adorei! Agora eu tomo conta do que é meu, do meu jeito e não tenho de ficar me reportando ao meu pai ou aos meus irmãos, que davam palpite em tudo... Já errei muito sozinho, mas também só prejudiquei a mim mesmo e não tenho de ficar ouvindo cobranças dos outros. Sabia que agora a família está muito mais unida? Cada um ficou mais responsável, mais centrado e dono das próprias decisões — respondeu Caio.

— E o seu pai, como ficou, depois de tudo isso? — questionou Júlio, achando esse caso muito interessante e apropriado para famílias maiores.

— Meu pai está muito melhor agora, porque com a capacidade que ele tem, cresce cada dia mais, sem os aborrecimentos e cobranças dos filhos em cima dele — respondeu o amigo, satisfeito. — E você, Júlio, me conte de você!

Júlio contou rapidamente da sua vida, tanto o desastre amoroso quanto a vida profissional, e eles combinaram de, ao final do evento, saírem juntos para passear na noite paulistana.

— Quero recordar o que a mulher paulistana tem de bom! — disse Caio, entusiasmado.

— Sabe, estou traumatizado com mulheres! Depois dessa decepção que passei, fiquei meio assustado... E depois, Caio, a mulherada anda tão fácil, tão disponível, que acaba perdendo a graça. Acho que é por isso que tem tanto homem homossexual neste mundo! — disse Júlio, já arrependido do que dissera, porque o amigo podia pensar que ele era *gay*.

— Nossa, Júlio, estou te desconhecendo...

— Não, meu amigo, não virei *gay*, mas estou bem mais seletivo com as mulheres — explicou Júlio.

Durante o *coffee break*, César Domenico encontrou-se com vários conhecidos do meio empresarial: alguns bons amigos e outros que se faziam de amigos. Um desses chegou até César, com ares maledicentes, para lhe contar que, meses atrás, havia encontrado Alexandre Domenico, aquele irmão que César preferia esquecer que existia... Disse que Alexandre está muito envelhecido, com aparência de quem está vivendo no mundo dos vícios, e que perguntara por César e a família. Contou que ele havia voltado para o Brasil e estava mesmo querendo procurar César e os outros irmãos em busca de ajuda. César sentiu um frio na espinha, sabendo que logo, logo teria problemas...

"Que inferno! Quando eu acho que vou ter um pouco de paz esse infeliz resolve voltar..." — pensou César, vermelho, tentando disfarçar a raiva.

Essa notícia caiu como um banho de água fria em seu humor. César se transformou. Fechou a cara e, em vão, Álvaro e Júlio tentaram descobrir o motivo. Só no final do dia, quando já havia controlado o seu estado mental, é que contou ao filho e ao jornalista o motivo do seu ar tão desgostoso.

As conferências que se sucederam foram também muito importantes, mas o que impressionou bastante foi um debate sobre os caminhos do RH.

Álvaro anotava tudo o que achava importante e César ia acompanhando as suas anotações, orgulhoso do assessor que arrumara.

O Enigma da Bota

A discussão maior ficou em torno das reclamações constantes que mostram que o departamento de RH deveria, mas não tem conseguido, ser a área capaz de criar melhores condições de trabalho dentro das empresas e, pelo que estava sendo proposto, isso acontecia porque raramente esse departamento é visto como uma área estratégica da empresa.

O debate estava quente. Vários profissionais de RH reclamaram da análise fria que estava sendo feita e o salão ficou em polvorosa. Mas, os consultores que participavam do debate não pouparam suas críticas. Deixaram bem claro que é preciso fomentar o desenvolvimento dos talentos que vão garantir o futuro dos negócios, e que o bom ambiente de trabalho reflete diretamente no balanço financeiro das empresas.

Quase ao final, os debatedores chegaram ao consenso de que esse problema, quase generalizado nas empresas brasileiras, está diretamente ligado aos profissionais que trabalham com recursos humanos. Em geral, eles são psicólogos, pedagogos ou assistentes sociais, que sabem muito bem lidar com as pessoas, mas não são treinados para entender os negócios das empresas em que trabalham. Com isso, na hora das entrevistas para novos candidatos nas empresas, nem sempre os profissionais de RH estão preparados para identificar com as perguntas certas se aqueles candidatos são bons no que fazem. O que ficou claro é que, quanto mais próximo o departamento de RH estiver do negócio, participando da tomada de decisões, mais poder terá junto aos gestores e mais sintonizado estará com o futuro da empresa.

César e Júlio saíram do evento comentando o tema e concordando que teriam muito o que repensar na Indústria Domenico, principalmente sobre o departamento de RH.

César pediu a Álvaro que, no próximo encontro deles, na manhã seguinte, levasse as anotações feitas durante o evento, pois ele as usaria na próxima reunião do Conselho.

Por algum tempo, César até se esqueceu da notícia que tivera de seu irmão, mas, na volta para casa, um incômodo sentimento de mágoa começou a perturbar-lhe. César, então, lembrando-se do amigo Amór e de toda a terapia pela qual passara para aprender a perdoar, tomou a decisão de não se deixar levar de novo pelo ressentimento. Afinal, ressentimento é permitir-se sentir de novo algo que não foi bom. E cabia a ele decidir o que sentir! Há muito, ele aprendeu que há certas coisas que não podemos mudar e, então, temos de aceitá-las. Ter um irmão como Alexandre era uma dessas coisas. Tinha de colocar esse problema nas mãos de Deus. E foi o que fez. Passando em frente à Igreja Nossa Senhora de Fátima, pediu ao seu motorista que parasse o carro. César Domenico desceu do carro, entrou na igreja e lá permaneceu por meia hora, em preces e procurando se recordar dos ensinamentos do místico Amór. Hora de reflexão... Hora de cuidar da alma, do bem-estar espiritual.

Ao voltar para casa, no jantar, contou para Clara sobre Alexandre e pediu-lhe que avisasse a Vivian. Era preciso ter muito cuidado agora, inclusive com telefonemas anônimos ou com uma possível visita dele.

Vivian tinha passado o dia fora e não viera para o jantar. Era preciso alertá-la sobre o tio. Clara tentou falar com ela pelo celular, mas não conseguiu: o aparelho estava desligado...

Naquela noite, César recolheu-se mais cedo. Queria descansar bastante, pois estava programando trabalhar muito com Álvaro naquela nova semana!

Capítulo 32

Às 6 da manhã, quando o despertador tocou, César acordou sobressaltado. Estava sonhando com Juliano, seu querido irmão perdido. No sonho, Juliano lhe dizia que estava muito bem e sorria muito. Dizia para César que estava muito feliz com ele. O interessante é que, nos sonhos que tinha com Juliano, não conseguia definir se ele lhe aparecia como criança ou como adulto... É como se só ouvisse a voz dele e visse uma imagem difusa. César despertou com a agradável sensação do carinho do irmão mais velho.

"Quanta saudade de você, meu irmão! Se ao menos tivéssemos encontrado seu corpo, eu iria na sua sepultura visitá-lo. Nem meus amigos espíritas conseguiram uma mensagem sua para mim... Nada de notícias... Ah, mas este sonho foi muito bom!", pensava César, enquanto se trocava para a ginástica habitual.

Álvaro chegou às oito horas e os dois foram direto para o escritório.

— Dr. César, o senhor me parece muito bem! Gostou do evento desse final de semana?

— Ah, sim, gostei sim! Mas estou alegre assim porque sonhei com o Juliano e ele estava muito feliz! — respondeu Domenico, com um ar de satisfação.

— Que bom, Dr. César. Eu tive um sonho estranho, essa noite. Sonhei que a minha mãe estava muito doente e me chamando... Eu ouvia a voz dela bem longe, bem fraca e acordei com uma sensação ruim. Há muitos anos não falo com ela, mas vou buscar notícias dela hoje — disse o jornalista, com o semblante preocupado.

— Mas ela também não telefona para você, Álvaro?

— Ela perdeu o meu contato e não passei para minha família nem o meu telefone.

— Puxa, Álvaro, que mágoa você tem da sua família! Deveria ser grato pelo menos à sua avó que o criou, rapaz! — disse César, um pouco decepcionado.

— É verdade, Dr. César. A raiva que fiquei da minha mãe por não me contar quem é o meu pai, e tudo o que ela me fez sofrer ainda me corrói a alma. Sinto-me mal com isso e o pior é que ainda me sinto um monstro por ter ódio da minha própria mãe.

— Álvaro, ter raiva dos pais não é nada demais. Eles tentam fazer o melhor de que são capazes, mesmo assim, erram muito conosco. Fazem muitas besteiras, mas o que importa nisso tudo é que você sobreviveu e muito bem, por sinal. Você acha que a sua mãe, como ela é, seria capaz de fazer melhor em relação a você? — perguntou César, lembrando-se do que aprendera com Amór.

— Não, pensando bem, não seria melhor do que isso não! E eu sobrevivi e estou muito feliz por trabalhar aqui, Dr. César. O senhor e a D. Clara são seres muito especiais! Obrigado por tudo!

— Ah, meu rapaz! Eu sei que você faria o mesmo por mim! Vamos trabalhar?

— Sim, vamos começar... Por onde, hoje?

— Onde paramos da última vez? Eu já me esqueci — perguntou César.

— O senhor estava me contando sobre a empresa, depois que comprou a parte de seus irmãos — respondeu Álvaro, organizando suas anotações.

— Ah, sim! Assumir toda a empresa foi muito bom, porque, então, não tinha mais aquele sentimento de injustiça, de estar sendo explorado pelos irmãos que não trabalhavam lá, mas... Uma vez, li que o grande empresário Samuel Klein, das Casas Bahia, disse que "quem tem sócio, tem patrão", e é verdade, mesmo, porque tudo o que você pensa em fazer, tem de ser discutido com os sócios e, muitas vezes, não sai como você gostaria. Mas, por outro lado, a minha responsabilidade quadruplicou. Eu sempre fui muito exigente, perfeccionista e detestava fracassar. Com isso, foi crescendo em mim um medo de não dar conta de tudo sozinho, de falir, de ficar pobre, de tudo que era negativo. E, na minha cabeça, eu achava que, para que isso não acontecesse, eu teria de trabalhar muito mais do que eu trabalhava, teria de me dedicar integralmente à empresa. Foi uma adaptação muito difícil, porque, enquanto há outros membros da família nos negócios, se algo não der certo, a gente tem sempre uma desculpa... Agora, não havia mais desculpa para nada. O negócio era todo meu.

— Mas trabalhar tanto assim compromete o equilíbrio... — disse Álvaro, como se perguntasse a ele como ele estava em relação às suas emoções.

— Claro, isso realmente foi me desequilibrando física e emocionalmente. Além do mais, eu era um homem atormentado por uma dor de cabeça infernal que médico nenhum conseguia diagnosticar nem medicar, e só mais tarde vim a descobrir que era reflexo das minhas culpas, principalmente da morte do meu irmão Juliano. Mas a minha vida virou um inferno... Eu não tinha hora certa para almoçar, para jantar, às vezes

passava a tarde inteira sem comer nada e, quando chegava em casa, estava tão cansado, tão esgotado, que nem dava atenção para a Clara e os meus filhos. É claro que, com isso, as cobranças em casa aumentaram e eu, chateado, atrasava o quanto podia a minha volta para casa... É uma verdadeira bola de neve, Álvaro...
— Foi nessa época que o senhor adoeceu? — questionou Álvaro.
— Foi um pouco depois de um problema sério em meu casamento. Tínhamos uma nova franqueada da Domenico, daqui de São Paulo mesmo, que, desde que assinou o contrato de franquia, costumava visitar a Indústria e acompanhar os nossos lançamentos antes de chegarem às lojas. No começo, eu até admirava a atitude dela, achava que era bom ter uma empresária assim tão interessada, e a loja dela realmente era uma das que mais vendiam os nossos produtos. Mas eu fui muito ingênuo... Toda semana ela me visitava em minha sala, elogiava a minha fábrica e a minha administração, me bajulava mesmo. Só que eu não percebia as segundas intenções dela. Em suas visitas, eu sempre a convidava para um almoço e, depois, voltávamos para a Indústria e passávamos a tarde trocando idéias para alavancar as vendas. Ela era muito boa nisso e em outras coisas também... Ela me passava uma sensação de confiança muito forte, contava-me seus problemas com o casamento que acabou, com os filhos e eu acabei também me abrindo e contando a ela sobre a minha vida íntima, que não andava nada bem. Fomos nos envolvendo de tal forma que, depois de seis meses, nos tornamos amantes. Ela era deslumbrante, linda mesmo, e muito charmosa. Os filhos não moravam com ela; então, nos encontrávamos no seu apartamento pelo menos duas vezes por semana. Tudo parecia ir bem conosco e a Clara nada percebia, porque nos encontrávamos na hora em que eu deveria estar trabalhando. De certa forma, essas escapulidas me tiraram daquela rotina interminável, mas eu sabia que não era honesto o que estava fazendo. Mesmo me divertindo, a culpa me corroía por dentro. Sempre voltava para a Indústria com um sentimento de vergonha de mim mesmo e, quando voltava para casa, dava um jeito de arrumar alguma coisa para fazer, de modo que a Clara fosse para a cama antes de mim. Mal conseguia olhar para ela, com medo de ser descoberto. É engraçado, mas é mais fácil mentir para as mulheres por telefone. Ao vivo, elas acabam descobrindo que tem alguma coisa errada com a gente.
— E a outra mulher, não se importava com o fato do senhor ser casado? — perguntou Álvaro.
— Que nada! Ela conseguiu me enganar por um ano, aproximadamente, fazendo-se de perdidamente apaixonada e capaz de qualquer renúncia por esse amor. Só que eu não percebia que, durante esse tempo,

ela foi se entrosando com meus negócios. Muitas vezes, quando eu saía do banho, depois dos nossos encontros, eu a pegava vasculhando no meu *laptop*. Ela me dizia que estava apenas navegando na Internet, enquanto me esperava. E eu, bobo que era, nem desconfiava de nada. Dei a ela um carro zero, importado, no seu aniversário, porque ela deixou em cima da sua mesa um *folder* do carro e umas contas que ela mesma fez, para eu perceber que ela estava querendo comprá-lo. Hoje, depois que morreu a paixão, eu vejo que foi tudo armação, desde o começo. Nesses meses que ficamos juntos, dei a ela, além do carro, um colar de vinte e dois mil reais, que ela mesma escolheu como presente de Natal e, depois, um anel de quatorze mil, no Dia dos Namorados, que ela também me pediu.

— Mas nem assim o senhor percebeu que ela estava interessada no seu dinheiro? — perguntou Álvaro, indignado.

— Eu pensava diferente. Eu pensava que o fato de ela ter coragem de me pedir um presente demonstrava a sua confiança em mim, ao contrário da Clara, que sempre foi orgulhosa nesse ponto. Clara dizia que escolher o próprio presente tirava a graça de ser presenteada... Achei interessante ter uma mulher diferente da minha esposa. Na verdade, Álvaro, eu estava fascinado com uma mulher empresária, linda, inteligente e muito sensual. Tudo o que eu estava precisando naquele momento, você me entende?

— Eu entendo, mas... e a Dona Clara nessa história, ela nunca descobriu?

— Acabou descobrindo. Como eu estava falando, foi tudo uma paixão. Depois de um ano, mais ou menos, fui enjoando daquela mulher, das suas conversas e aí comecei a só enxergar defeitos nela: gananciosa, mentirosa, insistente e muito pegajosa. Cansei-me dela e quis terminar o relacionamento.

— Mentirosa, como, Dr. César? — interrompeu Álvaro.

— Ela me dizia que eu não precisava usar preservativo no sexo porque ela era alérgica e estava usando anticoncepcional e eu acreditei... Só que, um dia, quando eu já estava meio desconfiado dela, resolvi pegar a sua cartela de anticoncepcional e percebi que ela havia parado de tomar, há muitos dias... Isso só podia ser para quê? Para tentar engravidar de mim, o idiota, o imbecil. Briguei muito com ela naquele dia e ela me disse que eu nem precisava me preocupar, porque ela já estava quase entrando na menopausa e que não teria perigo. Mas, a partir daquele dia, eu passei a me prevenir. Aliás, fui muito irresponsável não usando preservativo. Com isso, arrisquei até a saúde da minha mulher... pura irresponsabilidade! Até hoje, quando lembro disso, me sinto mal! Aí, quando percebi o quanto ela era falsa, percebi também que ela estava tentando me manipular para se dar bem com a franquia, conseguir privilégios e, depois, conseguir um herdeiro. Brigamos muito e decidi romper com ela. E foi aí que vi com que tipo de mulher eu havia me envolvido. Parecia tão fina, tão elegante, mas era muito "baixa". Quando ela viu que ia me perder, começou a fazer ameaças. Disse que iria fazer o maior escândalo, primeiro, contando à Clara e aos meus filhos e, depois, contaria para toda a imprensa que vivia me endeusando. Eu fiquei "entre a cruz e a espada". Não sabia o que fazer e totalmente preso à sua rede de intrigas. Fiquei nesta situação por dois meses, tive sérios problemas de hipertensão nessa época e nem para os médicos eu tinha coragem de contar a pressão que estava sofrendo. Achava que esse tipo de problema só acontecia com jovens ingênuos, mas essa história de que a carne é fraca estava muito arraigada em minha mente! Eu acreditei nisso, cresci ouvindo os homens da família e os amigos italianos do meu pai falando de virilidade e eu, tão inteligente e aparentemente tão sensato, caí em uma armadilha. Por isso, Álvaro, a gente não deve julgar ninguém, ou dizer que "dessa água não beberei". Eu dizia isso e paguei a minha língua. Sofri muito com este dilema: ou eu ficava com ela e aceitava ser manipulado ou rompia e, aí, tinha duas opções: contar para a minha esposa ou esperar que ela mesma contasse.

— E aí, Dr. César, o que o senhor fez?

— Depois de muita angústia e muitas noites sem dormir, resolvi contar para a Clara. Chamei-a para jantarmos fora e contei tudo, de uma vez, mostrando a ela o meu arrependimento e pedindo a força dela para eu terminar de vez com o outro relacionamento.

— E como ela reagiu, Dr. César?

— Clara é uma mulher muito fina. Ela ficou sem fala, seus olhos encheram-se de lágrimas e, com a maior discrição, levantou-se da mesa e foi embora. Eu fiquei muito envergonhado e voltei para casa imediatamente para terminar a conversa com ela. Ela já havia chegado e estava em nosso quarto, chorando. Só que ela não é mulher de fazer escândalo ou ficar xingando. Ela se fecha e, nesse caso, fica difícil tirar palavras da boca dela. Ela me perguntou há quanto tempo eu a traía e o motivo da minha infidelidade. A primeira coisa que vem à cabeça da gente num caso como esse é jogar a culpa no outro, e foi o que fiz: reclamei da frieza dela comigo, da sua falta de vaidade, do seu jeito desanimado de ser. Hoje, percebo que ela era assim porque eu não inspirava nela nenhuma alegria de viver. O casamento é uma estrada de mão dupla e nós temos de entender que não podemos nos unir aos outros para receber amor e, sim, para dar e receber, conseqüentemente, o amor.

— E ela o perdoou, Dr. César? — perguntou Álvaro, consternado.

— Álvaro, por incrível que pareça, só nos reconciliamos dias atrás, lá na ilha, depois que escrevi uma carta bem inspirada para ela. Aí, tudo se resolveu...

— Ah, eu me lembro... Vocês estavam com olhares muito apaixonados mesmo! Puxa, Dr. César, nem depois que o senhor voltou da Escócia conseguiu o perdão dela?

— Nada, Álvaro, foram muitos anos de indiferença. Ela não quis ir para a Escócia comigo porque disse que não precisava de tratamento nenhum. E a Clara, quando tem ódio ou raiva no coração, reage assim: ela congela a outra pessoa. Era como se eu fosse apenas um qualquer na nossa casa. Ela não compartilhava nada comigo, a não ser quando tínhamos problemas com os nossos filhos. Aí nos uníamos para resolvê-los. Depois, solidão total!

— E a outra mulher? O que ela fez?

— Eu liguei para ela, junto com a Clara, e disse-lhe que a minha esposa sabia de tudo e que iria, por telefone, confirmar isso. Clara pegou o fone e disse: "Não precisa de escândalos, viu? Eu já sei de tudo e vou ficar com o César. Se você continuar insistindo com ameaças, procuraremos a polícia! Até logo!".

— Nossa, D. Clara foi muito corajosa!

— É... Álvaro, Clara foi muito mulher para fazer isso! E foi muito bom, porque a outra viu que não teria mais chances comigo e acabou desistindo, depois de muitas tentativas mal-sucedidas de falar comigo na Empresa. Mas que mulher difícil... Para minha felicidade, meus advogados conseguiram desfazer o seu contrato de franquia com a Domenico e, depois de muita pressão, eu me vi livre definitivamente da sua influência ruim — conclui César Domenico.

— E depois disso, Dr. César?

— Daqui a pouco, Álvaro, mais tarde. Vamos dar uma descansada... vou ver onde está a Clara e pedir um cafezinho para nós. Ainda é cedo para almoçar. Vamos parar por meia hora e voltamos a conversar, certo?

Capítulo 33

Naquele momento, Clara não estava disponível. Recebia, na área da piscina, sua amiga Simone, uma jovem senhora de trinta e poucos anos que Clara conheceu em um dos congressos internacionais em que acompanhou o marido.

Ela e César ficaram amigos de Simone e Dario e, de vez em quando, se encontravam para jantar fora. Simone havia ligado para Clara, pedindo-lhe um conselho, pois estava com um terrível problema: descobriu que seu marido lhe estava sendo infiel. Simone contou a Clara a triste surpresa que teve e chorou muito... A amante de seu marido havia deixado, propositalmente, uma mancha bem nítida de um beijo, de batom, no colarinho da camisa dele e, no dia seguinte, no maior cinismo, ligou para Simone para perguntar se ela havia visto. Simone sentiu-se, de um minuto para outro, sem chão, desnorteada e, só então, pegou a camisa do marido e teve a triste confirmação. Mil coisas passaram pela cabeça dela, inclusive a possibilidade de ele ser inocente nessa armação. Precisava da amiga Clara para ajudá-la a organizar suas idéias e ver que atitude tomar.

— Eu sei o que você está passando, Simone. Comigo aconteceu parecido, anos atrás.

— É mesmo, Clara? Eu não sabia... Quer me contar agora? — perguntou Simone, querendo ver se aproveitava a experiência da amiga para se consolar e ver que caminho tomar.

— Agora eu não tenho mais orgulho em contar, até porque, depois de amargar muito ódio e ter até adoecido de amargura, eu o perdoei. E garanto-lhe que perdoar fez mais bem a mim do que a ele. Embora, Simone, em muitos casos, perdoar não queira dizer ficar junto de novo... César me traiu com outra mulher durante quase um ano e ele mesmo resolveu me contar, porque, como ele queria terminar o relacionamento, a mulher estava ameaçando fazer um escândalo e contar para toda a nossa família e para a imprensa. Só que César não teve tato nenhum para me contar... Levou-me a um restaurante e contou durante um jantar, você acredita? — disse Clara para a amiga.

— E o que você fez, assim em público?

— Eu? Peguei a minha bolsa e voltei para casa, sem dizer uma única palavra para ele lá. Fiquei mais magoada ainda por ele não ter tido coragem de falar comigo entre quatro paredes e sim em público. Foi covardia dele... Ah, como fiquei ressentida com ele! Aí, quando cheguei em casa, todas as fichas começaram a cair na minha mente. Cada palavra sem sentido, as ausências do escritório quando eu ligava para ele, a falta de retorno às minhas ligações, sempre com desculpas de muito trabalho. Almoços de negócios... Ah, parecia um quebra-cabeça, em que as peças começavam a se encaixar. Fiquei muito triste, totalmente decepcionada com ele, mas eu não admitia me separar dele. Casamento, para mim, era para sempre. Mas, como conviver com um homem no qual eu não confiava mais? Foi terrível, Simone. A forma que encontrei de sobreviver a essa situação foi me tornar indiferente com ele. O César ficou invisível para mim. Falava comigo e minhas respostas eram rápidas e curtas. Só conversávamos direito quando estávamos falando dos nossos filhos. Continuamos a dormir juntos, mas eu nem falava boa noite para ele e, sexualmente, às vezes eu cedia de pena dele. Ele tentava tanto me agradar, que eu acabava cedendo e, depois, ficava com raiva de mim de viver essa situação estranha.

— Mas você não ficou carente, Clara? — perguntou a amiga.

— Sim, fiquei muito carente de afeto, de abraços recíprocos e César se humilhou muito para me conseguir de volta... Depois de um tempo, ele se acostumou e fomos vivendo assim até alguns dias atrás, quando, finalmente, depois de uma bela carta de amor dele, eu não resisti e resolvi me desarmar. E foi maravilhoso, Simone! Fiquei muito chateada comigo de ter perdido tanto tempo com esse ressentimento, que só me tornou mais pessimista, feia e doente. Tive até um início de diabetes, que, segundo meu terapeuta, foi pela mágoa profunda e por falta de doçura na minha vida, pelo tanto que me tornei amarga.

— Sabe, Clara, hoje, quando a vi, percebi que você está mais bonita, mais jovial... Deve ser o amor! Ah, amiga, e o que eu vou fazer, hein? — perguntou Simone, totalmente abatida com a recente descoberta.

Clara passou o resto da tarde ouvindo Simone e aconselhando-a naquilo que tinha experiência.

Capítulo 34

Enquanto César Domenico dava uma pausa no prazeroso trabalho de ditar suas memórias, pensava na situação de Álvaro, sem pai nem família, e tentava ter uma idéia de como ajudá-lo. Chamou o rapaz e disse-lhe que, assim que terminasse os relatos sobre o passado, iria contratar um detetive para encontrar o seu pai. Primeiro, tinha de terminar o seu relato, porque a única certeza dessa vida — a morte — poderia pegá-lo de surpresa, antes de ele terminar de contar suas experiências. César aprendera com o místico Amór a sempre acreditar no melhor, mas estar preparado para o pior, caso aconteça. Por isso ele era realmente muito precavido. Pensava em tudo e, com essa atitude, sempre foi bem-sucedido em seus negócios.

— Obrigado, Dr. César! O senhor é um homem muito generoso! — respondeu Álvaro.

— Álvaro, vamos fazer uma coisa? Nunca deixe para amanhã o que pode e deve ser feito hoje. Você me disse que sonhou que a sua mãe está muito doente, não é? Pois, então, ligue agora para ela, e aproveite para obter mais informações a respeito de seu pai... Se o seu sonho for realidade, suas chances de encontrar o seu pai poderão diminuir... — disse César, entregando o telefone sem fio para Álvaro fazer a ligação.

O rapaz procurou o número novo do telefone da casa da avó em sua agenda e ligou.

César saiu do escritório para deixar o rapaz mais à vontade. Álvaro falou com a avó, que atendeu a ligação. Os dois choraram durante a conversa. Muitas saudades, mas muita mágoa também do rapaz em relação à família. Ele soube que sua mãe, com a vida promíscua que levou durante anos, havia contraído Aids e estava em casa, desenganada pelos médicos. Sua avó e sua mãe haviam se mudado para Maceió, para ela fazer um tratamento melhor pelo serviço de saúde municipal, mas quando a doença foi descoberta, já era tarde demais. A mãe de Álvaro estava pesando pouco mais de 40 quilos e mal podia falar, tamanha a fraqueza. Pelo que sua avó lhe contou, sua mãe já tinha desistido de viver e, tanto ela quanto a filha, tinham certeza de que a doença era um castigo de Deus pela vida que ela levava.

— Que é isso, vovó! Não é Deus quem nos castiga, mas a nossa própria consciência — disse Álvaro, bastante aborrecido.

— Meu filho, fale com a sua mãe, diga alguma coisa para ela acalmar a culpa, porque eu acho que você não vai ter a chance de estar com ela, não... — disse a avó, em prantos.

— Vovó, procure descobrir com ela mais pistas sobre o meu pai... Eu quero muito conhecê-lo — disse o rapaz.

— Meu filho, sou eu, sua mãe. Álvaro, meu filho, por favor, me perdoe por tudo! Eu fui uma péssima mãe, egoísta, vulgar e inconseqüente. Estou muito arrependida, meu filho... Perdoe-me, por favor — disse a mãe do jovem rapaz, com a voz quase inaudível.

— Mãe, fique calma, por favor, acalme-se. Eu te perdôo, mamãe, mas preciso da sua ajuda, enquanto você ainda pode me ajudar... Mãe, me fale mais sobre o meu pai. Como vou encontrá-lo com tão poucas pistas, mãe?

E aí, entre soluços, ela contou que o pai de Álvaro tinha ido trabalhar com pescaria no litoral paulista e que, depois, ficou sabendo que ele estava morando em Guarujá. E, então, sua mãe revelou-lhe algo que poderia ser muito importante nas buscas: — Álvaro, meu filho, sabe a marca de nascença no formato de bota que você tem? Ela é idêntica à do seu pai, e é no mesmo lugar — disse a mãe, sussurrando.

— Você tem certeza disso, mamãe? O que mais sabe sobre ele?

— O resto você já sabe... Ele era um desmemoriado que foi criado por um casal de pescadores que lhe deu o nome de Josias. Ele era bom, mas nunca soube que eu tive um filho dele. Eu fiquei com raiva dele ter me abandonado por uma pilantra que apareceu na época e não contei nada para ele. Fui morar com a sua avó e, a última vez que o encontrei, você estava com quatro anos e eu não disse nada para ele. Fui muito egoísta com você, meu filho, me perdoe. Álvaro, eu estou morrendo... Não vou durar. Diga que vai rezar para a minha alma se salvar...

— Mamãe, eu vou rezar sim, fique tranqüila. Quando puder, vou até Maceió para vê-la. Preciso desligar agora. Fique calma, mamãe. Na semana que vem eu ligo de novo, viu? Posso falar com a vovó de novo?

E, antes de encerrar a ligação, Álvaro pegou com a avó o nome do casal que criou o seu pai e a localização da aldeia onde moraram, deixando com ela o número de seu telefone, para manterem contato.

Álvaro estava realmente muito consternado com a situação. Enxugou as lágrimas e saiu do escritório respirando fundo e foi até César Domenico, que estava ao telefone conversando com uma empresa de segurança pessoal, fazendo uns orçamentos.

Desde que soube da volta de Alexandre para o Brasil, César estava pensando seriamente em contratar seguranças para ele e seus familiares. Alexandre ainda era uma ameaça. Era uma pessoa totalmente imprevisível e maquiavélica. Triste saber isso de um irmão, mas César Domenico não podia fugir da realidade, por pior que fosse.

Capítulo 35

De volta ao escritório, César, apesar de curioso para saber notícias da família do rapaz, manteve sua habitual discrição e deixou para abordar o assunto mais tarde. Limitou-se a perguntar-lhe se estava tudo bem, ao que Álvaro respondeu: — Na medida do possível, Dr. César.

Reiniciaram a gravação do relato de César Domenico, que, agora, ia falar a respeito das conseqüências de sua hipertensão, quando dos aborrecimentos com sua escapada extraconjugal.

— Ah, Álvaro, tive muito trabalho para deixar essa louca amante que arrumei. O pior é que conheço muitos homens que já passaram pelas mesmas dificuldades que eu... Essas mulheres, com seus interesses pessoais, grudam na gente e viram perfeitas chantagistas. Isso foi um pesadelo na minha vida.

— Que vacilada, hein, Dr. César? — soltou, Álvaro, sem pensar.

— É, foi um castigo para mim. Ela ligava o dia inteiro na empresa, ia lá me procurar... A pressão em cima de mim ficou terrível, e eu só fugindo dela! Aí, cheio de raiva e medo, comecei a ter problemas de pressão alta. Meu médico, muito preocupado, sugeriu umas férias para eu relaxar, mas a empresa atravessava uma fase em que eu não poderia me ausentar nem por uma semana... Pelo menos, era o que eu pensava. Bem, depois que a Clara descobriu tudo e essa mulher-amante se afastou, eu achei que a minha saúde fosse melhorar, mas o meu coração era uma bomba-relógio prestes a explodir. Eu estava muito estressado, não encontrava acolhida em casa e refugiei-me cada vez mais no trabalho. Discutia muito quando contrariado e, um dia, nervoso com um fornecedor de embalagens que estava atrasando a entrega e comprometendo os nossos prazos de produção, gritei com ele ao telefone, esmurrei a minha mesa e acabei tendo um infarto, quase fulminante. Então, tive de me afastar da Indústria por três meses... E o mais incrível é que tudo correu bem por lá. É, Álvaro, ninguém é insubstituível! Eu achava que era, e esse foi um baque para a minha arrogância! Mas foi bom, por outro lado, porque tive um descanso... Forçado, porém necessário demais.

— E lá no hospital, o senhor deve ter conhecido muitos outros colegas seus estressados, também... — disse Álvaro, referindo-se ao alto índice de enfartados entre a classe empresarial.

— É verdade! Que povo mais estressado...
— E o senhor aceitou a sugestão do médico, a de viajar para descansar? — perguntou o jornalista.
— Pois, então... Enquanto eu estava no hospital me recuperando e me tratando, recebi a visita de um amigo antigo, que eu não via há muito tempo, e esse encontro foi muito importante. Foi ele quem me sugeriu a viagem para a Escócia, para conhecer um sábio, o místico Amór, especialista em empresários estressados e desequilibrados emocionalmente — disse César Domenico, com um ar de serenidade.

Era só se lembrar de Amór que César Domenico já se sentia mais tranqüilo. Mudava o seu estado mental e emocional na mesma hora. Sempre foi assim, porque Amór, com a sua sabedoria peculiar, havia feito uma ancoragem no grande empresário: em momentos de tensão, lembraria da experiência na Escócia e, no mesmo instante, passaria a sentir a paz que lá desfrutou...

Capítulo 36

César Domenico e Álvaro continuaram por mais alguns minutos comentando sobre Amór e transformação interior; porém, a conversa foi interrompida por Clara, que entrou no escritório, com um semblante bem assustado:
— César, a Vivian não dormiu em casa. Fui acordá-la para almoçar e a cama dela está intacta. O seu celular está desligado e eu estou apavorada...
— Ai, ai, ai, Clara. Isso é muito estranho, principalmente agora que ela está mais amiga e sabe o quanto nos preocupamos com ela. Se ela resolvesse dormir fora, iria nos avisar. Isso não é normal não! — disse César, lembrando-se de um conhecido seu cuja filha, hoje com 26 anos, se estiver viva, está desaparecida há cinco. Para César Domenico, o desaparecimento de um ente querido é mais doloroso do que a certeza de que ele está morto, porque a esperança de encontrar a pessoa não se desvanece ao longo dos anos e a incerteza é um sentimento muito conflitante. Quando você enterra um ente querido, a dor é imensurável, mas a aceitação acaba tomando seu lugar. No caso do desaparecimento, a aceitação jamais acontece, porque sempre resta um fio de esperança que atormenta os familiares, dia após dia. Em cada esquina, em cada canto, é sempre possível encontrar aquele ente desaparecido. O fato de o corpo do irmão de César jamais ter sido encontrado deixou na família Domenico aquela sensação de vazio, de dúvida e de esperança, que ainda aparece, depois de mais de sessenta anos de desaparecimento.
— César, estou com muito medo, querido! Dias atrás sonhei com a Vivian presa em uma caixa grande, se debatendo, e acordei muito apavorada! Agora, esse sumiço... Por favor, César, ligue para a polícia — disse Clara, quase chorando.
— Clara querida, a polícia não vai fazer nada agora! — disse César, objetivo como sempre foi.
— Como assim? Se a polícia não pode fazer nada, quem vai poder, César?
— Acalme-se, meu amor. A polícia só começa as buscas depois de 72 horas de desaparecimento. Aqui no Brasil é assim: uma pessoa pode ser seqüestrada, raptada, levada embora do país com os bandidos, na maior

tranqüilidade, porque a polícia só pode agir depois de três dias, a menos que o seqüestrador faça contato com a família, antes — disse Domenico.
— Não, Dr. César. O senhor está enganado! Há uma nova lei no Brasil que determina a investigação imediata do desaparecimento após a notificação à polícia. Com essa legislação já em vigor, os órgãos de segurança competentes devem comunicar o fato imediatamente a portos, aeroportos, Polícia Rodoviária e companhias de transportes interestaduais e internacionais. Felizmente, os dirigentes deste país acordaram para a realidade de que em casos de desaparecimento, principalmente de crianças e jovens, a rapidez na busca pode ser a diferença entre a vida e a morte — disse Álvaro, numa tentativa desastrada de abrandar a preocupação do casal.

A conversa deles foi interrompida pelo toque do celular de César. Ele atendeu prontamente, achando que era o retorno da empresa de segurança, para lhe passar o orçamento que ele havia pedido. Só que não era quem ele esperava. Era uma voz que ele conhecia muito bem e que lhe causava arrepios na espinha. Era Alexandre, seu irmão.

— César Augusto Domenico, meu irmão, que saudades de você! — disse Alexandre, com a sua voz cínica e a ironia que lhe era peculiar.

— Ah, como vai você, Alexandre? — respondeu César, buscando equilíbrio e educação, mas com o coração descompassado. Realmente, César tinha medo do irmão. Apesar do que vivenciou com Amór, anos atrás, ainda sabia que seu irmão era um indivíduo muito perigoso. Todo cuidado com ele era pouco.

— Puxa, César, que filha linda a sua, hein? Estou aqui com ela e estou encantado com o quanto ela cresceu e encorpou. Ficou uma linda mulher mesmo! Quer falar com ela? — perguntou Alexandre, sarcástico.

César ficou branco de susto, começou a suar frio. — Como é que é? Cadê a minha filha? Fala, monstro, fala logo cadê a minha filha! — disse, espumando de raiva.

Alexandre deu uma risada macabra no telefone e passou para Vivian, que sussurrou, aos prantos: — Pai, pelo amor de Deus, me salva... Meu tio é louco e eu estou apavorada com ele. Pai, pai...

E a ligação foi desligada. César entrou em pânico, abraçou fortemente Clara e começou a chorar. Álvaro não entendeu direito o que estava acontecendo e foi pedir à empregada para levar água com açúcar para César e Clara. César contou à esposa que Vivian estava nas mãos de Alexandre e Clara desabou em um choro convulsivo, enquanto Álvaro ligava para Júlio e contava o ocorrido.

Júlio César pegou o helicóptero e veio direto da Indústria para a casa dos pais, em menos de vinte minutos. Álvaro quis saber se César queria que ele se retirasse, mas este disse-lhe para ficar, pois sua presença ali seria muito importante. Por não ser da família, certamente ele teria mais equilíbrio para opinar e sugerir soluções. Clara falou logo em chamar a polícia, mas César precisava pensar um pouco mais.

— Dr. César, tente raciocinar comigo — disse Álvaro. — Ele não vai fazer nenhum mal agora à Vivian, porque tem um interesse por trás desse seqüestro. Ela tem de estar bem para ele conseguir o que quer. Eu penso que a polícia especializada pode ajudar, sim, porque pode descobrir de onde ele está ligando e, quando ele ligar de novo, já teremos mais pistas. O que você acha, Júlio?

— Eu acho que o Álvaro tem razão, papai. Calma, mamãe, não chore assim. Meu tio quer é dinheiro, ele não vai machucar a Vivian — disse Júlio, tentando manter a calma.

— Como, não vai machucar, Júlio? Só o trauma de ser seqüestrada já é um machucado terrível, meu filho! Você já pensou na cicatriz emocional que isso deixa na pessoa? Ah, César, justo agora que ela estava conseguindo fazer o tratamento direitinho, tomar os remédios... Será que ela está com os remédios para tomar? — perguntou Clara, pensando nos detalhes, como sempre.

— Deve estar, Clara. Ele nos disse que sempre anda com os medicamentos em sua bolsa... Onde ela estava ontem? — quis saber o pai.

— Não sei, César. Ontem ela saiu cedo, dizendo que ia encontrar uma amiga... Nem me preocupei, só que ela não voltou. Na hora do almoço, nos falamos por telefone e ela disse que estava almoçando no *shopping* com a tal amiga, mas eu nem perguntei quem era... Ah, César, por que não contratamos os seguranças para nos guardar há mais tempo? Todos os nossos amigos empresários têm seguranças, carro blindado, não andam na rua à pé... Só você fica acreditando que não tem perigo. E agora, César? O que vamos fazer? — perguntou Clara, desesperada, aos prantos.

— Vou ligar para a Divisão Anti-Seqüestro! Quanto mais esperarmos, mais riscos nossa filha vai correr! O Alexandre é louco, não podemos nos esquecer disso! Ele me odeia tanto que é capaz de qualquer coisa para me atingir. Ah, meu Deus, nos ajude, por favor!... — disse César, totalmente perturbado. E continuou: — Clara, tem mais uma coisa: vamos praticar agora o que aprendi com Amór! Nada de ficarmos nos culpando, porque se eu for tomar esse caminho, vou me sentir culpado por não ter seguranças há mais tempo e você vai querer se culpar por não acompanhar mais de perto os passos da nossa filha e as suas amizades. Se formos trilhar pelo caminho da culpa, vamos perder o nosso tempo e, ademais, a Vivian é adulta e nós não temos culpa de nada! Ouviu bem, Clara? Culpa de nada! Vou tomar as providências. Culpa é sentimento do passado e é muita arrogância nossa achar que temos de ser perfeitos! Clara, só importa o presente que nos chama para a ação!

— Deixe que eu ligo do meu celular — disse Júlio. — Vamos deixar a linha daqui de casa desocupada e vamos aguardar outra ligação. Mamãe, procure a agenda telefônica e as anotações da Vivian para tentar descobrir onde ela estava, porque quanto mais informações tivermos para a polícia, melhor — completou Júlio, enquanto fazia a ligação.

A polícia foi acionada e, em menos de 30 minutos, quatro agentes especializados em casos de seqüestro chegaram à casa dos Domenico. Clara não conseguiu encontrar a agenda da filha e, conseqüentemente, não tinha nenhum contato dela para ligar e se informar. Os filhos costumam reclamar dos pais quando estes lhes pedem informações sobre os amigos, quando pedem que lhes deixem telefones de contato, mas, a falta desses dados, em situações como essa, realmente dificulta o trabalho da polícia.

Os policiais tentaram acalmar a família, relatando que a polícia tem conseguido resolver nove em cada dez casos de seqüestro, ou com pagamento de resgate ou com estouro do cativeiro e prisão dos bandidos. Que eles confiassem...

Toda a aparelhagem foi instalada na casa de César para que a próxima ligação de Alexandre fosse rastreada, mas Alexandre era muito esperto e fez a segunda ligação de um orelhão, distante 15 quilômetros do cativeiro onde Vivian tinha ficado. Ligou, agora, agressivo: — César Domenico, o todo-poderoso! Vamos negociar a sua filha? Vou logo avisando: se chamar a polícia, sua filha está morta! Entendeu?

César já havia sido instruído pela polícia para não ser arrogante e para demonstrar desespero, o que faria com que Alexandre se sentisse "por cima". Então ele respondeu:— Pelo amor de Deus, meu irmão! Você é meu irmão, lembra-se? Sua sobrinha é sangue do seu sangue, Alexandre! O que você quer de mim?

— Algo muito simples, César Domenico. Algo que você tem aí no seu cofrinho e vai pegar para mim: quero um milhão de euros, por enquanto. Vai contando o dinheiro aí e amanhã eu ligo para dizer o que mais vou querer — disse Alexandre, batendo o telefone no ouvido de César.

Todos escutavam a ligação no viva-voz e Clara ficou chocada, porque ele não deu nenhuma notícia de Vivian. A polícia já estava rastreando a ligação, mas como a refém não estava com ele naquele momento, provavelmente ele estava longe do cativeiro.

Desespero total na família Domenico. Álvaro foi convidado por César a ficar hospedado em sua casa até que o caso fosse resolvido. Júlio, um pouco enciumado, também ficou lá, com os pais. Os policiais se revezavam, e, recostados no sofá, todos passaram essa primeira noite de pânico.

Capítulo 37

No outro dia, bem cedo, o chefe de polícia sugeriu que César contratasse um especialista em casos de seqüestro para orientá-los durante esse período. Um seqüestro pode durar horas, mas pode também durar anos. A vida tem de continuar, porque senão a família perde todo o equilíbrio emocional para fazer uma negociação pacífica. Tudo o que importa para César é ter sua filha de volta, sem violência. Clara, muito preocupada com a saúde do marido, pediu ao médico da família que viesse até sua casa e acompanhasse a pressão arterial de César Domenico e o medicasse no que fosse preciso.

Passaram todos um dia inteiro sem notícias. Essa é uma estratégia dos bandidos: deixar a família na incerteza, no desespero, mesmo. A polícia localizou o orelhão de onde o seqüestrador fez a ligação, mas não encontrou nenhuma pista naquela região.

César Domenico passou quase todo o dia em seu escritório, amuado e sentindo-se completamente impotente. Como é que um grande negociador como ele, cheio de estratégias na vida empresarial, agora se sente tão perdido diante da negociação mais importante de sua vida? Cada vez que o telefone tocava era como se o seu coração saltasse do peito. Susto. Medo. Incapacidade de defender a sua própria filha. César pensava, também, como iria levar tanto dinheiro para o resgate. Esse valor, em espécie, ocuparia várias malas grandes... E o que mais Alexandre ia querer?

Naquele dia, à noite, César recebeu a visita do especialista que acompanharia o caso, lado a lado com a família. O nome dele era Wilson. Policial aposentado e psicólogo, daria um importante apoio à família naquele momento. Suas orientações foram preciosas.

— Dr. César, este é um momento em que os dois lados estão muito ansiosos e tensos. O meu papel aqui é orientá-lo para que este caso se resolva o mais rápido possível. Veja bem: o que o senhor poderia fazer até agora, já foi feito. A polícia está a postos. Agora, quero que se prepare para o próximo telefonema, reagindo de forma que o seqüestrador fique tranqüilo e satisfeito. Se ele o intimidar, demonstre medo dele. Se ele o ameaçar, diga que vai fazer o que ele quer, dance conforme a música... O senhor está me entendendo? — disse Wilson, com uma confiança contagiante.

Clara entrou no escritório naquele momento e Wilson aproveitou para conversar com os dois: — D. Clara e Dr. César, nós temos de ser realistas. Não sabemos quanto tempo vai durar esse tormento e vocês não podem deixar de viver nesse período. Eu soube que o senhor não está se alimentando direito, Dr. César. Soube que parou de fazer sua ginástica, e isso não vai resolver em nada o problema. Falta de saúde, nesse momento, é o pior negócio. Então, quero combinar com vocês o seguinte: rotina normal a partir de amanhã. Deitar para dormir hoje na hora de sempre, acordar de manhã como acordam todos os dias, alimentação e exercícios físicos, O.k.?

— Acho que ele tem razão, César. Se adoecermos, não teremos resistência para enfrentar esta batalha. Apesar de tudo, mesmo sabendo que o Alexandre é louco, ainda tenho menos medo do que se a Vivian estivesse nas mãos de estranhos — disse Clara, tentando diminuir a tensão do marido.

Naquele dia, Alexandre só ligou bem tarde, de madrugada. De outro local, também distante do cativeiro, e, muito sarcasticamente, disse para César: — Nossa, meu irmão, a sua filha é muito brava! Ela parece doida! Teve uma crise nervosa, me deu uma mordida no braço e, infelizmente, maninho, tive de amarrar a mocinha. Depois que injetei nela um sonífero, ela ficou calminha, como eu gosto!

Clara, ouvindo no viva-voz, tomou o telefone de César:

— Alexandre, pelo amor de Deus, devolva a nossa filha. Ela não pode tomar qualquer remédio, porque está tomando muitos medicamentos ao mesmo tempo. Tenha piedade dela, por favor. Ela tem aquele sério problema auditivo e um dos médicos dela falou que distúrbios emocionais podem agravar o caso. Alexandre, não faça isso com a sua vida! Você não é bandido, meu cunhado! Eu sei que dentro de você mora uma pessoa boa, com bons sentimentos! Tenha piedade de nós! Você é da nossa família... Por favor, Alexandre, volte com a nossa Vivian... — disse Clara, soluçando de tanto chorar.

Aquela voz feminina e suplicante deu uma "balançada" em Alexandre, mas a inveja e o ódio do irmão eram tão grandes que ele fingiu não se tocar com as palavras de Clara.

— Só vou dizer para vocês uma coisa: vamos acabar logo com isso! Passe o telefone para César, o imbatível César Domenico — falou Alexandre, cada vez mais irônico.

— Por favor, Alexandre, você é meu irmão... — disse César, gaguejando.

— César, já separou o meu dinheiro? — perguntou o seqüestrador.

— É muito dinheiro. Precisaria de várias malas. Como vou levar isso para você? — perguntou César, em tom humilde, olhando para Wilson, que o orientava com gestos.

— Que é isso, irmãozinho! Eu quero que você deixe esse dinheiro dentro do helicóptero que você vai deixar para mim, de presente também, no heliporto do prédio que o Júlio mora. Sabia que aprendi até a pilotar helicópteros, meu irmão? Tudo pensando nessa ação! Eu sou um gênio, César Domenico, reconheça isso: eu sou um gênio! — disse Alexandre, às gargalhadas, provocando o irmão.

— Eu quero falar com a Vivian, quero ter a certeza de que ela está bem! E quero que você me entregue minha filha assim que pegar o resgate, entendeu? — disse César, num ímpeto de raiva que não conseguiu controlar.

— Calma, irmãozinho! Aqui, quem dita as ordens sou eu. Você só obedece, entendeu, César Domenico, todo-poderoso? — gritou Alexandre, desligando o telefone.

César e toda a família ficaram arrasados pela falta de notícias de Vivian, mas a orientação é que fizessem tudo como Alexandre ordenou.

A polícia já estava armando uma estratégia de prisão e conjecturando como ele chegaria ao prédio com a refém. Ele não era especialista em seqüestro. Com certeza, cometeria muitos erros que facilitariam o trabalho dos policiais.

Apesar das preocupações, depois do telefonema, todos da família Domenico foram para a cama e Álvaro ainda ficou um pouco mais com os dois policiais que estavam de guarda. Os três ficaram até tarde, construindo hipóteses de onde Alexandre e Vivian poderiam estar, e de quantas pessoas mais estariam envolvidas no seqüestro.

Capítulo 38

Amanheceu. A família Domenico permanecia ali, unida na esperança de que, naquele dia, se resolvesse de vez o seqüestro de Vivian. César se preocupava muito por causa da instabilidade de Alexandre e comentou isso com Wilson, grande conhecedor do comportamento humano.

Eram nove da manhã quando Alexandre ligou e deixou Vivian falar com o pai: — Papai, pelo amor de Deus, faça tudo direitinho. Estou com os olhos vendados. Ele me sedou para me acalmar e está dizendo que se você quiser me ver de novo terá de entregar o dinheiro hoje, às nove da noite, no heliporto do nosso prédio. É para você deixar o dinheiro dentro do aparelho e sumir, agindo com toda a naturalidade, para que os seguranças do prédio não percebam nada. Ele vai monitorar toda sua ação por vídeo e vai ordenar a minha soltura só depois que estiver voando, livre e com o dinheiro. Pai, pelo amor de Deus, não coloque a polícia no meio disso, senão ele vai me matar e vai acabar com toda a nossa família... Estou apavorada, papai!

— Vivian, minha filha... Vivian... Vou fazer tudo direitinho, fique tranqüila e não se rebele, porque ele é uma pessoa muito violenta — disse o pai, totalmente perturbado.

— Alô, César Domenico! É você, o grande César? Escutou bem o que ela disse? Ah, mais um detalhe: quando for colocar o dinheiro no helicóptero, lá no heliporto do prédio, é para levá-lo em malas de viagem. E quero você sozinho, entendeu? Se os seguranças do prédio estranharem, diga que são roupas que seu piloto vai levar para a sua casa na ilha, mais tarde. Mais um aviso, César Domenico: se a polícia se envolver, eu mato a Vivian... Eu pico a sua filha em pedacinhos e mando-a para você, de presente! Entendeu bem? Então, ação, porque as horas estão passando. E não tente me enganar porque eu sou muito perigoso — disse Alexandre, destilando todo o seu ódio, e desligou.

César ficou apavorado. Clara perdeu a fala, estarrecida com a frieza de Alexandre. Os dois olharam para os policiais, em busca de uma resposta. O que fazer?

Wilson explicou ao casal que todos os seqüestradores fazem as mesmas ameaças e que esse é um risco que as famílias precisam correr. Sem a polícia, mesmo que o resgate seja efetuado conforme o combinado, o bandido foge e, no caso de Alexandre, acaba voltando outra vez e agindo de novo. Com o apoio policial, as chances de êxito eram muito maiores. E a polícia anti-seqüestro sabe agir sem ser notada.

Então, agora, era com a polícia. Era preciso armar um esquema em que, depois da fuga, Alexandre fosse localizado e preso. A polícia informou-se com César sobre as condições do helicóptero, para que, assim que decolasse, já fosse rastreado pelo radar; detalhe que, na sua ingenuidade nesse ramo, Alexandre, provavelmente, não havia planejado. Mas a polícia estava enganada. Alexandre ia usar o helicóptero apenas para sair da cidade, pois, em uma fazenda próxima, já havia um carro esperando para levá-lo ao aeroporto de Guarulhos, de onde ele voaria para a África. Já estava tudo esquematizado. Ele só não contava que a polícia já estivesse no seu encalço há tantos dias. Ele seria seguido no seu vôo e, quando descesse, onde quer que fosse, seria preso. Este era o plano dos policiais...

Tudo foi feito conforme Alexandre ordenou: César separou o dinheiro — um milhão de euros —, colocou-o em quatro malas grandes e, às 20 horas, com a ajuda de Júlio, subiu de elevador até o heliporto e lá, sozinho e com muito medo, mas decidido, colocou as pesadas malas no helicóptero. Em seu bolso, a polícia havia instalado uma microcâmera, em uma caneta, para acompanhar os detalhes dessa operação inicial, em que se temia pela segurança de César. E, dentro do helicóptero, muito disfarçadamente, ele conseguiu instalar outras duas microcâmeras, uma voltada para o elevador e outra para a escada de acesso, para a polícia poder acompanhar a fuga de Alexandre.

César saiu de lá e foi para o apartamento do filho, onde o esperavam a esposa, Júlio e Álvaro. Clara tomou a iniciativa e convidou os três para darem-se as mãos e rezarem. Mais do que nunca, precisavam de fé em Deus. Sua filha estava, agora, nas mãos do Pai Maior. Foi um momento de muita paz, que revigorou o ânimo de todos.

Agora, era questão de tempo. A polícia, à paisana, em carros nas proximidades do prédio, e cada policial com uma foto do seqüestrador e outra da refém. A qualquer hora, ele chegaria lá para subir ao heliporto. Pelo menos, era o que a polícia estava esperando. Poderiam até prendê-lo ali mesmo... Mas não foi bem assim que aconteceu...

Alexandre era muito mais esperto do que eles pensavam. Desde que voltou da Europa, comprou documentos falsificados, procurou a imobiliária que administra os imóveis de César Domenico e alugou um apartamento justamente no prédio em que Júlio mora, três andares acima do dele, e de onde aconteceriam as negociações finais do seqüestro de Vivian. Alexandre passava-se por um empresário brasileiro bem-sucedido, de volta da Europa, com nome e documentos falsos. Ninguém no prédio o conhecia como irmão de César Domenico. Portanto, ele não entraria no prédio para pegar o dinheiro, como a polícia toda imaginava. Ele já estava lá! E Vivian também estava, presa em um dos banheiros do apartamento. Mesmo que gritasse, não conseguiria ser ouvida, pois a janela do banheiro havia sido totalmente lacrada e todo o banheiro forrado com um revestimento que isolava o som. O seu cativeiro parecia mesmo uma caixa grande, como no pesadelo de Clara. Um calor insuportável lá dentro, e o tio só abria a porta para ventilar quando a jovem estava dormindo e alguém ficava ali, vigiando seu sono. Os cúmplices de Alexandre, assim como ele, se faziam passar por empresários. Orientados para andar sempre bem vestidos, eles chegavam como se estivessem vindo para uma reunião com o empresário. Assim, os seguranças do prédio nada perceberam nos poucos meses que Alexandre lá esteve.

Do seu apartamento, Alexandre acompanhou, através do vídeo, a ação de César, colocando as malas no helicóptero. Estava esperando a hora certa de partir. Tudo estava bem cronometrado. Já havia combinado com um dos seus cúmplices que soltasse a moça assim que visse, pelo vídeo, o aparelho no ar. Alexandre acreditava mesmo que, daí em diante, estaria livre para a sua fuga. Foi até o banheiro ver a sobrinha e tripudiar o seu sofrimento. A jovem estava bem mais calma, tentando manter a lucidez e o equilíbrio, e chegou até a sentir pena de uma pessoa tão mesquinha. Com quase 70 anos e tão perturbado, tão cheio de ressentimentos, tão infeliz e solitário!

— E aí, moleca? Será que o seu herói vai te salvar dessa? — disse Alexandre, tentando disfarçar a tensão e o nervosismo insistente.

— Tio, por que você ficou assim? — perguntou Vivian, olhando bem no fundo dos olhos de Alexandre.

— Eu não fiquei assim, minha querida: eu sempre fui assim! Eu fui e sou até hoje a ovelha negra da família Domenico. Aliás, nem sou considerado mais da família, não é?

— Tio, ninguém é totalmente mau e nenhuma maldade no coração é pra sempre — disse Vivian, com um medo muito grande em sua alma.

— Fique quieta, menina... Quem você pensa que é para me dar conselhos? — respondeu Alexandre, irritado, trancando a jovem de novo no banheiro.

Alexandre foi para o seu quarto, deitou-se um pouco e, ao pensar na jovem querendo lhe dar conselhos de mudança, veio à sua mente uma doce lembrança de sua mãe, com ele no colo quando tinha uns 7 anos, contando uma história sobre o bem e mal dentro das pessoas. Alexandre gostava tanto daquela parábola que sempre pedia à mãe para repeti-la. Mas, só agora, sessenta anos mais tarde, é que ela parece repercutir em seu espírito atormentado pelo ódio.

Sua lembrança foi tão vívida, que ele parecia ouvir a voz de sua mãe, contando-lhe a história outra vez: — *Um velho avô índio disse ao seu neto, que veio a ele com raiva de um amiguinho que lhe havia feito uma injustiça: "Meu netinho, deixe-me contar-lhe uma história. Eu mesmo, algumas vezes, senti grande ódio daqueles que me fizeram tanto mal, sem qualquer arrependimento das conseqüências de seus atos. Todavia o ódio corrói você, mas não fere seu inimigo. É o mesmo que tomar veneno, desejando que seu inimigo morra. Lutei muitas vezes contra esses sentimentos." E o vovô índio continuou: "É como se existissem dois lobos dentro de mim. Um deles é bom e não magoa. Ele vive em harmonia com todos ao redor dele e não se sente ofendido pela ignorância dos outros. É pacífico e justo. Persistente e amigo. Mas, o outro lobo, ah!, este é cheio de raiva. Mesmo as pequeninas coisas o lançam num ataque de ira! Ele briga com todos, o tempo todo, sem qualquer motivo. Ele não pode pensar porque sua raiva e ódio são muito grandes. É uma raiva inútil, pois sua raiva não irá mudar coisa alguma!Algumas vezes é difícil conviver com esses dois lobos dentro de mim, pois ambos tentam dominar meu espírito. Eles vivem em guerra." Aí o garoto olhou intensamente nos olhos do avô e perguntou: "Qual deles vence, vovô?" O velho índio sorriu e respondeu baixinho: "Aquele que eu mais alimento dentro de mim!".*

"Ah, que saudade de minha mãe... Acho que foi a única pessoa nesta vida que me amou de verdade...", pensou Alexandre, com um suspiro.

— E eu ainda o amo, meu filho...

Alexandre ouviu sua mãe dizer-lhe isso. Sim, era a voz dela. E quando ele olhou em direção ao som, viu sua mãe, em formas diáfanas. Ali estava Susana, bem à sua frente, mas ele sabia que era só uma visão, afinal, ela estava morta. Ele a viu no caixão, morta. Como poderia ser ela?

— Mãe, como pode? Isso é alucinação! Não pode ser! — disse o filho, apavorado e emocionado.

— Sou eu mesma, Alexandre! Estou sempre com você, meu filho, assim como estou com todos os meus outros filhos. Só que eu e você estamos vibrando em ondas diferentes, em sintonias opostas... O fato de você se lembrar de mim em um momento de amor que vivemos juntos facilitou a minha manifestação. Por um instante, entramos na mesma sintonia...

— Não acredito! Isso é loucura da minha cabeça. Você está morta e enterrada! — disse Alexandre, num misto de pavor, saudade e carência afetiva.

— A morte é só uma viagem, uma mudança de endereço, uma troca de dimensão. Estou viva e hoje, muito mais do que antes, posso ver o seu coração, suas intenções e sofro muito com isso, meu filho! — disse a mãe, com o olhar sério e tristonho.

— Mãe, eu tenho uma culpa muito grande pela sua morte. Preciso lhe pedir perdão, mamãe. A você e ao papai. Eu os fiz sofrer muito, eu sei, mas não sei ser um homem melhor. Há pouco tempo li uma reportagem que diz que o câncer é uma doença de pessoas que têm mágoas, ressentimentos contra os outros. Mamãe, eu sei que causei muitas mágoas a você, não é? — disse Alexandre, cheio de culpa.

— Sim, meu filho. Eu me deixei ser magoada pelo seu comportamento agressivo e errado. E como, enquanto tinha vida e saúde, eu não consegui trabalhar o perdão, perdi minhas resistências e criei aquela doença dolorosa e mortal, o câncer. Cuidado, Alexandre, porque você está indo pelo mesmo caminho... Que ódio é esse por seu irmão? Pare de invejar as qualidades que ele tem e trate de se melhorar enquanto é tempo... Meu filho, você precisa de um sério tratamento psiquiátrico. Trate-se direito e você vai melhorar. Tenho de ir. Adeus! — disse a mãe, numa voz sussurrada, desaparecendo logo em seguida e deixando um perfume suave no ar.

— Mãe, pelo amor de Deus... Mãe, volte para mim, eu preciso de você. Estou perdido, não sei mais o que fazer! — gritou Alexandre, desesperado e mais culpado agora.

Chorou muito e, depois de muitos anos, lembrou-se de uma prece que fazia com sua mãe, na infância e rezou.

Isso acalmou a sua alma. Agora, ele tinha de pensar. Parece que, agora, tudo se modificara. Sua ânsia em castigar o irmão tinha enfraquecido e ele começou a pensar em recuar em seus planos e devolver a sobrinha, pedir perdão a César e entregar-se à polícia. O orgulho de Alexandre era grande demais; porém, depois que viu a alma da sua mãe, viva depois da morte, ele começou a temer a morte... Afinal, o que vem depois para quem é mau, ambicioso e criminoso? — pensava Alexandre, totalmente confuso.

Enquanto brigava com seus pensamentos, um de seus cúmplices entrou no quarto, dizendo que estava quase na hora de ele partir. Alexandre levantou-se da cama, muito abatido e disse: — Mudanças de planos... Podem ir para casa que amanhã eu deposito em suas contas o que lhes devo. Podem ir!

— Mas, e a moça? Quem vai cuidar dela? — perguntou o homem.

— Não interessa. Sumam, agora! Andem. Rua para vocês! — gritou Alexandre, visivelmente perturbado.

Foi até o banheiro, desamarrou Vivian, e disse para ela se aprontar, que estava na hora de voltar para casa.

— Chega de brincar de gato e rato, Vivian. Cansei! Vou levar você pessoalmente para o seu pai... Ligue no celular dele e diga para ele que a brincadeira acabou. Diga para ele nos encontrar no heliporto, em meia hora, que eu preciso falar com ele, cara a cara. Diga também para trazer sua mãe e seu irmão, pois temos muito o que conversar — disse o tio, em um tom confuso que não deixou Vivian identificar se era de arrependimento ou de mais raiva ainda.

A jovem ligou para a família e passou o recado. Eles não entenderam nada e ficaram ainda mais preocupados, porque todos iriam ficar cara a cara com Alexandre. E se fosse uma cilada? De Alexandre, podiam esperar qualquer coisa; o pior que pudesse existir! Mas, jamais podiam imaginar que o irmão de César Domenico estivesse planejando entregar-se à polícia e pedir perdão a todos, pessoalmente.

A polícia acompanhou a ligação e teve de mudar sua estratégia de última hora. Era aí que o perigo residia... Ele poderia estar armado nesse encontro e fazer uma chacina... Tudo poderia acontecer. Ficou combinado que vários policiais seriam colocados a postos, armados e preparados para qualquer tragédia. Eles tinham de ser mais rápidos que Alexandre.

César Domenico pediu a Álvaro e Wilson que os acompanhassem também, ficando escondidos e, se precisassem, que os ajudassem na negociação. Poderia ser uma longa e perigosa negociação.

Em meia hora, César, a esposa, o filho e os dois amigos já estavam no heliporto, esperando a chegada de Alexandre. A polícia instruiu a família para abaixar-se e esconder-se quando Alexandre chegasse, enquanto outro policial iria, imediatamente, afastar Vivian e protegê-la. Os policiais temiam mesmo o pior. Como explicou Wilson, uma pessoa com a doença mental do Alexandre é totalmente imprevisível. Ao mesmo tempo que está sorrindo, já fica com raiva, saca uma arma e mata todo mundo. Ou, então, arrependida, suicida-se na frente de todo mundo. Aquela seria uma situação muito perigosa para todos. Era preciso ter muito cuidado com Alexandre!

César pensou em não levar a família, contrariando a orientação de Alexandre, mas a polícia achou melhor não irritar o seqüestrador, e mantê-lo pensando que estava no controle da situação. Eles estavam protegidos com todo o reforço policial que estava ali.

Alexandre tirou Vivian do banheiro, deixou-a ainda amarrada pelos pés e pelas mãos, andando com dificuldade, para garantir que tudo sairia como ele queria. Ele estava realmente pensando em devolver pacificamente a sobrinha, pedir perdão à família e entregar-se à polícia, mas, por segurança, levava também uma arma para defender-se, se fosse preciso. Ele estava profundamente confuso e a imagem de sua mãe suplicando a ele que perdoasse a família o incomodava muito.

Assim que o elevador parou no heliporto, os policiais que, acompanhavam tudo pelas câmeras instaladas no elevador, estavam preparados para detê-lo antes que ele pudesse fazer qualquer coisa. Ao dar o primeiro passo em direção do irmão, Alexandre foi derrubado por dois policiais, enquanto outros dois afastavam Vivian da cena. César, Júlio e Clara, que estavam esperando atrás do helicóptero, deitaram-se no chão. Álvaro e Wilson também se deitaram.

Assustado com a abordagem abrupta da polícia, Alexandre sacou sua arma e disparou quatro tiros, sem olhar a direção. Puro desespero! E quando se preparava para atirar em sua própria cabeça, teve a sua arma derrubada por um terceiro policial, que pulou em cima dele e o salvou. Ele foi algemado, enquanto outros policiais correram para ver se a família estava bem. Porém, Álvaro estava ferido. Uma das balas o pegou por trás, na região lombar, no lado direito, e ele estava caído e sangrando muito.

Os policiais tentaram conter o sangramento com os primeiros socorros e, em menos de 15 minutos, o jovem já estava dentro de uma ambulância, sendo levado ao hospital mais próximo dali.

Vivian, Clara, César e Júlio se abraçaram, choraram muito e Alexandre, detido, abatido, algemado e sentado no chão, rodeado de dois policiais, chamou a família para perto de si.

— César, acabou... Eu vim aqui para pedir perdão a você e à sua família. Hoje, a Vivian falou algo para mim que me despertou para outra realidade. E depois, César, eu vi e conversei com a nossa mãe. Ela estava muito triste comigo — disse Alexandre, num tom de voz infantil e choroso. — Foi ela, nossa mãe, que salvou vocês, viu? Chega! Vou pagar pelos meus erros e vou fazer o que ela me pediu. Vou me tratar, porque o que penso, o que sinto e o que faço com as pessoas não são atitudes de alguém normal. César, pelo amor de Deus, diga que me perdoa...

— Alexandre, não é fácil para mim, ser humano orgulhoso e imperfeito, dizer que te perdôo e tudo bem. Mas posso garantir a você que vou exercitar o perdão em relação a você. Afinal, ainda somos uma família. Nascemos do mesmo ventre e isso não foi por acaso. Vou perdoá-lo, sim, Alexandre! Só preciso de tempo — respondeu César, com a voz embargada pela emoção.

Realmente, não era fácil para quem passou pelo que César Domenico passou, por longos anos perseguido pelo irmão, dizer "eu te perdôo" e tudo bem. Ele precisava de um tempo, e foi o que pediu ao irmão.

A polícia levou Alexandre para a delegacia e a família Domenico, preocupada, dirigiu-se diretamente para o hospital onde Álvaro tinha sido internado.

Alexandre tinha vários processos contra ele e, agora, teria de responder por todos; mas o psiquiatra que o avaliou recomendou que ele fosse detido em um hospital penitenciário, na ala psiquiátrica, para tratamento imediato. Ele aceitou, sem objeções. Sua carência afetiva era tão grande, que era melhor ser cuidado pelo Estado do que viver na solidão e abandono em que estava vivendo até então.

Capítulo 39

Álvaro fora atingido por uma bala, que atravessou o seu corpo, pegando na região do quadril direito, por trás, saindo pela frente. Felizmente, não pegou nenhum órgão, mas ele teve de ser submetido a uma cirurgia para conter o sangramento interno. Depois de duas horas de cirurgia, ele se recuperava na UTI do hospital.

César e Júlio resolveram ficar no hospital, para esperar o jovem voltar da anestesia e ter uma posição do médico.

Exaustas, Clara e Vivian voltaram para casa.

Vivian estava muito abalada e cansada, afinal, não teve nem cama para dormir. Ficou dentro do banheiro do apartamento, dormindo no chão duro e frio.

Clara contou a ela o sonho que tivera, quando estavam na ilha, em que Vivian se debatia dentro de uma caixa...

— Decerto, era um aviso — disse Vivian.

— Filha, me diga uma coisa: seu tio tocou em você, mexeu com você, a desrespeitou? — perguntou a mãe, preocupada.

— Não, mamãe, de forma alguma. Ele só era sacana para conversar, ficava me colocando medo, o que mostrava o ódio que tomava conta dele. Só isso, mamãe.

— Como foi que aconteceu, como te pegaram, filha?

— Foi uma emboscada... Tudo planejado. Eles me seguiram o dia todo. Depois que eu saí do almoço no *Shopping* e deixei a Mirella em casa, parei em um sinal demorado e veio um menino lavar o parabrisa do meu carro. Aí, quando eu liguei o limpador, o parabrisa ficou todo borrado de preto. Depois, o tio Alexandre me contou, rindo e se gabando, que o menino usou um solvente que derreteu a borracha do limpador; por isso, quando eu o acionei, o vidro ficou todo sujo. Assim, sem conseguir enxergar nada na minha frente, estacionei o carro e, quando desci, três homens me carregaram para uma *van* que estava ao lado do meu carro, com as portas abertas, me esperando. Lá dentro, o tio Alexandre, todo sorridente, com cara de vencedor e ares de louco. Senti muito medo... Colocaram uma venda nos meus olhos e taparam a minha boca com fita adesiva para eu não gritar. Ah, mamãe, achei que ia morrer. Mas depois, fui me acalmando, porque percebi que se o meu tio me matasse, ele não iria ganhar o dinheiro que pretendia. A vida dele é só pensar no que ele pode ganhar de dinheiro com o que faz... É um doente... Mamãe, estou com pena do tio Alexandre — conclui Vivian, demonstrando a conhecida Síndrome de Estocolmo, estado psicológico no qual as vítimas de seqüestro ou prisioneiros desenvolvem um relacionamento de solidariedade com seu captor. A Síndrome de Estocolmo se desenvolve a partir de tentativas da vítima em se identificar com o seu captor ou de conquistar a sua simpatia.

— É verdade, minha filha, ele é doente, mas, agora, vai se tratar — disse Clara, com pena do pânico que a filha passou.

— Mamãe, enquanto estive lá, pensei muito na minha vida e não vou adiar mais algo que quero contar há muito tempo para você e para o meu pai...

— Vivian, eu fiquei muito preocupada, minha filha. Você estava com os remédios quando foi seqüestrada? — perguntou a mãe, interrompendo a revelação que a filha ia fazer.

— Sim, mamãe, eles estavam na minha bolsa e eu tomei todos eles direitinho. E mais, mamãe, já que na vida temos de descobrir o que vem de bom depois de uma tempestade, vou te dizer uma coisa: sem ter nenhum contato com as drogas e nem com quem poderia me fornecê-las, sinto que esses dias de cativeiro acabaram me fazendo bem, porque ajudaram a provar para mim mesma que posso sobreviver sem me drogar.

— Mas, você não sentiu vontade de consumir, enquanto estava lá, sozinha e ansiosa? — perguntou a mãe.

— Senti, sim, mas sabia que não teria jeito, e isso acabou me fortalecendo. Além do mais, os remédios que eu tomo são poderosos no controle da compulsão e da ansiedade. Mas, mãe, eu preciso falar uma coisa pra você, agora... — disse a filha, demonstrando certo medo da reação da mãe.

— Fale, Vivian. O que a está incomodando?

— O Dr. Edmundo Benetti já sabe o que vou lhe contar... Mãe, eu acho que sou homossexual — disse a jovem, arrastando as sílabas.

— Como, Vivian, você acha?

— Não, mãe, hoje eu tenho certeza... Eu gosto de mulher... Já tentei namorar vários rapazes, mas não consigo ser feliz com eles, mamãe. Por favor, me perdoe por mais esse desgosto.

— Ah, Vivian, eu já desconfiava, minha filha. Mas nunca perguntei a você, para não parecer que eu a estava influenciando. Você não tem de pedir perdão, Vivian. Essa é a sua escolha e se essa escolha é o caminho para você ser feliz, então eu aprovo. Eu só não aprovaria se você estivesse

prejudicando alguém, mas nesse caso, não tem ninguém sofrendo com a sua opção. Fique tranqüila, não vou ficar julgando você, minha filha — disse Clara, tentando disfarçar o seu desapontamento.
— E o meu pai, mãe. Como vou contar a ele?
— Da mesma forma que você me contou, Vivian. Com sinceridade... E não fique preocupada, porque ele também já desconfiava. Teve um dia que ele me disse assim: "É, Clara, será que vamos ter netos? Porque a Vivian, não sei não, e o Júlio, coitado, esse está com trauma de casamento e de gravidez fora de hora...", disse Clara, em tom de brincadeira.
— Tá bem, mamãe, assim que surgir uma oportunidade, vou contar a ele. Agora você me deixou mais tranqüila. Obrigada, "dona" Clara. Você é dez! — disse a filha, beijando a mãe, com carinho.

Capítulo 40

Oito horas depois do final de uma bem-sucedida cirurgia, Álvaro saiu da UTI e foi conduzido ao seu apartamento, que parecia mais um quarto de hotel que de hospital. Assim que acordou, assustou-se com o luxo. César o tranqüilizou, em tom de brincadeira:

— Seja bem-vindo, meu jovem. Gostou do hotel que providenciei para você? Faz de conta que você está em um *spa*, por minha conta, desfrutando de tudo de bom que você merece!

— Mas eu não mereço, Dr. César — disse o rapaz, emocionado e com a voz bem fraca ainda.

— Por que não? Eu tenho certeza que você merece e ponto final. Afinal, é falta de educação recusar um presente, sabia? Ah, o Júlio teve de ir embora mas deixou um abraço para você — disse César Domenico, procurando espalhar bom-humor pelo ambiente.

— Eu estou um pouco zonzo... Isso é normal?

— Claro, Álvaro. A bala que o atingiu feriu tanto, que a sua cirurgia durou duas horas. Agora está tudo bem. Depois o médico lhe dará mais explicações, viu? Agora, o ruim para você deve ser a posição de lado que você terá de manter. Para você não se cansar muito, de vez em quando podemos colocar alguns travesseiros nas suas costas, ou tirá-los, para parecer que mudou a posição.

— É verdade...

— Álvaro, tenho de ir agora, mas já contratei um enfermeiro para ficar com você... Ele deve chegar em 15 minutos. Posso lhe fazer um pedido meio estranho?

— Claro, Dr. César. O senhor não pede... o senhor manda — respondeu Álvaro, envergonhado com tantos cuidados do seu patrão.

— Se amanhã você estiver melhor, podemos continuar os meus relatos aqui no hospital mesmo? — perguntou César, ansioso para terminar de contar o seu passado.

— Claro, Dr. César... Mas, por que tanta pressa?

— Álvaro, eu vi que para a gente morrer, basta estar vivo. Corremos todos, hoje, grande risco de morte, e quando ouvi os tiros, pensei que, se eu morresse naquela hora, deixaria as minhas memórias inacabadas.

Então, vamos acabar logo com isso, aqui mesmo no hospital, se você não se importar.
— Dr. César, o senhor tem razão. O tempo é uma preciosidade que temos de valorizar mais. Vou adorar aproveitar este tempo "de molho" na cama para trabalhar no livro. O meu gravador está dentro da minha bolsa, aquela que estava comigo na hora do tiroteio.
— Fique tranqüilo, Álvaro. A sua bolsa está aqui, guardada no guarda-roupa. O Júlio ficou de voltar amanhã e trazer para você dois pijamas novos, escova de dentes, barbeador e tudo o que você precisar, certo? Um abraço e, qualquer coisa que você precisar, ligue para mim. Sinto-me responsável, não culpado, mas responsável pelo seu acidente e farei tudo ao meu alcance para vê-lo em forma, rapidamente.

Álvaro agradeceu ao patrão e, em poucos minutos, adormeceu. Quando acordou, horas mais tarde, junto dele estava um prestimoso enfermeiro, contratado por César para acompanhá-lo durante sua internação. César avisara ao enfermeiro Dimas que Álvaro era muito dinâmico e que ele providenciasse livros, revistas e jornais para ele mesmo ler para o rapaz. Álvaro surpreendeu-se com a generosidade do patrão.

Segundo os médicos que estavam cuidando de Álvaro, ele teria de permanecer no hospital por mais uma semana, para que acompanhassem a sua recuperação.

Capítulo 41

No dia seguinte à cirurgia, César chegou cedo ao hospital, muito animado em começar o seu trabalho com Álvaro.

Álvaro passara muito bem a noite e estava se sentindo um rei. Nunca tinha sido tão bem tratado na vida. Ficava só pensando em como poderia retribuir a César Domenico tanta bondade.

— Álvaro, como você está hoje? O Dimas me contou que você conseguiu dormir de bruços... que bom, hein? Então, não vai ser tão difícil assim, agüentar estes dias aqui — disse César, em tom de brincadeira.

— É verdade. Estou bem melhor. Acabei de tomar um banho-de-gato e, agora, é hora de fazerem o curativo...

— Posso ver onde foi o ferimento? — perguntou César, curioso, enquanto um enfermeiro do hospital tirava o curativo antigo e fazia a assepsia no local do ferimento.

— Mas o que é isso, Álvaro? — disse César, quase gritando, totalmente espantado.

— Como assim, Dr. César? Está tão feio assim? — perguntou o jovem, alarmado.

— Não é isso... — disse César, perdendo a fala, de tanta emoção.

— Ai, Dr. César, o senhor está me assustando...

— Que marca é essa nas suas costas, Álvaro? — perguntou César, referindo-se à marca de nascença nas costas do rapaz, do lado direito, bem perto de suas nádegas.

— Ah, que susto, Dr. César. A bota? Essa é uma mancha que nasci com ela... Parece uma bota, não é? E o mais interessante é que naquele dia que falei com a minha mãe (o senhor se lembra?), ela me disse, como pista para eu encontrar meu pai, que ele tem uma mancha igual à minha e no mesmo lugar! Mas por que o senhor ficou assim tão chocado, Dr. César? — questionou Álvaro, ingenuamente.

— Álvaro, sua marca de nascença é idêntica à que o meu irmão Juliano tinha... Você compara a sua marca a uma bota e meus pais diziam que a do Juliano era o mapa da Itália. Incrível. É idêntica, do mesmo lado! Estou chocado... Preciso falar com algum médico sobre isso... E se

o Juliano tiver sobrevivido e for o seu pai? Você já pensou nisso, Álvaro? — perguntou César Domenico, com um brilho de esperança nos olhos.
— Dr. César, o senhor está me confundindo. O senhor está querendo dizer que eu posso ser seu sobrinho? Não é possível. Será que mereço tanta alegria assim? — disse Álvaro, com medo de ter falsas esperanças.
— Álvaro, o que mais a sua mãe lhe disse sobre o seu pai?
— Ah, ela disse que ele era um desmemoriado, que não tinha documentos e que fora criado por um casal de pescadores, em uma aldeia perto da cidade em que nasci. O casal que o criou deu a ele o nome de Josias. Minha mãe me disse que ele havia mudado para o Guarujá. Aliás, quando falei com a minha mãe — na ligação que fiz da sua casa, lembra-se? — perguntei à minha avó o nome dos pais de criação do meu pai e a aldeia em que eles viviam. Está tudo anotado na agenda, dentro da minha bolsa — disse o jovem, apontando para o armário onde a bolsa estava guardada.
— Já sei o que vou fazer: vou pegar essas informações e vou entregar para um detetive amigo meu, que já prestou muitos serviços para mim. Vamos procurar o seu pai, Álvaro. Mesmo que ele não seja o meu irmão, pelo menos, se o encontrarmos será um desaparecido a menos neste mundo de Deus — disse César, procurando em seu celular o número do telefone do detetive.
— Dr. César, será que se eu e o senhor fizermos um exame de DNA ele não acusaria um parentesco entre nós, se houver? — raciocinou Álvaro.
— Não sei, meu jovem. Mas vou procurar saber. Estou tão empolgado com a possibilidade de encontrarmos nossos entes queridos desaparecidos, que meu coração está disparado — disse César, sentando-se em uma poltrona e fechando os seus olhos para relaxar um pouco.
Naquele dia, a euforia era tanta, que os dois nem conseguiram trabalhar. Passaram o dia tentando juntar peças e fatos desse quebra-cabeça tão antigo.

Capítulo 42

Como sentir esperança faz bem à alma, ativa a mente e une as pessoas! César e Álvaro pareciam duas crianças em busca de um tesouro perdido. O detetive começou a trabalhar no mesmo dia e, agora, só lhes faltavam informações a respeito da possibilidade de fazerem o exame de DNA.

No final da tarde, César, foi em casa buscar a família e retornou ao hospital acompanhado de Clara, Vivian e Júlio. Contou-lhes a novidade.

Meia hora depois, César Domenico foi ao encontro do médico responsável pelo laboratório que atende ao hospital e voltou com algumas informações importantes.

— Álvaro, você está melhor? Conversei com o responsável pelo laboratório e ele me disse que, quando um suposto pai não quer fazer a perícia (o exame de DNA) ou já é falecido ou desaparecido, como no caso, a determinação da paternidade pode ser feita com o estudo de parentes dele, dispostos a colaborar. Ainda bem que a sua mãe está viva, Álvaro, porque assim o exame será mais conclusivo — explicou César.

— Dr. César, vai precisar do sangue da minha mãe, então?

— Sim, Álvaro e eu já estou tomando as providências quanto a isso. O mais difícil é que vamos precisar do sangue também de todos os meus irmãos, e aí será mais difícil descobrir o paradeiro deles. Mas fique tranqüilo, que a equipe do meu amigo detetive já foi contatada e logo estará aqui para conversarmos e eles tomarem mais informações com você.

— Dr. César, mas por que precisa do sangue de seus irmãos também? Que exame complicado...

— Álvaro, o médico explicou que, no seu caso, só restou uma, de todas as opções existentes para a investigação de paternidade: colher o seu sangue, o da sua mãe e dos irmãos do suposto pai, tendo de ser quatro irmãos, no mínimo, ou, de preferência, cinco irmãos ou mais. Vamos, então, colher o meu sangue, o do Alexandre, o da Adriana e o do Felipe. O Alexandre, já sabemos onde está, mas falta encontrar a Adriana e o Felipe. Depois que comprei a parte deles na Indústria, cada um tomou o seu caminho e não mais nos falamos... — disse César, em um tom de tristeza.

— Puxa, Dr. César, nem o Felipe, que tinha mais afinidade com o senhor?

— Álvaro, hoje percebo que fui muito arrogante e egoísta quando fizemos a negociação. Fiquei tão feliz de me livrar desses "sócios", que nem quis mais saber deles. Eu errei. Devia ter procurado por eles na época, pelo menos para nos reunirmos nos Natais e passagens de ano. Seria uma forma de não perdermos nossos vínculos familiares. Mas, como o acaso não existe, você apareceu... quem sabe para nos unir de novo? — falou César, tentando se entusiasmar.

— Mas o senhor nem sabe em que país os seus dois irmãos estão vivendo? — perguntou Álvaro, custando a acreditar no distanciamento desses familiares.

— Há anos, encontrei um amigo do Felipe que me contou que ele estava morando na Austrália, e trabalhando lá com mergulho, que é a sua grande paixão. E Adriana, nem sei se casou ou não, nem o que fez com o dinheiro que ganhou na venda da sua parte na Indústria. Tomara que tenha tomado jeito e virado gente, não é mesmo? Mas detetives adoram esses desafios... Eles vão encontrá-la, assim como vão encontrar também o seu pai. E o meu coração está me dizendo que ele pode, sim, ser o meu irmão Juliano. Ah, Álvaro, estou muito apreensivo, com medo de ser uma falsa esperança. Mas, de qualquer jeito, estamos buscando respostas e isso é o que importa — completou César Domenico, não conseguindo esconder a sua expectativa.

Agora, era questão de saber esperar, de conter a ansiedade por novidades que poderiam chegar a qualquer momento.

Capítulo 43

Álvaro, infelizmente, não pôde comparecer ao jantar que César daria em sua casa naquela noite. Com o desfecho positivo do seqüestro de Vivian, a família Domenico, para comemorar, resolveu fazer um jantar íntimo em sua casa e convidou todos os policiais que trabalharam no caso, assim como Wilson, o especialista na área que se tornou amigo e conselheiro da família. A essa confraternização de agradecimento a todos que colaboraram para que Vivian estivesse de volta, sã e salva, compareceram, também, os diretores da Domenico.

A partir desse triste episódio, nunca mais a família Domenico ficou sem a companhia de seguranças, mesmo em seus momentos de lazer na ilha. Infelizmente, a falta de segurança é um preço alto que se paga pela fama, sucesso e dinheiro. Mas, como diz César Domenico: — Faz parte da vida. São ossos do ofício. Quem está na chuva, tem de se molhar. Já que não podemos controlar a violência, pelo menos estamos dando mais oportunidade de emprego para algumas pessoas deste país!

No fim daquele dia, Álvaro recebeu a visita de dois detetives, que foram interrogá-lo a respeito de seu pai e pegar o endereço de sua mãe, para providenciarem a coleta do sangue necessário às investigações sobre sua paternidade. Depois que eles saíram, o jovem jornalista ligou para a sua avó, que informou que sua mãe estava um pouco melhor, embora sem esperanças de uma vida mais longa. Álvaro falou com a mãe, contou-lhe da possibilidade de ter encontrado alguns familiares de seu pai e que, agora, havia uma equipe em busca de seu paradeiro. Sua mãe se alegrou, porque o fato do filho encontrar o pai iria diminuir-lhe as culpas por tantos erros e omissões. Ambos choraram ao telefone, mas foi bom para Álvaro saber que a mãe iria colaborar com as buscas.

Capítulo 44

Mais um dia de internação para Álvaro, e de muita expectativa por novidades quanto às buscas...
César Domenico chegou às dez da manhã, bem disposto e entusiasmado. Combinaram recomeçar os depoimentos para o livro e César pegou no armário o gravador e sentou-se de frente para Álvaro, que passava a maior parte do dia deitado de lado ou, quando se cansava, de bruços.

— Álvaro, está tudo combinado com os detetives. São quatro homens: um foi visitar sua mãe e colher mais informações sobre o casal que criou o seu pai; outro está no Guarujá, investigando os pescadores daquela região; e os outros dois estão procurando o Felipe e a Adriana. Daqui alguns dias, teremos novidades... — disse César, cheio de alegria.

— Que bom, que felicidade, Dr. César... Como vou poder retribuir tanta generosidade?

— Como? Eu vou lhe falar: você vai escrever um belíssimo livro sobre a minha vida, do jeito que combinamos, e vai publicá-lo seis meses depois da minha morte! Essa é a sua paga, viu? Ah, e quero que seja tão bem escrito que possa até virar um filme ou uma novela, tamanha a riqueza de fatos e detalhes que você vai colocar... — disse César, já com o gravador ligado.

— Claro, Dr. César. Vou caprichar! E os nomes dos personagens, da empresa... O que vamos fazer para que não associem com a sua vida? — perguntou o jornalista.

— Primeiramente, você vai mudar toda a ambientação da história... Pode situá-la até em outro país. Talvez seja melhor, mesmo, colocar a história bem distante de São Paulo, e os nomes dos personagens bem diferentes dos nomes reais. Só lhe peço que não modifique as características físicas e morais dos personagens, porque, senão, perderia o sentido da realidade. Você entendeu? — perguntou Domenico, com um ar bem solene.

— Sim, Dr. César. Está combinado então! Fique tranqüilo... Teremos muito tempo ainda para falar sobre o livro. Posso até deixá-lo pronto até o ponto presente e, depois, vou anotando tudo, como se fosse um diário.

— Isso, um diário, até a única certeza: a morte! Mas você dizer que teremos muito tempo, aí já não tenho tanta certeza assim... Basta estar vivo para morrer no próximo instante. Não podemos perder tempo nesta vida, de jeito nenhum. Ah, Álvaro, por falar em tempo, vou ler aqui para você esta bela mensagem que salvei no meu *laptop*, justamente para lhe mostrar. Como sempre, infelizmente, o autor não foi mencionado:

> Imagine que você tem uma conta corrente e a cada manhã você acorda com um saldo de R$ 86.400,00. Só que não é permitido transferir o saldo do dia para o dia seguinte. Todas as noites, seu saldo é zerado, mesmo que você não tenha conseguido gastá-lo durante o dia.
>
> O que você faz? Você irá gastar cada centavo, é claro!
>
> Todos nós somos clientes desse banco de que estamos falando. Chama-se TEMPO.
>
> Todas as manhãs, são creditados, para cada um, 86.400 segundos. Todas as noites, o saldo é debitado como perda. Não é permitido acumular esse saldo para o dia seguinte. Todas as manhãs, sua conta é inicializada e, todas as noites, as sobras do dia evaporam-se. Não há volta. Você precisa gastar, vivendo no presente o seu depósito diário. Invista, então, no que for melhor: na saúde, na felicidade e no sucesso!
>
> O relógio está correndo. Faça o melhor para o seu dia-a-dia. Para você perceber o valor de UM ANO, pergunte a um estudante que repetiu de ano. Para você perceber o valor de UM MÊS, pergunte para uma mãe que teve o seu bebê prematuramente. Para você perceber o valor de UMA SEMANA, pergunte a um editor de um jornal semanal. Para você perceber o valor de UMA HORA, pergunte aos enamorados que estão esperando para se encontrar. Para você perceber o valor de UM MINUTO, pergunte a uma pessoa que perdeu um avião. Para você perceber o valor de UM SEGUNDO, pergunte a uma pessoa que conseguiu evitar um acidente. Para você perceber o valor de UM MILISSEGUNDO, pergunte a alguém que venceu a medalha de prata em uma Olimpíada.
>
> Valorize cada momento que você tem! Lembre-se de que o tempo não espera por ninguém. Ontem é história. O amanhã é um mistério. O hoje é uma dádiva; por isso, é chamado de PRESENTE!

— Pronto, depois desse "puxão de orelha", vamos trabalhar, porque o tempo não pára nunca! — disse César, fechando seu *laptop* e ajeitando-se na poltrona.

— E aí, Dr. César, vamos falar sobre a Escócia, hoje? — perguntou o jornalista.

— Sim, vamos lá... Acho muito difícil contar esta parte transformadora da minha vida, porque durante o mês que lá estive, não escrevi nada, mas vivenciei tudo, entende? Ficou tudo aqui, interiorizado — disse César, apontando para sua própria cabeça. — É muito difícil externar essas emoções, mas vou tentar relatar... — completou, com o olhar voltado para cima, à esquerda, buscando as suas lembranças.

— Vou procurar ajudá-lo a encontrar as suas recordações, Dr. César. Conte-me de novo, por exemplo, como o senhor ficou sabendo de Amór...

— Ah, foi aquele amigo que me visitou no hospital, quando eu estava me recuperando do infarto, lembra-se do que lhe relatei, dias atrás? Então, ele me contou de um empresário brasileiro, do ramo de agronegócios, multimilionário, que deixou todos os seus empreendimentos para os herdeiros e mudou-se com a esposa para a Escócia, depois de muitos cursos e retiros nos Estados Unidos, na Índia, no Tibet e própria Europa. Ele e sua mulher montaram uma clínica, como um *Spa*, no alto de uma montanha na Escócia, especializada em ensinar pessoas de negócios a encontrarem um sentido para suas vidas e se transformarem para melhor. Lá acontecem verdadeiras transformações pessoais. Ele usa o pseudônimo de Amór, e sua esposa, de Roma. Um casal fantástico, comprometido em mudar a vida das pessoas, principalmente daquelas que têm muito dinheiro, mas não têm prosperidade.

— Mas ter prosperidade não é o mesmo que ter dinheiro, Dr. César? — perguntou Álvaro.

— Não! Ter prosperidade é um conjunto de três aspectos acontecendo ao mesmo tempo na nossa vida. Um deles é o dinheiro, sim, porque dinheiro é uma energia poderosa que, se bem utilizada, pode gerar muito progresso e paz no mundo. Mas a prosperidade também inclui bons relacionamentos (familiares, sociais e profissionais) e saúde equilibrada. Ser próspero, meu jovem, não é tão fácil quanto parece, e até acho que o fator dinheiro é o mais fácil dos três. É difícil conviver bem com as pessoas e, tão complicado quanto isso, é manter a saúde física, mental e espiritual em equilíbrio. Depois que soube do místico Amór, tomei mais informações de outros empresários que o conheciam e fiz a minha reserva para passar um mês em sua clínica — contou César, com um brilho diferente nos olhos.

— E D. Clara, não quis ir?

— Ah, não! Clara estava extremamente ressentida comigo. Cuidou de mim no hospital como cuidaria de qualquer ser humano, porque ela é muito generosa, mas nada de especial. Assim que me recuperei, Clara reassumiu sua indiferença e disse-me que ela não precisava de terapia nenhuma e que eu fosse sozinho para a Escócia. Assim que o meu médico me liberou para viajar, peguei o avião e aterrissei nas terras altas da Escócia. Já tinha um motorista da clínica me esperando no aeroporto e, de lá, viajamos para a bela residência do casal Amór e Roma. A clínica deles era ligada à sua residência. Ao entrar em sua propriedade, um portal de flores coloridas e todo um caminho de árvores em flor. Uma primavera fria, é claro, pois faz muito frio naquela região montanhosa, mas uma natureza de encantar a nossa visão. Faz qualquer um se esquecer dos problemas reais e entrar em um mundo de sonhos.

— Que lindo! Quero ver as fotos depois — disse Álvaro, encantado com o relato. — Mas, conte-me como era Amór.

— Como ele é; afinal, Amór está vivo e muito bem... Amór é um homem alto, magro, cabelos branquinhos, e, na época, 12 anos atrás, estava com 72 anos de idade. Ele é um homem de presença muito marcante e sorriso contagiante, que transmite total confiança. Tem o verdadeiro perfil de um sábio. Roma, de estatura mediana e magra, é uma senhora muito amável e de uma força interior inimaginável. Que casal mais sintonizado... Nunca tinha visto isso em minha vida!

— E como foi a sua estada lá, Dr. César? — perguntou Álvaro, feliz de finalmente conhecer as experiências do patrão na Escócia.

— Ah, Álvaro, tive um mês inteiro para conversar com Amór, contar tudo para ele, e tratar dos meus medos, das minhas mágoas e das minhas culpas. Aprendi sobre melhores relacionamentos, aprendi a me alimentar melhor e muitos exercícios cerebrais para a expansão da minha memória e inteligência. A tônica da minha terapia foi o perdão, não apenas àqueles que me machucaram, mas a mim mesmo. Foi um mês de reconstrução íntima para mim e voltei um homem muito melhor. Não perfeito, pois isso é difícil; mas buscando me aprimorar dia após dia. Voltei acreditando na prosperidade e na felicidade e minha vida melhorou muito desde então. Só o meu relacionamento com a Clara é que demorou mais para se resolver, mas agora, não posso reclamar de mais nada! Até Vivian está mais entrosada comigo e buscando crescer como ser humano. Posso dizer que estou muito feliz e feliz, também, por ter conhecido você, meu amigo — disse César, estendendo a mão direita para o rapaz.

Emocionado, Álvaro pegou na mão do empresário e, com os olhos cheios de lágrimas, respondeu: — Dr. César, o senhor não avalia o bem que está fazendo para a minha alma. Sinto uma paz imensa nessas ho-

ras em que passamos trabalhando juntos. Obrigado por me chamar de amigo... é uma honra ser seu amigo!
— Bem, meu jovem, amigo e, quem sabe, sobrinho! Mas, vamos continuar... — disse César, disfarçando a emoção. — Estou pensando aqui como vou expor para você o que aprendi...
— Que tal se o senhor for relatando por temas? Por exemplo: o que Amór lhe ensinou a respeito de perdão, de família, de trabalho, e assim por diante... — disse o jornalista, com um senso prático que lhe era peculiar.
— Boa idéia, Álvaro... vamos lá então. Primeiro Amór trabalhou comigo o meu autoconhecimento. Precisei entrar em contato comigo mesmo e descobrir quem eu era naquele momento... Não quem eu fui no passado, mas quem eu era naquele "agora", de 12 anos atrás. Às vezes a gente passa anos lamentando o que não deveria ter feito, pensando nos "se" da vida... "se eu tivesse feito assim...", "se eu não tivesse falado assim..." e perdemos a chance de fazer melhor no presente. Descobri muitos defeitos feios em mim, principalmente a minha pretensão em ser perfeito e querer que os outros fossem também. Isso gerava em mim não apenas frustração pelas minhas limitações, mas muita irritação com os defeitos dos outros. Eu era muito intransigente e não percebia. Descobri que o ressentimento contra o meu irmão Alexandre estava me consumindo a alma e, também, o ressentimento contra a minha mãe, que não percebeu a tempo os desvios de caráter dele. Sabe, Álvaro, foi muito difícil para mim aceitar que estava ressentido com a minha mãe e com o meu pai, pela forma como nos criaram. Fui condicionado, pela minha educação, a não contestar meus pais, e sentir mágoa deles gerava em mim muita culpa... Como é que um filho poderia ter raiva dos pais? Deveria ter só gratidão! Foi um processo doloroso esse de me conhecer, mas tirou muitos pesos dos meus ombros... Eu não precisava mais me sentir culpado por mágoas antigas, mas precisava perdoar a mim, aos meus pais e ao meu irmão Alexandre, para me libertar por completo. Mas, a minha culpa maior não era essa, você sabe — disse César Domenico, dando uma pausa para respirar profundamente.
— Sim, Dr. César, eu me lembro do senhor dizer que a sua grande culpa era pelo seu irmão ter morrido, quer dizer, desaparecido... Mas o senhor não teve culpa nenhuma, isso não faz sentido! — disse Álvaro, seriamente.
— É verdade! Eu não tive culpa nenhuma, mas não era assim que eu acreditava na época. Fui criado ouvindo todo mundo dizer que o meu irmão morreu no meu lugar, e isso é doloroso demais... Não dá para esquecer tão facilmente.
— E o que o Mestre Amór dizia sobre a culpa, Dr. César?

— Ele dizia que a raiz da culpa está na nossa mania de julgar os outros e a nós mesmos, na auto-avaliação que nos castiga e nos condena porque erramos. E, quando nos sentenciamos culpados, queremos uma autopunição que acaba acontecendo na forma de doenças ou dificuldades financeiras, problemas que nos estacionam as emoções, nos paralisam. Amór indicava o perdão e o autoperdão como os primeiros passos para recuperarmos a alegria e a tranqüilidade de viver.
— E como foi esse processo do perdão, Dr. César?
— Ah, sim, a terapia do perdão... Essa foi longa! Na verdade, não acaba nunca, porque quando a gente começa a achar que as feridas estão cicatrizadas, acontece algo que faz com que uma ou outra queira se abrir de novo. E, aí, entra a consciência da necessidade do perdão e a gente tem de começar os exercícios outra vez...
— Exercícios? Como assim? — perguntou o jovem, curioso.
— Sim, Amór me passou um exercício bem cansativo, mas eu realizei direitinho e surtiu um efeito surpreendente. Ele me orientou para eu escrever em um caderno grande, durante sete dias, uma página inteira por dia, a seguinte frase em cada linha "Eu me perdôo". Depois de uma semana, mais sete dias, uma página inteira por dia, a seguinte frase: "Eu me perdôo e perdôo minha mãe". Na terceira semana, mais uma vez, uma página por dia, com a seguinte frase em cada linha: "Eu me perdôo, perdôo minha mãe e perdôo meu pai". Na quarta semana, novamente o mesmo ritual, com a frase: "Eu me perdôo, perdôo minha mãe, perdôo meu pai e perdôo Alexandre" Por último, ele me sugeriu mais uma semana, escrevendo: "Eu me perdôo, perdôo minha mãe, perdôo meu pai, perdôo Alexandre e perdôo Clara". Mas, Amór ensinou que eu poderia colocar também meus filhos nessa lista, porque eu estava também muito magoado com a Vivian e a vida desregrada que ela levava. A verdade é que meu coração estava tomado pela mágoa, por isso adoeci tão gravemente.
— Interessante, Dr. César, esse exercício deve ser muito bom mesmo... Pelo que já li, tudo aquilo que afirmamos repetidas vezes, torna-se verdade para a nossa mente. Vou começar a fazer também, para conseguir perdoar direito a minha mãe! — disse Álvaro, admirado.
— E faz efeito, viu? A gente começa perdoando com a mente, com as repetições, e depois acaba perdoando com o coração. Chega um dia, que aquelas lembranças dolorosas não passam de recordações antigas, sem carga emocional nenhuma, e aí a gente tem a comprovação do perdão. Só que, como lhe falei, de vez em quando tenho de treinar de novo, afinal, a nossa vida é muito dinâmica, nada é para sempre! Ah, lembrei-me de uma coisa: Amór ensinou que, quando a gente estiver

escrevendo o exercício do perdão, antes de escrever cada frase, deve fazer uma respiração profunda, porque isso facilita a abertura das portas do inconsciente e, é claro, só conseguiremos um perdão verdadeiro quando ele for, também, introjetado em nosso inconsciente.

— Puxa, que profundo isso, Dr. César...

— Amór dizia que podemos nos transformar em pessoas que vêem o amor e o que une, em lugar de pessoas que vêem o erro e o que desune. Podemos escolher nos direcionar para a paz interior, independentemente do que estiver acontecendo no exterior. Ele sempre me dizia que, se enxergarmos a luz nas pessoas em vez da sombra, viveremos mais em paz. Isso significa julgar menos e perdoar mais. O grande segredo do perdão e da felicidade é nos distanciarmos da posição de vítima, porque nós é que somos libertados pelo perdão.

— É, Dr. César, mas dentro da gente há muita resistência ao perdão — disse Álvaro, referindo-se aos seus próprios sentimentos em relação à mãe.

— Sim, Amór fazia essa preparação para a gente. Ele dizia que havia muitas razões para o nosso ego não perdoar: "Se eu perdoar, é possível que essa pessoa continue por perto, tirando a minha paz...", "Se eu perdoar, estarei entregando a razão para quem me magoou...", "Enquanto eu não perdôo, tenho o poder de decidir se quero ou não perdoar, um poder só meu..." — comentou César, em tom professoral.

— Nossa, é isso mesmo que eu penso — disse Álvaro, impressionado.

— Pois, então, saiba que a decisão de se libertar é da pessoa que vai perdoar. Se não perdoar, pode ficar doente, pobre e endividado... É isso o que você quer para você, Álvaro? Amór dizia que 50% das pessoas não perdoam seus pais e 75% dos separados ou divorciados não perdoam seus companheiros. E, depois, as pessoas ficam aí perguntando o porquê de tanta doença e miséria...

— É falta de perdão no mundo! — complementou o jovem.

— Amór sempre dizia: "Se você está doente ou com problemas financeiros, pergunte-se a quem está faltando perdoar... Logo você encontrará a solução para as suas mazelas". Amór convenceu-me a respeito do perdão quando me explicou que a nossa grande dificuldade em perdoar se deve ao nosso sistema de crenças, que diz que "é muito difícil perdoar", que "tem certas coisas na vida que são imperdoáveis" e, aí, a pessoa se fecha para a opção do perdão, opção essa que o coração muitas vezes implora, mas a razão, programada anteriormente pela criação rigorosa que a pessoa teve, não permite. Amór me ensinou: "Você começa a perdoar quando se propõe mudar o seu sistema de crenças. Comece a acreditar que tudo, na vida, é perdoável". Entretanto, Amór sempre mostrava que perdoar não é concordar com a atitude da outra pessoa nem esquecer-se do que o outro lhe fez. A nossa mente não "deleta" arquivos, como um computador. Tudo fica registrado no consciente ou no inconsciente. Você pode perdoar, mas até é bom não se esquecer, para que a lição permaneça e você não se permita mais ser magoado.

— Muito interessante isso, Dr. César... Não é fácil para a gente assumir que tem mágoas dos pais, porque, pela nossa criação, pai e mãe estão acima de tudo. Eu já me senti muito culpado por ter sentido raiva das atitudes da minha mãe — disse Álvaro.

— Sabe o que Amór falou sobre isso? Que os nossos pais, naturalmente, são as pessoas que mais nos machucam, porque são as pessoas com quem mais convivemos ao longo da vida e cada um só consegue oferecer aquilo que já possui dentro de si, aquilo que recebeu. Basta ver a criação de nossos pais para compreender os erros que eles cometeram em nossa criação, mesmo querendo acertar. E o pior, Álvaro, é que as pessoas que não conseguem perdoar seus pais ou aqueles ligados à sua criação, como avós ou irmãos mais velhos, costumam, inconscientemente, buscar uma vida financeira desequilibrada e contraem dívidas cada vez maiores para, também inconscientemente, mostrar os erros cometidos por aqueles que as criaram. Essas pessoas, magoadas e insatisfeitas afetivamente, para chamarem à atenção daqueles que as criaram, não se permitem prosperar na vida.

— Nossa, Dr. César, vou começar o exercício do perdão logo, porque quero muita prosperidade em meus caminhos — disse Álvaro, determinado.

— Sabe, Álvaro, Amór também sabia ser rígido, quando era preciso. Às vezes ele ficava bravo comigo quando eu me lamentava dos sofrimentos provocados pelo meu irmão. Ele dizia que eu é que tinha escolhido ou me permitido ser ofendido por ele. A culpa por eu me sentir magoado não era dele, porque ele era assim e iria ser assim até quando quisesse. Eu é que tinha de adotar uma postura de quem não se deixa ofender com as más palavras ou ações perniciosas dos outros. Ele falava assim: "César, meu amigo, aqueles que te magoaram não vão mudar só porque você quer que eles mudem. Eles vão continuar com suas maldades. Quem tem de mudar é você! Só você dirige a sua vida, entendeu?". Álvaro, eu aprendi com Amór que, para ver a paz materializar-se no mundo, antes tenho de vê-la materializar em mim. Eu vivia em guerra comigo mesmo, por isso me permitia ser ofendido por todos.

— Nossa, Dr. César, quanta sabedoria!

— É verdade! E, por falar em sabedoria, sabe o que Amór falava sobre os sábios? Ele dizia: "César, o sábio verdadeiro é aquele que sabe

que não sabe, que está sempre buscando aprender a cada dia e a cada oportunidade que se faz! Esse é o sábio que procuro ser!" Ah, ele me ensinou muito também sobre medos — disse César, empolgado.
— Medos! Quem não os tem, não é mesmo? — refletiu Álvaro, tentando mudar de posição na cama.
— Sim, todos temos, infelizmente. Amór dizia que o que nos impede de ter paz interior é o nosso apego às culpas, raivas e medos. É verdade! Esses três sentimentos paralisam a nossa vida e perturbam a felicidade que mora dentro de cada um de nós, embora continuemos a insistir em procurá-la no mundo externo. Não adianta, Álvaro. Enquanto buscarmos a nossa paz nos outros, esquecendo-nos da nossa responsabilidade total pela nossa vida, jamais seremos felizes e realizados. Se somos filhos de Deus, já temos dentro de nós a Essência Divina, que é Paz, Prosperidade, Sabedoria e Amor — disse César Domenico, sentindo-se o próprio Sábio Amór.
— E os medos, Dr. César, o que ele disse a respeito?
— Ah, sim, os medos... Ele me ensinou que são os nossos medos que geram as preocupações e atraem as dificuldades para nossa vida, e que eles são os nossos mais ferozes inimigos. De todos os medos que ele enumerou e explicou, como da morte, de doenças, da perda do amor de alguém, da velhice, da loucura, da depressão, da pobreza, da riqueza e da crítica, entre outros, o que mais me marcou foi o da crítica. Sempre tive muito medo de me expressar, principalmente na infância e adolescência, talvez pelo medo da crítica. Conheço pessoas extremamente talentosas, que poderiam desenvolver uma bela missão na Terra conduzindo outras pessoas para uma vida melhor, que se calam e se escondem, por medo da crítica que, segundo Amór, é uma expressão de orgulho também.
— E quanto ao seu problema de hipertensão e do infarto, o que ele lhe explicou a respeito?
— Ele me explicou que pessoas hipertensas têm uma característica bem peculiar no seu comportamento emocional: elas vivem presas a problemas do passado, que ainda aguardam solução, e remoem na lembrança aquelas dificuldades. Elas têm algum antigo problema emocional não resolvido e, como você pode ver, era exatamente o meu caso. Amór me ensinou um novo padrão de pensamento para eu repetir diversas vezes, por várias semanas, para equilibrar a minha pressão arterial pelo equilíbrio de minhas emoções.
— E o senhor ainda se lembra desse pensamento?
— Claro, decorei há muito tempo e sempre repito, até hoje: *"Idéias boas e alegres circulam livremente em mim!"*.
— E quanto ao infarto, o que Amór lhe explicou?
— Ele disse tanta coisa a esse respeito... Deixe-me lembrar — disse César, tomando um gole de água para abastecer o seu cérebro e a sua memória.

— Claro, Dr. César, não precisamos correr tanto...
— Precisamos, sim, Álvaro. Não vejo a hora de terminar o meu relato do passado para que você, a partir de então, comece a acompanhar e anotar o meu presente. Bem, vamos lá... Amór me explicou que o coração é o órgão que representa o centro do amor e da segurança, e o infarto do miocárdio acontece quando a pessoa está apagando do seu coração toda a alegria por causa de dinheiro ou de posição social. Eu fiquei confuso quando ele me disse isso, mas, depois, ele me explicou assim: "Quando uma pessoa se permite ser afetada emocionalmente por problemas, começa a preocupar-se com o futuro e o coração começa a padecer fisicamente. O medo de ter seus bens materiais diminuídos ou roubados ou o fato de arrastar por anos problemas emocionais e o sentimento de 'coração apertado' de tanto sofrer também são causas de problemas cardíacos, mais comuns em pessoas autoritárias e inflexíveis, que não sabem lidar com perdas". Aprendi, também, que nutrir sentimentos de vingança contra alguém pode desencadear problemas cardíacos que, algumas vezes, resultam na morte da pessoa.
— Puxa, Dr. César, estou impressionado! E o que foi que ele sugeriu como tratamento?
— Amór me sugeriu desenvolver sentimentos de calma, perdão e equilíbrio emocional. É claro que me ensinou vários relaxamentos, que me ajudaram a desapegar-me do passado, de coisas e de pessoas. Aprendi a colocar o meu passado no seu devido lugar: no passado.
— E ele ensinou alguma frase para o senhor repetir e, com o tempo, se curar?
— Sim, eu repito até hoje, também: *"Trago a alegria de volta para o meu coração. Agora, expresso o meu amor com todos e com tudo à minha volta".* Ah, como isso me faz bem, Álvaro — disse César, num longo suspiro.

Naquele instante, o celular de César Domenico tocou. Ao atender, seu semblante alegrou-se, pois era um antigo e bom amigo — um irmão de alma — que estava fora do país há quase dois meses. César convidou-o, e à sua adorável esposa, para jantarem em sua casa naquela mesma noite, às 20 horas.

Álvaro aproveitou a pausa para tomar água e tentar mudar de posição, porque o calor o estava incomodando.

Ao desligar o telefone, César assustou-se com o avançado da hora e disse para o jovem que continuariam depois, pois estava começando a cansar-se. Sugeriu a Álvaro que repousasse e, assim que tivesse novidades dos detetives, ligaria na hora para lhe contar.

César foi para casa, preparar-se para receber seus convidados queridos. Eles tinham muito o que conversar; afinal, muita coisa tinha acontecido desde a última vez que se viram.

Capítulo 45

Saudosa dos amigos, Clara Domenico organizou um delicioso jantar para recebê-los.

Amigos dos Domenico há mais de 20 anos, Israel e Raquel, extremamente simpáticos e carinhosos, chegaram às 7h45min. Eles eram amigos de verdade, daqueles que fazem bem para a alma, que chegam em uma casa e irradiam tranqüilidade e luz! Não é à toa que Raquel e Israel viviam rodeados de amigos, novos e antigos. Israel é muito bem-humorado e brincalhão, mas, por trás de suas brincadeiras, há muita seriedade e sabedoria. Raquel não brinca tanto, mas tem uma doçura e um interesse no bem-estar das pessoas que encantam a todos. Clara e César estavam com saudades deles.

O jantar estava delicioso e, após o cafezinho, foram todos para a área da piscina, conversar embaixo de uma preciosa Lua cheia.

— Domenico, então é verdade tudo o que você me contou? Como é que pode ter acontecido tanta coisa em um só mês? — perguntou Israel, em tom de brincadeira.

— Pois é, Israel, e quanto ao livro que contei a vocês que estou organizando, eu quero pedir que não comentem com ninguém... Só vocês sabem, porque moram no meu coração. São mais que irmãos — disse César, referindo-se à sua autobiografia, que seria lançada só depois da sua morte e sem identificação dos personagens reais.

— Claro, Domenico! Fique tranqüilo. Sabe, Clara, de tudo o que fiquei sabendo, o que mais me deixou feliz foi a notícia de que vocês se reconciliaram... Até que enfim! A melhor coisa do mundo é um casamento sólido, de cumplicidade e de amor — disse Israel, todo orgulhoso, olhando para a sua amada Raquel.

— É verdade, Clara! Eu também fiquei muito feliz com isso! E saiba que você agora está muito mais bonita e suave... É o amor. Com certeza, é a energia do amor! — disse Raquel, interrompendo o marido.

— Israel, mudando de assunto, quero aproveitar a sua experiência empresarial e, principalmente, familiar, para trocarmos algumas idéias — disse César, aproveitando o bom-senso do amigo.

— Bem, Domenico, você sabe que a minha experiência com empresa familiar foi radical: vendi os negócios e distribuí o dinheiro entre os filhos, quando percebi que nenhum deles tinha interesse em continuar o meu empreendimento. Antes que perdêssemos tempo e dinheiro, tomei uma decisão meio drástica, mas que trouxe muita tranqüilidade para mim e para a Raquel. Cada um de nossos filhos aplicou o dinheiro como achou melhor e, agora, vai tocando sua própria vida, com a sua família e os seus próprios empreendimentos. E nós, Raquel e eu, aproveitamos esse sossego para viajar e desfrutar do que a vida tem de melhor. Já pensou se eu ainda tivesse as empresas, mesmo que administradas por terceiros? Estaria com problemas de insônia, de tanta insegurança com o destino deste país. Para a minha família, foi o melhor, com certeza! — disse Israel, com muita sinceridade e um sentimento forte de alívio.

— Sabe o que é, Israel? O Júlio assumiu a presidência e estava muito entusiasmado com isso, mas, hoje, sinto que ele não está tão bem-preparado e amadurecido para presidir a Domenico. Tenho muito medo da sua insegurança e do seu orgulho de não aceitar os próprios erros — disse César, satisfeito por ter amigos com quem desabafar.

— Domenico, se você está percebendo esses problemas, meu amigo, tome uma atitude enquanto é tempo. Posso lhe fazer uma pergunta bem séria? Por acaso você liberou seu filho para ser melhor do que você? — questionou Israel, bem direto.

— Como assim, Israel? — quis saber César, intrigado.

— Ah, César, eu vou explicar — interveio Raquel, sabiamente. — Israel quis dizer que nós, pais, temos de entender que, para que o mundo siga a sua evolução natural, precisamos liberar os nossos filhos para serem bem melhores do que nós, em todos os aspectos: físico, financeiro, espiritual, familiar, profissional. E nós também não podemos nos sentir culpados de sermos melhores do que nossos pais. Entende, César?

— Domenico, a evolução é uma lei natural. Talvez o Júlio tenha medo de ser melhor do que você e de magoá-lo por isso, hein? Pense nisso, meu amigo, principalmente porque você está aí, do lado dele, superlúcido, e ele pode estar bloqueando o seu próprio crescimento para não ofuscar você, o grande César Domenico — disse Israel, com uma objetividade notável.

Agora foi Clara que entrou no assunto:

— César, querido, isso tem tudo a ver. Precisamos conscientizar o Júlio a respeito desse sentimento. Não só a ele, mas a Vivian também. Isso é bem lógico: para o mundo evoluir, cada geração tem de ser melhor que a anterior...

— É, Clara, mas temos de tomar cuidado com isso, porque, com a desculpa de conscientizar os filhos, já vi muitos pais imporem caminhos para os filhos e, pior, idealizarem aquilo que acham que é melhor para eles... Aí, é uma catástrofe, porque ninguém pode impor nem comandar a vida de ninguém. Podemos orientar qual o melhor caminho, mas quem vai caminhar, e sozinho, é o outro. Idealização, geralmente, traz como conseqüência a decepção — disse Raquel, preocupada com esse tema.

— Sabe o que é, Clara? Eu e Raquel já vimos muitos casais amigos que, depois de anos investindo na carreira e no futuro dos filhos, descobrem que deram a eles tudo o que eles não queriam receber. Planejaram um futuro para os filhos que não era o futuro que os faria felizes. Assim como já ouvimos muitos pais dizerem que fariam o possível para dar aos filhos tudo aquilo que não tiveram na vida... Eles parecem querer realizar-se nos filhos, o que é um grande erro! — completou Israel.

— Mas, eu não entendo, gente... Então, como é liberar nossos filhos para serem melhores do que nós? — questionou Clara, bastante confusa.

— Liberar é programar seus filhos, desde pequenos, dizendo que eles têm todas as chances de serem vencedores, de serem mais felizes do que fomos e que é isso que desejamos para eles. Vejo pais empresários traçando o futuro dos filhos assim: "Você vai assumir a empresa e vai fazer dela um grande império!". Clara, isso é imposição! Os filhos podem ser melhores do que nós, mas em qualquer lugar, não podemos impor o que eles têm de fazer — explicou Raquel.

— Sabe, Domenico, outro dia eu estava pensando nisso. Existem três tipos de herdeiros: aqueles filhos de pais autoritários, que desenvolvem um temperamento frágil e não têm opinião própria; aqueles que, por interesse, aproveitam-se do autoritarismo do pai, como única alternativa de sobrevivência; e, ainda, aqueles que buscam seguir a sua verdadeira vocação e que, algumas vezes, coincide com a área empresarial que vai herdar e, outras vezes, não tem nada a ver... E é aí que eu vejo a necessidade da família empresarial avaliar se a oportunidade dada ao herdeiro vai ser correspondida com eficiência em algum cargo na empresa ou se será apenas nepotismo, prejudicando as finanças da empresa — explicou Israel.

— Olhe, Israel, eu tenho pensado muito em profissionalizar a administração da Domenico — disse César.

— Acredito muito que a profissionalização pode até melhorar o seu relacionamento familiar, porque o medo de ser criticado por você deve até estar afastando o Júlio de vocês, não é verdade? — considerou Israel.

— Você tem razão, Israel! O Júlio está muito sumido, e eu já percebi que é para não ter de conversar sobre os negócios com o pai — disse Clara, pensativa.

— César, porque você não coloca uma mulher na presidência da Domenico? Afinal, uma indústria de perfumes e cosméticos combina muito mais com uma administração feminina, não é? — disse Raquel, grande defensora dos talentos femininos.

— Sim, Raquel, podemos pensar a respeito. Aliás, antes de me desligar da presidência da Indústria, recebi a visita de uma executiva de uma indústria concorrente, dizendo que, ao saber da minha intenção de me afastar da presidência, resolveu me procurar e entregar o seu currículo pessoalmente, pois era grande o seu desejo de trabalhar na Domenico, ocupando o cargo executivo, como tão bem tem feito na outra indústria de cosméticos. Perguntei a ela o porquê de querer trocar de empresa e ela foi sincera, dizendo que não concorda com a política de liderança dos seus diretores, uma política de força, de coerção, bem diferente da nossa, que é baseada na autoridade moral e não no autoritarismo — disse César Domenico, gostando da idéia de Raquel.

— César, sabe de uma coisa? Eu acho uma burrice e muito machismo das empresas não quererem valorizar a grande oportunidade que as mulheres representam, afinal, elas entendem muito mais de relacionamentos humanos do que os homens, têm a inteligência emocional muito mais aflorada e, com isso, são líderes natas — disse Raquel, empolgada com esse assunto.

— Você está certa, minha amiga! Considerando que a maioria dos compradores e usuários é formada por mulheres, então, nada melhor do que os produtos e serviços serem desenvolvidos por mulheres... Ah, coitados dos homens, hein, Israel? — concluiu César com uma grande risada.

— César, vocês estão certos! — interrompeu Clara, defendendo as mulheres também. Até para divulgar a Luna, uma mulher na presidência combinaria muito mais... Mas, e o Júlio? O que ele vai pensar disso?

— Ah, Clara, isso nós vamos resolver nesta semana! Vou chamar o Júlio para conversarmos e vou fazer essa proposta a ele. Eu vou propor-lhe que escolha uma área da empresa para liderar e, do fundo do meu coração, estou achando que ele vai se sentir aliviado — respondeu César para a esposa.

— Domenico, esse negócio de empresa familiar é muito controverso, não é? Os defensores dizem que é muito melhor, porque os problemas se resolvem mais rápido e que a união dos membros da família em torno do ideal de eternizar um negócio fundado por seus pais ou avós pode se tornar um valioso instrumento para a empresa ser mais competitiva e forte — disse Israel.

— Isso é verdade. — completou César Domenico. — A Europa nos mostra exemplos de empresas que continuam bem-sucedidas sob o comando de herdeiros do fundador há vários séculos.

— Pois é, Domenico, mas, por outro lado, os que não aprovam as empresas familiares dizem que os problemas de família que se transferem para a empresa são muito mais complicados... Sabe o que eu penso, gente? Que tudo isso vai muito da criação dos filhos, da forma como eles entraram em contato com os negócios da família. Eles têm de começar desde pequenos, para tomar gosto. Não podemos exigir que pensem como nós, que sejam como nós. E mais: ninguém é de ninguém... Nossos filhos são do mundo, não são nossos. Esse nosso apego acaba por nos frustrar em algum momento das nossas vidas — disse Israel.

— É, você tem razão, Israel — disse Clara, participando também dessa reflexão tão real para eles. — Eu penso que, infelizmente, a crença do "pai rico, filho nobre, neto pobre" pesa muito nas empresas familiares. A dificuldade nas decisões sobre a sucessão leva os pais, muitas vezes, a não decidir coisa alguma, deixando que seus herdeiros enfrentem a situação sozinhos. E o pior é que isso, muitas vezes, tem levado a conflitos que chegam a causar a perda da empresa.

— É isso mesmo, Clara. Cada caso é um caso em particular, mas podemos sempre aprender com a experiência dos outros, não é? — considerou Israel, sempre bem-humorado.

— Ah, eu tenho uma matéria de jornal que guardei e quero mostrar a vocês, muito interessante, sobre empresas familiares... Um momento, que vou buscá-la no meu escritório — disse César, levantando-se da sua cadeira.

— Clara, César está muito preocupado... Ele tem de tomar cuidado com o coração, hein? — disse Raquel, também preocupada com o amigo.

— Fique tranqüila, amiga. Agora o César está bem mais controlado. O pior foi durante o seqüestro da Vivian e toda a loucura do Alexandre. Mas, agora, com a expectativa de encontrar o irmão dele, Juliano, César está bem mais equilibrado. Além do mais, o fato de estar convivendo com o Álvaro, o jovem jornalista que pode até ser seu sobrinho, está fazendo muito bem a ele... César está adorando contar a um jornalista a sua própria história. Hoje, ele me contou que passou horas e horas relatando as suas experiências com o sábio Amór, lá na Escócia — disse Clara, tranqüilizando Raquel.

— Ah, Amór... Que saudades de Amór! — disse Israel, que também já passou um mês na Escócia, com sua esposa, aprendendo com o sábio, por recomendação de Domenico.

— Pronto, Israel! Achei a matéria... Vou ler para vocês, porque fiquei impressionado com esses dados e já que estamos falando nisso...

KONGO GUMI, A EMPRESA COM 1.427 ANOS
* Heitor Átila Fernandes

O fortalecimento da família é solução para a maioria dos problemas sociais. Coincidentemente, é também uma das razões da longevidade das empresas, conforme atesta o professor William T. O'Hara, da Bryant University. Ele listou as cem empresas familiares mais antigas do mundo. Entre elas, a construtora japonesa Kongo Gumi, que tem exatos 1.427 anos. Presidida hoje por Toshitaka Kongo, da 40ª geração da família Kongo, a empresa surgiu construindo templos e escolas em Osaka.

A fantástica lista (www.familybusinessmagazine.com/oldworld.htmal) inclui empresas do mundo inteiro. A mais "nova" com 225 anos. Ao esforço de explicar essa perpetuação junta-se Arie de Geus, demonstrando outras características em comum encontradas em empresas como a sueca Stora (878 anos), a italiana Beretta (477 anos), as alemãs Faber Castell (243 anos) e Siemens (150 anos); as americanas DuPont (200 anos) e Levi's (150 anos), além da brasileira Mongeral Previdência e Seguros (170 anos).

Nessas empresas, a ascensão não é necessariamente via sangüínea. Há espaço para as pessoas aprenderem e crescerem. São empresas conservadoras nas finanças, coesas em torno de suas missões e valores. São abertas ao mundo externo, sintonizadas com as mudanças. Vêem a tecnologia como negócio. Por isso, crescem e evoluem com ela no passar dos séculos. Há nessas empresas imensas possibilidades de *benchmarking* que podem atenuar a triste mortalidade empresarial. No Brasil e fora.

Heitor Átila Fernandes é consultor em Gestão Estratégica. Pós-graduado pela FGV é professor da FCETM. É membro do RC Portal do Cerrado.   atil@terra.com.br

— O que é *benchmarking*, César? — perguntou Raquel, muito interessada.

— Boa pergunta, Raquel... — disse Clara, também confusa com o termo.

— Ah, gente, quando eu li esse artigo, eu também fiquei pensando que sabia o que é *benchmarking*, mas não sabia como explicar. Então, procurei o significado na Internet e anotei aqui. É o seguinte: *Benchmarking* é uma ferramenta de melhoria, em que uma empresa se organiza para aprender com as outras. *Benchmarking* é um processo contínuo de comparação dos produtos, serviços e práticas empresariais entre os mais fortes concorrentes ou empresas reconhecidas como líderes. É um processo de pesquisa que permite realizar comparações de processos e práticas *"companhia-a-companhia"* para identificar o melhor do melhor e alcançar um nível de superioridade ou vantagem competitiva — explicou César, lendo o que havia encontrado sobre o termo.

— Agora entendi... César, nunca pensei que existissem empresas familiares tão velhas e sólidas assim. Muito boas essas informações — disse Raquel.

— É verdade, Domenico... Eu sempre aprendo com você! Não tem uma vez que eu venha aqui e não saia com mais conhecimento. Até nisso você é um bom amigo! — disse Israel, sorridente.

— Israel, sabe de quem me lembrei agora? Do conterrâneo de minha família, o italiano Francesco Matarazzo! Você tinha me contado que comprou o livro sobre a vida dele... Você já leu? — perguntou César, com interesse de aprender mais e mais.

— Claro, li sim e a Raquel também. Afinal, um mês passeando de navio dá muito tempo para a gente ler, não é? — disse Israel, referindo-se ao último passeio que fizeram.

— Então me conte o que mais aprendeu com a vida dele, Israel — pediu César, cheio de curiosidade.

— Ah, Domenico, o livro conta que ele foi o maior empreendedor do Brasil em todos os tempos, e um dos nomes de destaque do capitalismo mundial. Só para você ter idéia da grandeza desse homem, Matarazzo ergueu 200 fábricas, além de hidrelétricas, ferrovias, banco, empresa de navegação, milhares de terrenos urbanos e prédios, fazendas, além de filiais na Argentina, na Europa e nos Estados Unidos.

— Meu avô, Augusto, italianíssimo, tinha Matarazzo como ídolo. Era um modelo para ele. Adorava acompanhar o seu sucesso pelos jornais — lembrou Domenico.

— Fiquei impressionada com o livro, César. Você sabia que, em 1920, ele já era considerado o italiano mais rico do mundo, chegando a ser a quinta maior fortuna mundial? — perguntou Raquel ao amigo.

— É mesmo, Raquel? E quando ele morreu? — perguntou Clara, tentando se situar no tempo em que ele viveu e prosperou.

— Ele morreu em 1937, aos 82 anos de idade. O interessante é que Matarazzo foi um homem que conseguiu conquistar um lugar na história ainda em vida. No auge da sua vida empresarial, chegou a empregar 30 mil pessoas. Ah, Clara, e ele teve 13 filhos... Já pensou? — disse Raquel, empolgada.

— Ih, já pensei, sim, na sucessão! — disse César Domenico, invocado com esse tema.

— Em 1920, Matarazzo amargou a perda do filho que era seu braço direito e o escolhido como seu sucessor, em um acidente de automóvel. Com ele, seu primeiro filho, Matarazzo sabia que teria uma sucessão tranqüila, sem problemas familiares. Mas as suas expectativas foram frustradas com a morte do rapaz — contou Israel.

— E como foi que o império Matarazzo começou a decair? — perguntou César, muito intrigado.

— Olhe, Domenico, o livro não menciona muito isso. O que fica claro é que, após a sua morte, um de seus filhos assumiu os negócios do pai, tentando seguir o seu modelo de gestão; porém, os tempos eram outros e pediam inovação para lidar em um cenário ocupado por novos grupos empresariais fortes, tanto nacionais quanto estrangeiros — explicou Israel.

— O que se sabe, César, é que com o passar dos anos, na década de 80, muitas empresas do grupo entraram em concordata, embora algumas outras ainda existam e o nome Matarazzo seja sempre lembrado como símbolo de riqueza, tradição e sucesso — disse Raquel, olhando as horas no seu relógio de ouro, autêntico suíço, e preparando-se para se despedir dos amigos.

— Vamos, Raquel... Você viu como o tempo passou? Se ficarmos conversando e não olharmos as horas, vamos amanhecer aqui perto da piscina, com vocês...

— César, Clara, meus amigos queridos, o próximo jantar será em nossa casa, na semana que vem. Esperamos por vocês! — falou Raquel, tirando da bolsa uma delicada lembrança que trouxe da Europa para enfeitar a casa dos Domenico.

— Ora, Raquel, que peça linda! Gosto muito de objetos de cristal! Obrigada pelo carinho! Obrigada, mesmo! — disse Clara, abraçando com alegria a amorosa amiga.

Clara e César Domenico tinham Israel e Raquel como seus melhores amigos. Um casal alegre, sincero e um exemplo de união familiar e de generosidade. Agora que Clara e Domenico haviam se reconciliado, com certeza teriam muitos outros momentos alegres com seus amigos judeus, desde passeios pela bela São Paulo, como por todo o mundo...

Capítulo 46

Antes de se deitar, César passou pelo quarto da filha e viu-a dormindo, mas resolveu conversar com ela, assim mesmo, dormindo. Há muito tempo, lera em uma revista o quanto podemos fazer a diferença na vida das pessoas que amamos quando nos dispomos a conversar com elas enquanto dormem. Ao ver a filha ali, em um sono tranqüilo, ajoelhou-se perto dela, rezou um pai-nosso e começou a falar com ela, bem baixinho:

— Vivian, minha filha que tanto amo! Às vezes é difícil para mim externar meus sentimentos a você e a todos daqui. Mas quero que você tenha a absoluta certeza de que eu a amo profundamente e, em vez de me culpar pela minha falta de atenção a você, no passado, vou deixar o passado quietinho e fazer um presente e um futuro melhores para todos nós. Estou feliz com a sua recuperação, visível a todos nós, e quero que você continue firme em seu tratamento. Sua mãe, minha querida, já me contou o seu segredo, que não me chocou como você pensou que chocaria. Vivian, a vida é sua e o que importa é que você seja e esteja feliz! Desde que você não prejudique ninguém, nem a si mesma, minha querida, eu aceito e respeito suas escolhas. Seja feliz, minha filha! Que Deus a abençoe! — encerrou César, com um beijo suave na testa da filha.

Vivian não acordou, mas deu vários suspiros durante aquele momento mágico. E, no dia seguinte, acordou muito alegre, com a impressão de que tivera um sonho muito bom. Não foi sonho... foi a mais pura realidade!

Capítulo 47

Durante o café da manhã, Clara, aproveitando o bom humor da filha, contou-lhe que seu pai já sabia do seu segredo e que o encarara com tranqüilidade! E contou também que, naquela madrugada, ele estivera em seu quarto conversando com ela enquanto dormia...

— Puxa, mamãe, eu não vi nada, mas acordei com a sensação de um sonho muito bom! — disse a filha, cheia de disposição.

— Aonde você vai assim, toda arrumada, logo cedo? — perguntou a mãe, curiosa.

— Vou para uma entrevista de emprego. Apareceu uma oportunidade para eu trabalhar em uma *boutique* fina da Rua Oscar Freire... Você sabe, como eu não quis estudar mais, acho que não vou encontrar oportunidade melhor do que essa... Pelo menos, não por enquanto...

— Que bom, minha filha! Você vai adorar! Uma vez, ouvi na TV um profissional especializado em treinar pessoas para o sucesso dizendo que nós, pais, deveríamos obrigar nossos filhos a aprenderem a trabalhar com vendas, desde pequenos, porque, queira ou não, estamos sempre vendendo alguma coisa, e a principal delas é a nossa imagem. A vida é uma eterna negociação, em todos os momentos. Um dentista, por exemplo, precisa saber de vendas tanto quanto um vendedor comum, porque ele precisa saber conquistar a confiança do seu cliente, fazendo com que este confie nas suas habilidades, precisa saber cobrar pelos serviços que presta e, também, precisa saber fazer o seu *marketing* — explicou a mãe, muito entusiasmada com o ânimo da filha.

— Então, mamãe, torça para dar tudo certo! Agora, eu quero acertar! Eu quero vencer! E se eu me firmar nesse emprego, aí vou tentar entrar em uma faculdade. Estou pensando em *Marketing*, o que você acha?

— Eu acho ótimo! Mas não sou eu quem tem de achar... Você gosta de *Marketing*?

— Tenho me interessado bastante, mamãe. Tenho lido muito a respeito na Internet e, no futuro, sendo uma especialista no assunto, poderei trabalhar na Domenico, não é? — disse Vivian, dando uma piscadela para a mãe e apressando-se para sair, porque em São Paulo, para ser pontual, todos os compromissos precisam ser bem planejados, pensando na lentidão do trânsito e na correria.

Capítulo 48

Quando César Domenico estava entrando em seu carro para ir ao hospital onde Álvaro se mantinha internado, em recuperação, foi surpreendido por uma ligação em seu celular. Era o detetive que estava cuidando das investigações a respeito da paternidade de Álvaro e seu possível parentesco com os Domênico.

— Dr. César, novidades! O sangue da mãe do rapaz já está no laboratório. Colhemos também o do seu irmão Alexandre, no Hospital Penitenciário, e ele foi muito solícito conosco.

— Ah, que milagre... Você contou para ele a finalidade da coleta de sangue, como eu lhe pedi que fizesse?

— Sim, Dr. César, falei que há uma possibilidade de que o irmão de vocês, Juliano, esteja vivo e estamos pesquisando a respeito disso. Dr. César, ele começou a chorar... Disse que está muito arrependido de tudo o que fez. Ele pediu para dizer ao senhor que ele pede mil desculpas e que gostaria muito que o senhor fosse lá, visitá-lo. Ah, ele me disse também, entre lágrimas, que conversa sempre com a mãe de vocês que já morreu... Ele conversa com os mortos, Dr. César?

— Não sei... Se ele está dizendo, deve ser verdade para ele! Quando toda essa investigação acabar, vou fazer-lhe uma visita. Estou farto de animosidades! — respondeu o empresário, decidido, mas lembrando-se de que Alexandre pode arrepender-se em um dia e, no outro, mostrar-se ainda mais furioso. Tudo o que ele dizia tinha de ser bem filtrado.

— Dr. César, as novidades não param por aí! Encontramos pistas do seu irmão Felipe na Austrália. Hoje, vou conseguir o telefone dele e quero saber se o senhor nos autoriza a mandar uma passagem aérea para ele vir ao Brasil, fazer o exame aqui mesmo... O que o senhor acha? — perguntou o detetive, muito compenetrado em suas atividades.

— Claro, faça isso. Só assim teremos oportunidade de nos encontrar outra vez. E faço questão de que ele fique em minha casa. Mas prefiro mesmo que você conte tudo a ele, porque acho que vou me emocionar ao falar com ele por telefone, depois de tantos anos... Tenho saudades do Felipe, meu irmão... — disse César, com um frio no estômago só de pensar na emoção de rever o irmão.

— Dr. César, o que está mais difícil é encontrar Adriana. O senhor não tem nenhuma pista para nós? — perguntou o detetive.

— Olhe, vou ver com a minha mulher se ela conhece alguma velha amiga da Adriana. Qualquer novidade, eu lhe digo. Eu ligo para você! Ah, me diga, como está a mãe do Álvaro? — perguntou Domenico, em busca de novidades para levar ao rapaz.

— Cada vez pior... e em um hospital público tão decadente que dá pena... Que país mais injusto esse Brasil. Pagamos tantos impostos e a saúde permanece em frangalhos... Fiquei muito penalizado ao ver a mãe dele lá, jogada em uma cama de hospital, sem o menor recurso para se recuperar... — disse o detetive, com um tom de indignação.

César Domenico, profundamente tocado só de visualizar o que o detetive lhe relatara, decidiu rapidamente: — Vamos fazer o seguinte... Tenho uma missão um pouco diferente para a sua equipe, mas vou remunerá-los muito bem. Quero que você mande um de seus homens para Maceió, para conversar com a avó de Álvaro e pedir-lhe permissão para remover a mãe do rapaz para um hospital particular, o que tiver lá especializado em Aids, a doença dela. A partir de agora, vou assumir todas as despesas de internação e o tratamento dela. O Álvaro tem sido um bom amigo e o mínimo que posso fazer por ele, agora, é cuidar da mãe dele e, quem sabe, conseguir que com um tratamento mais humano ela se recupere...

César sentia-se muito bem em ter poder financeiro para fazer esse ato de caridade.

— O.k., Dr. César, vamos fazer isso ainda hoje. Mais tarde eu ligo para lhe contar como está a investigação e sobre a mãe de Álvaro.

Capítulo 49

Vivian chegou à loja da Rua Oscar Freire — a mais sofisticada desse elegante endereço — para a entrevista de emprego. Apesar da sua opção sexual, Vivian era muito feminina e vaidosa e, sendo assim, apresentou-se bem vestida, penteada e maquiada. Era outra pessoa, confiante e bem-humorada. Os medicamentos e o tratamento com o Dr. Benetti e no Centro de Recuperação estavam realmente surtindo efeitos muito positivos. Foi recebida pelos proprietários da loja, um casal de mais de 60 anos de idade cada um, muito simpático e elegante. A mulher, finamente trajada, recebeu-a com gentileza em uma sala de reuniões e, logo, entrou o marido, para conversarem todos juntos. Vivian achou que já conhecia aquela senhora, mas não conseguia identificar... Conhecia aquela voz, aquele jeito de falar... De onde seria?

— Você é uma mulher jovem, com o perfil ideal para a nossa loja, Vivian. Além disso, você foi indicada pela mãe de uma grande amiga sua, a Mirella — disse a dona da loja.

Vivian surpreendeu-se, pois Mirella era justamente a sua amiga-companheira. Ficou feliz em saber que era querida pela mãe dela...

— Vivian, precisamos do seu nome completo, endereço, dados pessoais... E preciso, também, que você responda a este questionário... São formalidades necessárias aos candidatos a trabalhar conosco — disse o proprietário, gentilmente.

— Sim. Meu nome é Vivian Domenico e...

— Como? Vivian Domenico? — interrompeu a dona da loja, em tom assustado.

— Sim, por quê? Algum problema? — perguntou a moça, gaguejando.

— Por acaso você é filha de César Domenico? — questionou a elegante senhora, com grande interesse.

— Sou sim! Filha de César e Clara. A senhora conhece meus pais?

— Muito, minha querida! Muito! Que mundo pequeno, Vivian... Eu sou Adriana, sua tia, irmã de seu pai. Você não me reconheceu? Ah, eu também não a reconheci... Tivemos tão pouco contato, não é mesmo? Não estou acreditando... — disse Adriana, tentando conter a emoção.

— Tia Adriana, eu também não estou acreditando... Assim que a vi, agora mesmo, achei que a conhecia de algum lugar... Mas a senhora está muito diferente, bem mais bonita...
— É o amor, minha querida! Este é o Tarcísio, meu marido. Nós nos conhecemos na Europa, cinco anos atrás, nos casamos e viemos para São Paulo montar uma filial da loja dele em Paris. E seu pai, minha querida, como ele está? — perguntou Adriana, completamente mudada em sua forma de ser, mais polida e equilibrada.
— Ah, tia, agora meu pai está bem... Passamos por maus momentos dias atrás, mas agora tudo bem... O que mais me espanta, tia Adriana, é que meu pai está procurando por você. Aliás, ele contratou detetives que estão procurando por você e pelo tio Felipe.
— É mesmo? E o que seu pai quer comigo e com o Felipe? Pensei que ele jamais me perdoaria pelo que fui no passado, pelo meu desprezo pelo nosso nome e pelos nossos negócios... Ah, Vivian, eu me arrependo muito de não ter aproveitado as oportunidades que tive na vida, quando era bem mais jovem e cheia de energia. Só encontrei um verdadeiro sentido para a minha vida quando conheci Tarcísio e iniciei com ele uma aprendizagem preciosa sobre relacionamentos humanos. Estou em processo de crescimento ainda, mas já melhorei muito! — disse Adriana, apertando com carinho as mãos do esposo Tarcísio.
— Então você é nossa sobrinha, Vivian? E, mesmo sabendo disso, aceita responder este questionário e concorrer a uma vaga em nossa loja? — disse o empresário de forma carinhosa e direta. — Gostei de você!
— Claro que aceito! O que mais quero é trabalhar... Sabe, tia Adriana, eu também me arrependo de muitos erros da minha vida e vou ser sincera com vocês dois: estou fazendo um sério tratamento para me livrar definitivamente das drogas. Dessa vez, estou decidida a realmente "acordar para a vida" e aproveitar todas as oportunidades que estão surgindo. Por favor, "tio" Tarcísio, me dê esta oportunidade. Ah, tia Adriana, sabe o que meu pai quer com você? Aproximação, e, principalmente agora porque há uma forte evidência de que o tio Juliano não tenha morrido... — disse Vivian, feliz por dar uma boa notícia.
— Como é que é? Juliano vivo? Você vai me explicar isso direitinho... — disse Adriana, curiosíssima.

Vivian contou tudo para Adriana, sobre Álvaro, sobre a marca de nascença do jovem igual à de Juliano e contou também as últimas peripécias de Alexandre.

Adriana estava realmente transformada para melhor. Finalmente amadurecera, e estava muito feliz com um companheiro que lhe dava todo o afeto de que necessitara a vida toda, principalmente do pai...

Quanto à sua forma desastrada de se relacionar com as pessoas, no passado, ela contou a Vivian que, a conselho do marido, fez diversos Treinamentos de Relacionamentos Interpessoais, na Europa, enquanto morava lá e, finalmente, entendeu que uma pessoa só consegue alcançar sucesso e realizações, tanto pessoais como profissionais, se souber se relacionar bem. Adriana estava tão empolgada com os resultados positivos de sua mudança de comportamento, que fez questão de explicar todos os detalhes para a sobrinha: — Vivian, já vou lhe ensinar... Mesmo que você não venha a trabalhar conosco, isso serve para a sua vida: interesse-se mais pelos outros, falando menos de si mesma e ouvindo mais os outros falarem deles; sorria muito, muito mesmo, demonstrando simpatia; evite queixas, críticas e condenações (só afastam as pessoas de nós); elogie muito mais, com sinceridade, é claro; fale e repita sempre o nome da outra pessoa, em uma conversação (ou o seu apelido, se ela preferir); e, finalmente trate as pessoas como você gosta e quer ser tratada.

Adriana estava empolgadíssima com a sua própria mudança e querendo influenciar positivamente todo mundo à sua volta.

— Tia, posso responder o questionário agora? Estou muito ansiosa e precisando mesmo trabalhar... — disse Vivian, tirando uma caneta da bolsa.

— Claro, mas antes você vai ligar para o seu pai, contar a novidade para ele e deixar-me falar com ele — disse Adriana, sem os ressentimentos do passado.

— Tia, só uma pergunta: por que você não procurou a gente, já que estava morando tão perto de nós?

— Vergonha, minha querida, pura vergonha do que fui no passado, dos papelões que fiz a família Domenico passar. Achei que seu pai jamais me perdoaria... Será que ele vai me perdoar? — perguntou Adriana, insegura.

— Tia Adriana, eu não tenho a menor dúvida que sim. Meu pai mudou muito. Hoje ele é um homem extremamente generoso. É graças ao apoio dele e da minha mãe que estou conseguindo sair do poço em que me atirei, com as loucuras que fiz na minha juventude — disse Vivian, identificando-se com a vergonha da tia.

Vivian ligou para César Domenico, que ainda estava no trânsito, a caminho do hospital, e ele quase teve um colapso quando a filha lhe contou de Adriana.

— Meu Deus, obrigado! É por isso que eu acredito que "o Universo sempre apóia quem sabe o quer!" — disse César, agradecendo também à filha pela notícia tão importante.

— Pai, minha tia Adriana quer falar com você! Vou passar o telefone para ela. Beijos! — disse Vivian, sem esperar a resposta do pai.

— César, meu irmão, sou eu... A ex-complicada Adriana... Tudo bem com você?

— Adriana, eu não estou acreditando até agora! É uma surpresa maravilhosa! Deus está do nosso lado, minha irmã! Estávamos mesmo procurando por você — disse Domenico, outra vez emocionado.

— César, onde você está agora? Quero vê-lo logo, estou com saudades de você! Sabe, meu irmão, depois que me casei com um companheiro maravilhoso, o Tarcísio, estou melhorando como ser humano, um dia após o outro. Pode acreditar... Posso ir encontrar-me com você agora? — perguntou Adriana, ansiosa.

— Claro que pode. Estou indo para o hospital visitar o Álvaro... Você já sabe quem é o Álvaro? A Vivian lhe contou toda a história? — perguntou Domenico.

— Sim, já estou sabendo de tudo e quero fazer também o exame de DNA, para colaborar nas buscas do Juliano... Acho isso inacreditável... Bem, depois do que aconteceu hoje, César, tudo é possível... — disse Adriana, anotando em sua agenda o endereço do hospital onde iria encontrar-se com o irmão.

— Espero você lá, Adriana. Um abraço e até já! Ah, diga para a Vivian que lhe desejo boa sorte! Se você puder, Adriana, faça ao menos uma experiência com ela. Ela está em um processo de reconstrução íntima e o apoio externo, nesse momento, é imprescindível!... Já estou chegando no hospital... Nos vemos logo mais. Até já! — disse Domenico, descendo do carro.

Capítulo 50

César Domenico entrou no apartamento do hospital onde Álvaro permanecia internado com um ar de tanta alegria e otimismo, que o rapaz logo percebeu que ele trazia novidades.

— Bom dia, Dr. César. Que semblante mais alegre! Temos novidades? — perguntou Álvaro, cheio de curiosidade.

— Bom dia, meu rapaz! Muitas novidades... Estou louco para contá-las para você!

— Dr. César, ficar deitado assim já é terrível, mas a minha curiosidade está incomodando mais ainda...

— Vamos por partes, então: hoje o detetive me ligou dizendo que localizou Felipe na Austrália e vai enviar-lhe uma passagem para que venha ao Brasil, nos encontrar. Ele ainda não sabe de nada, vai saber hoje, quando for encontrado. Quanto à sua mãe, Álvaro, já fez o exame de sangue para o DNA e não está nada bem. Enviei um homem até Maceió para convencer a sua avó a autorizar a remoção dela para um hospital especializado, particular, que eu vou pagar para ela — disse César, ansioso para contar tudo de uma vez.

— Ah, Dr. César, como vou retribuir tanta generosidade? Obrigado por tudo de bom que o senhor tem sido para mim e para a minha família. Obrigado, mesmo! — disse Álvaro, segurando com força a mão de seu protetor.

— Que é isso, Álvaro. Eu sei que você faria o mesmo por mim, se estivéssemos em situações opostas... E tem mais novidades: prepare-se! A Adriana acabou de ser localizada pela Vivian por "acaso". Uma "coincidência" que foi um verdadeiro milagre de Deus. E ela está vindo agora para cá, para conversarmos. Vou aproveitar a visita dela e pedirei que faça o exame de sangue. Estou ansioso, muito ansioso — disse César Domenico, contando todos os detalhes do encontro de Vivian com Adriana Domenico.

— Sabe o que eu penso, Dr. César? Que os bons anjos, vendo que a família Domenico pode se reconciliar e voltar a viver em harmonia, estão dando uma mãozinha para que vocês se aproximem logo... Só pode ser isso. É o Universo conspirando a favor — disse Álvaro, pensando na possibilidade de também ser mais um membro dessa família que já admirava, mesmo antes de conviver com ela.

— É verdade, Álvaro. Diga-me: o gravador está aí na gaveta? Vamos gravar mais um pouco sobre o amigo Amór, antes da minha irmã chegar? Acho que dá tempo, porque o trânsito, com essa chuva que cai, está muito lento. Aliás, como sempre! — disse Domenico, pegando o gravador e entregando-o ao jornalista.

— Vamos lá, Dr. César. Vou voltar a gravação um pouquinho para lembrarmos em que ponto paramos — disse Álvaro.

Ouviram alguns trechos da última gravação, em que César Domenico conta o que aprendeu com o sábio Amór sobre autoconhecimento, culpas, mágoas, medos, perdão e autoperdão.

— Dr. César, como foram as reflexões de Amór sobre a sua vida profissional?

— Pois muito bem. Vamos falar de trabalho! Aprendi vários mecanismos da vida que levam ao sucesso e, também, aprendi sobre os atropelos, que levam ao fracasso. O conceito de "trabalho", principalmente na cultura brasileira, é muito negativo. Por vários séculos, no Brasil, só trabalhava quem era escravo, e nossas crenças têm raízes culturais. É muito grande o preconceito nosso com o trabalho, muitas vezes de forma inconsciente. Você já viu como as pessoas falam de trabalho? "Estou morto de tanto trabalhar", "Ralei demais nesta semana" (como se estivesse machucado de tanto trabalhar), "Vou à luta..." Trabalho até hoje tem uma conotação de castigo, de obrigação, e essa postura gera uma resistência na pessoa em relação ao seu trabalho, afinal, quem é que quer sofrer? E essa crença negativa é um terrível entrave para a prosperidade. Então, se uma pessoa quer ser bem-sucedida profissionalmente, precisa ter consciência de suas crenças internas em relação a valores, tais como trabalho, dinheiro, felicidade, ambição... — disse César, revivendo os ensinamentos do sábio amigo.

— E sobre dinheiro, o que ele ensinou? — perguntou Álvaro, adorando o que ouvia.

— Ih, tanta coisa... Vou tentar me lembrar. Bem, primeiro ele mostrou as nossas crenças negativas a respeito de dinheiro: "Quem é rico não vai para o céu!" (riqueza aliada a culpa), "Dinheiro é sujo!" (riqueza aliada a sujeira), "Herança só traz discórdia!" (riqueza aliada a brigas familiares), "Rico é egoísta!" (riqueza aliada a falta de solidariedade), "Fulano é podre de rico!" (riqueza aliada a podridão), "Prefiro ser um pobre honesto do que um rico desonesto!" (Riqueza aliada a desonestidade). E por aí vai... Imagine uma criança que cresce ouvindo isso de seus pais ou irmãos mais velhos... Você acha que essa pessoa, lá no seu íntimo, vai querer ser rica? Nunca! Pode até dizer que sim, mas dentro dela existem bloqueios que ela mesma cria e que impedem seu crescimento material. Isso se chama "auto-sabotagem"!

— Que mais ele disse, Dr. César?
— Amór ensinou também a importância da gratidão. Ele dizia: "Quanto mais você agradece, mais motivos terá para agradecer!". A gratidão funciona como um ímã para novas oportunidades na vida, para a prosperidade.
— É, Dr. César, parece que Amór era especialista em ensinar sobre a prosperidade, não é? — perguntou Álvaro, cada vez mais interessado no assunto.
— É verdade. Ele sempre dizia que temos de perdoar nossos pais ou pessoas ligadas à nossa criação se quisermos ter prosperidade material, porque a pessoa que guarda ressentimentos nesse aspecto, vai se sabotar também, para ser sempre uma vítima perante a família. Ela vai viver infeliz, na expectativa de que um dia seus pais se perguntem: "Onde é que erramos com o nosso filho?". Álvaro, fazemos tudo isso inconscientemente, você compreende? Acho que já falei sobre isso no outro dia, não é?
— Sim, Dr. César, mas esse assunto merece mais explicações. Tem filho, principalmente em família numerosa, que se sente menos amado que um ou outro irmão e vive cobrando isso dos pais... É a casos assim que o senhor se refere? — perguntou Álvaro, muito interessado.
— Isso! É isso mesmo. Temos de perdoar as falhas dos nossos pais, porque eles fizeram aquilo que conseguiam fazer na época em que nos criaram. Ninguém consegue oferecer mais do que possui... Eles fizeram o melhor que podiam e, além do mais, estamos aqui... Sobrevivemos, e isso é o que importa! E a melhor maneira de perdoarmos nossos pais e deslancharmos na vida é deixando de julgá-los e nos colocando no lugar deles. Será que nós, com a criação e as dificuldades que eles tiveram na vida, seríamos melhores pais, considerando o contexto em que eles nos criaram?
— Ah, Dr. César, colocando-me no lugar da minha mãe, com toda a bagagem negativa de vida que ela tem, eu acho que não seria melhor do que ela não! — respondeu o jornalista, pensativo.
— Aprendi com Amór, também, a combater o medo da pobreza, sendo mais generoso e caridoso, doando não só para os necessitados, mas também para quem não aparenta precisar tanto. E doar não é só oferecer coisas, não, é doar de si, também. Doar o seu tempo, o seu sorriso e o seu interesse pelas pessoas. Fiquei um líder muito melhor depois que conheci Amór, muito mais amigo dos meus funcionários... E amigo sincero! Quanto mais eu doava de mim, mais abundância material eu ia obtendo em minha vida. As pessoas vivem em busca de fartura material, de dinheiro, mas ele é conseqüência quando elas se dedicam a ser melhores para os outros, a contribuir com o progresso deste mundo.

— Sabe o que eu acho, Dr. César? Que, ao sermos generosos com os outros, aumentamos a nossa auto-estima e autoconfiança.
— Isso mesmo, Álvaro. Veja isto... Está até plastificado e eu deixo sempre em minha pasta, para ler nos momentos difíceis... Foi Amór quem escreveu para mim e me deu de presente no meu último dia na Escócia... — disse Domenico, tirando da pasta o texto e foi ele mesmo quem leu para o jornalista, deitado numa incômoda posição:

VOCÊ TEM A FORÇA

Você tem a força, você tem a luz, você tem o poder. Tudo isso já mora dentro de você — poder de mudar para melhor, poder do entusiasmo, poder do otimismo, poder da alegria!

A felicidade mora dentro de você! Pare de incomodar o seu poder de ser feliz, de ter sucesso, de ser melhor hoje do que ontem e amanhã melhor do que hoje.

Arranque essa culpa do seu coração e assuma o seu direito de filho de Deus, direito de ser próspero, feliz e realizado.

Assuma as suas emoções, assuma as suas dores, as suas decepções e os seus medos.

Sabendo quem você é hoje, com todos os altos e baixos humanos, você terá mais escolhas em seus caminhos. Coloque o seu passado no devido lugar — no passado e acorde para um presente cheio de oportunidades e desafios.

Acredite no melhor, de verdade, mas não espere pelo melhor. Faça mais do que esperar: BUSQUE O MELHOR, agindo com a certeza de que Deus, como o Grande Pai, só quer o melhor do melhor para você e para todos nós!

Eu tenho certeza de que você vencerá! Só falta você acreditar nisso!

Capítulo 51

Assim que começaram a comentar sobre o belíssimo conteúdo da mensagem de Amór, César Domenico e Álvaro foram interrompidos com uma leve batida na porta do quarto. Era Adriana Domenico, depois de mais de uma década de ausência...

— César, meu irmão, quanto tempo! — disse a elegante senhora, de semblante suave e feliz.

— Adriana, você não mudou nada, minha irmã! — disse César, dando-lhe um apertado abraço.

— Ah, César, fisicamente acho que mudei pouco, felizmente! Mas interiormente, meu irmão, mudei sim! E para melhor, bem melhor, posso lhe garantir!

— É, Adriana, estou percebendo! Um olhar harmonioso e leve... Bem diferente da Adriana que conheci...

— César, querido, a vida nos ensina muito e o sofrimento, mais ainda. Basta termos humildade para aprendermos, e foi o que fiz...

— Adriana, este é Álvaro Sanches, um brilhante jornalista que trabalha para mim e, pelo que parece, é nosso sobrinho.

Álvaro e Adriana se cumprimentaram, e ela gostou muito do jeito carismático do rapaz. Como César já havia marcado no laboratório do hospital, Adriana foi até lá, conduzida pelo irmão, para a retirada de sangue para o exame de DNA.

Depois, despediram-se de Álvaro e seguiram juntos para a casa de César, para fazerem uma surpresa para Clara, que até agora não sabia de nada.

Capítulo 52

Rever Adriana deixou Clara muito feliz. Embora já soubesse da novidade, pois Vivian já lhe contara por telefone, ela fingiu nada saber, para não desapontar o marido com a sua surpresa.

Vivian chegou logo depois, e contou para todos que estava contratada para uma experiência. Tarcísio, o marido de Adriana, disse-lhe que seu bom gosto pesou muito na contratação e ela estava exultante.

César telefonou para Júlio, na Empresa, e convidou-o para almoçar com eles. Pediu a Adriana que convidasse o marido, afinal, queriam conhecê-lo.

Aquele foi, realmente, um dia muito especial para a família Domenico.

Almoçaram todos na maior alegria. Tarcísio, um senhor encantador, ficou admirado em conhecer César Domenico, o famoso empresário brasileiro, grande empreendedor e gerador de tantos empregos... Também empresário, com negócios na França e no Brasil, Tarcísio sempre valorizou muito esses bravos homens, empresários milionários, que insistem em investir no Brasil, gerando milhares de empregos e favorecendo milhares de famílias ao mesmo tempo. Para Tarcísio, eles são missionários, porque alavancam a economia de um país, quando, com tanto dinheiro, poderiam estar morando em outros países mais ricos e investindo em lugares em que os impostos não são tão vergonhosos. Por isso, missionários, sim! Todos admiraram quando Tarcísio, ao comentar sobre esse assunto, contou-lhes que toda noite coloca os grandes empresários brasileiros em suas orações. Sim, porque se eles desistirem do Brasil, este país vai à bancarrota, com milhões e milhões de desempregados e esfomeados.

Quando acabaram de almoçar, César pediu licença aos convidados e chamou Júlio para uma conversa em seu escritório. Percebera que o filho estava muito tristonho e um pouco distraído, provavelmente com algum problema.

No escritório de César Domenico, enquanto saboreavam um delicioso cafezinho preparado pessoalmente por Clara, Júlio foi o primeiro a falar:

— Pai, precisava mesmo falar com o senhor... Estou muito confuso, preciso desabafar.
— Sim, meu filho, eu percebi, por isso o chamei aqui.
— Pai, é muito difícil para mim reconhecer isso, mas vai ser melhor assim... Eu não estou preparado para o cargo que assumi. Sou muito inexperiente e, por ser jovem, os mais antigos na empresa não estão "colocando fé" em mim e ficam querendo me manipular... Puxa, pai, fiz tantos cursos, sonhei tanto com esse cargo, mas estou me sentindo muito cru, ainda. Não estou conseguindo manter as equipes coesas, os problemas estão se avolumando e acho que está ficando muito oneroso para a Domenico ficar contratando consultorias variadas só para me aconselhar nas decisões, sendo que, no seu tempo, você se consultava com a diretoria executiva e estava tudo bem...
— Júlio, meu filho, vejo como grandeza de sua parte reconhecer suas dificuldades, que, com o passar do tempo, serão amainadas, tenho certeza. Porém, em negócios, não podemos esperar o tempo passar. Nós somos o tempo, e tempo é dinheiro, não é? Fico feliz de que você converse sobre isso comigo. Vamos resolver, sem nos preocuparmos com o orgulho — disse César, decidido.
— E aí, papai, o que vamos fazer? — perguntou Júlio, bem aliviado agora.
— Pelo que tinha observado, bem antes de me afastar da presidência da Domenico, não temos nenhum diretor lá com perfil para a presidência. Sondei os diretores antes de você assumir o cargo, e nenhum deles tinha nem a intenção e nem a pretensão de assumir essa responsabilidade, caso você não conseguisse. Portanto, vamos profissionalizar a presidência com um executivo de peso, bem escolhido, para não perdermos mais tempo. Estou pensando em uma executiva... — disse Domenico.
— Executiva, pai, por quê? — perguntou o filho, curioso.
— Porque, antes de lhe passar o "trono", recebi a visita de uma executiva de uma concorrente nossa, da Native, e tenho aqui o currículo dela — disse o pai, procurando o documento em uma das gavetas da sua escrivaninha.
— Eu a conheço de eventos do nosso setor — disse Júlio. — Eva Morais. Uma mulher extremamente fina, elegante e autoconfiante. Está na Native há uns dez anos... Deve ser muito competente, mesmo! — concluiu Júlio, feliz por ter tido coragem de revelar ao pai suas fraquezas... Que alívio. Que leveza!
— Filho, vou entrar em contato com ela e vamos marcar uma reunião com a diretoria e o conselho da Domenico, para expor a sua decisão de ser substituído e colocar o nome de Eva Morais para ser avaliado por

todos. Pela imprensa, só temos boas referências dela, mas como parte da imprensa sempre foi e continua sendo "comprável", qualquer opinião dela é duvidosa — disse César, indignado com a corrupção e suas nefastas conseqüências.

— Pai, vou marcar a reunião para esta semana e vamos resolver isso logo.

— Um momento, que vou ligar agora para a Eva Morais e perguntar se ela continua interessada em trabalhar conosco — disse César Domenico, com o seu forte espírito de fazer o que tem de ser feito já, sem procrastinações.

Pelo celular, César conversou com a famosa executiva, que mostrou-se ainda muito interessada na Domenico. Ficou combinado que, tão logo os diretores e conselheiros da Domenico soubessem das mudanças e as aprovassem, ela seria convidada para uma reunião.

Júlio voltou para o trabalho, e César e Clara convidaram Adriana e Tarcísio para uma visita à Indústria, para conhecerem as novas unidades de produção e todos os avanços tecnológicos e estruturais.

Vivian saiu para preparar sua documentação, porque iniciaria no novo trabalho no dia seguinte, de manhã, e estava muito empolgada com a oportunidade que a tia estava lhe oferecendo. Ligou para a mãe da Mirella, agradeceu a indicação e contou-lhe das coincidências que aconteceram.

Clara e César Domenico, antes de voltar para casa, já à noitinha, fizeram uma visita a Álvaro, no hospital, e souberam que ele teria alta no outro dia, pela manhã, após a visita do médico. Ficou combinado, então, que ele iria para a casa dos Domenico, ainda acompanhado do enfermeiro, até que pudesse se locomover e fazer tudo sozinho. Como havia perdido muito sangue, a sua saúde ainda inspirava cuidados.

Aproveitando sua ida ao hospital, César perguntou ao jornalista se ele não queria trabalhar um pouquinho e ele, é claro, aceitou na hora. César Domenico pegou o gravador na gaveta do criado mudo e entregou para o rapaz. Pela primeira vez, Clara os veria trabalhando.

— Dr. César, paramos nos ensinamentos de Amór.

— Sabe, Álvaro, acho que já contei quase tudo, porque tudo é realmente impossível, principalmente porque o que contei é só teoria... O que vivenciei lá, as emoções, os choros, os gritos de raiva nos exercícios de libertação das amarras, isso não tem como relatar. Está tudo impresso aqui, dentro de mim. Só de pensar, fico todo arrepiado. Na verdade, Álvaro, a minha mudança aconteceu porque eu quis mudar, porque eu quis participar de tudo o que Amór me propôs. Eu aceitei os caminhos que ele me ofereceu, entende? — disse César, olhando para a esposa, que escutava tudo, admirada.

— Que bonito, isso, Dr. César... Mas tem mais alguma coisa que o senhor queira relatar dessa experiência, que, como o senhor mesmo disse, foi um "divisor de águas" na sua vida?... — induziu o jornalista, para extrair tudo o que fosse possível de César Domenico.

— Religiosidade, meu rapaz! Lembrei-me agora da ênfase que Amór deu à religiosidade em nossas vidas. Ele mostrou que, segundo pesquisas antigas e atuais, todas as pessoas que realmente conseguem prosperar na vida, em todos os sentidos, são pessoas que têm fé. Independentemente da religião que pratiquem, as pessoas bem-sucedidas acreditam em Deus e sabem que podem contar com uma Força Superior que a tudo acompanha e protege — explicou Domenico.

— É por isso que, depois que voltou da Escócia, você começou a ir à missa aos domingos e a rezar toda noite antes de dormir, César? E foi aí também que você começou a participar de várias campanhas beneficentes, introduzindo, inclusive, projetos de responsabilidade social na indústria, não é mesmo? Eu percebi o seu empenho, mas como eu, na minha ignorância e no meu orgulho, havia me proposto a ser indiferente com você, não quis comentar nada — disse Clara, tocando as mãos do marido.

— É verdade, Clara. Passei a cultivar mais a espiritualidade para fortalecer a minha fé. Outra coisa interessante que aprendi com Amór foi a respeito dos ateus, daqueles que não acreditam em Deus. Amór disse que o ateu é aquele que tem profunda mágoa do seu próprio pai e a transfere para o Pai Maior, que é Deus. Geralmente, depois de um trabalho de perdão, os ateus conseguem abrir o coração, geralmente generoso, para a possibilidade da existência de Deus. Uma simples questão de perdão ao próprio pai — disse César, saudoso dos ensinamentos do sábio Amór.

— O que mais, Dr. César? Estou adorando o assunto!

— Sabe quando Cristo disse: "Pedi e obtereis?". Pois, então, Amór me ensinou que a gente precisa saber pedir a Deus o que a gente precisa. Temos de ter humildade e fé para pedir ao Universo aquilo de que necessitamos. Amór dizia assim: "César, de qualquer forma, o Universo responde. Nem sempre com aquilo que você pediu, mas a resposta que vem de Deus sempre será para o seu grande bem, pode acreditar nisso! Tem de pedir, porque Deus não pode interferir em nossa vida e nos oferecer aquilo que não queremos. Tem de pedir..." — disse César, parecendo um pregador.

— Mas será que a gente não acaba pedindo demais, não? — questionou o rapaz.

— Não tem importância. Só receberemos o que for do nosso merecimento. E sabe qual é o segredo? Pedir, e agradecer antecipadamente — falou Domenico.

— É assim que acontece com a cura, Dr. César? Se tivermos fé e humildade ao pedir a cura, nós a obteremos?

— Álvaro, as chances são muito maiores assim do que se a pessoa não acreditar em nada e for pessimista. E se não for do merecimento da pessoa que tem fé obter a cura, pelo menos, como resposta do céu, vai obter alívio para suas dores... A fé é fundamental no processo de cura, não apenas de doenças físicas, mas daquelas emocionais e espirituais.

— Nossa, que assunto fascinante, Dr. César.

— Amór dizia que temos dentro de nós um poder infinito de cura e, por isso, temos de desenvolver a fé em Deus. Mas, mais que isso, temos de desenvolver a fé em nós mesmos, em nosso poder interior. Eu me lembro de que ele dizia que as doenças são sempre as mesmas; os doentes é que são diferentes. Em cada doente a doença evolui de um jeito, dependendo do seu estado mental. O pessimista só tem pensamentos sombrios e tristes e a energia à sua volta dificulta o processo da cura, mesmo com os melhores tratamentos e medicamentos. Em compensação, os otimistas e bem-humorados, aqueles que aceitam os problemas que a vida traz, por causa de um estado mental propício, criam em torno de si uma energia poderosa, gerada pela fé, que chega a surpreender até os médicos, principalmente aqueles que ainda desprezam o poder da fé e da cura que cada um tem dentro de si.

— Que beleza... Agora eu vejo o que perdi, não aceitando ir com você para a Escócia... — disse Clara, encantada com a sabedoria do mestre Amór.

— Depois que o Álvaro digitar tudo o que já relatei sobre a aprendizagem com Amór, vou dar para você ler, Clara. Você vai adorar! Quem sabe, quando tudo se resolver em nossas vidas, a gente não marca uma estada de um mês lá com Amór? Você aceita? — perguntou o marido, carinhosamente.

— Claro, César. Quero mesmo ir... E é bom fazermos uma outra lua-de-mel, não é? — falou Clara, com um olhar malicioso, que o marido não conhecia, mas gostou.

— Dr. César, estou admirado com seu relato de hoje, mais que os dos outros dias, que já foram fantásticos...

— Só para finalizar, deixe-me falar, antes que eu me esqueça... Amór me disse que jamais devemos rotular uma doença como incurável, porque quem pode ser incurável é o doente, que não tem fé e desiste da vida. Há gente que morre com uma simples gripe e há doentes terminais que se recuperam e vivem muitas décadas com saúde... A cura tem a ver com o doente e não com a doença. Os médicos e procedimentos têm um grande papel na cura das doenças, mas se o doente não quiser ser curado, se não acreditar na possibilidade de se tornar são novamente, nada feito. O milagre da cura está dentro de cada um de nós e se manifesta no momento em que colocamos a nossa fé em Deus para funcionar, sabendo solicitar do Universo tudo o que precisarmos para uma vida equilibrada e saudável. O sábio Amór me disse: "Se nós, como pais, só queremos o melhor para os nossos filhos, quanto mais Deus, o Pai Maior, que quer o melhor do melhor para nós...". Temos de acreditar nisso, porque é isso que dá sentido à vida — disse Domenico, empolgadíssimo com suas lembranças.

— Dar sentido à vida... O que Amór lhe ensinou sobre isso? — questionou Álvaro Sanches.

— Ah, muito boa pergunta, Álvaro. Amór comparava missão, visão e valores de uma empresa à nossa própria missão de vida, nossos objetivos e os valores que vão nos conduzir à realização deles. Ele dizia que precisamos encontrar um sentido para a nossa vida, para estar vivos aqui e agora. Para ter sucesso na vida, esse sentido precisa estar conectado a uma intenção sincera de fazer deste um mundo melhor para todos. A nossa vida só tem sentido, segundo Amór, se nos inteirarmos da nossa importância e de o quanto podemos e devemos fazer uma diferença positiva na vida dos outros.

— E a visão, Dr. César...

— A visão tem tudo a ver com os nossos objetivos de longo, de médio e de curto prazos, que devem sempre ser escritos e lidos diariamente. Mais um detalhe: devem ser específicos ao máximo, inclusive com datas para se realizarem.

— Ah, Dr. César, mas colocar uma data não vai deixar a gente mais angustiado e ansioso? — perguntou o jovem.

— A data é só para termos uma referência. Se você diz: "Um dia vou escrever um livro", por exemplo, um dia é um tempo que não existe e que pode ser adiado todos os dias, concorda? É claro, Álvaro, que não podemos ser neuróticos e inflexíveis em relação às nossas metas, mas uma coisa é certa: nenhum sucesso nesta vida acontece sem planejamento e sem visualizações — falou César, confiante.

— Visualizações, César? — questionou Clara.

— Sim, querida. Tudo o que quisermos conquistar nesta vida, temos muito mais chances de conseguir se usarmos os mecanismos da visualização, criando imagens mentais daquilo que queremos. Ah, quanta coisa eu consegui na empresa depois que aprendi a visualizar. Sabia, Clara, que toda noite, quando eu me deitava ao seu lado, ferido pela sua indiferença, eu fechava os olhos e imaginava você me abraçando e me amando, alegre e amorosa? Acabou dando certo, está vendo? Demorou, mas aconteceu... Visualizar é fundamental no processo de crescimento pessoal, profissional e na cura das doenças.

— Ah, César, você está muito à minha frente, querido. Estou até envergonhada do quanto nada sei sobre a vida, de quanto tempo perdi negando-me a conviver mais com você... Desculpe-me, Álvaro, mas tenho de aproveitar este momento para pedir perdão ao César...

— Que é isso, Clara, isso é passado, querida! — disse Domenico, interrompendo a esposa.

— Dr. César, e os valores que o senhor falou? — perguntou Álvaro, tentando livrar César e Clara do constrangimento.

— Ah, sim. Toda empresa tem a sua missão, a sua visão e os seus valores, que devem ser conhecidos e vivenciados não só pela área estratégica, como pela área operacional. Pois bem, nós também crescemos com valores e crenças muito fortes, que precisam ser repensados, quando trabalhamos o nosso autoconhecimento. E foi o que Amór fez comigo: ele me desprogramou de crenças negativas sobre doenças, velhice, sexo, dinheiro e trabalho, e reforçou em minha mente valores tais como honestidade, ética, generosidade, amor pela paz, perdão, paciência e perseverança, dentre tantos outros que promovem mudanças fantásticas em nossa vida — disse César, enquanto se levantava. — Clara, precisamos ir... — E, dirigindo-se a Álvaro, falou: — Acho que, agora, lhe contei tudo sobre o grande "mago" Amór...

— Só mais uma pergunta, Dr. César. Amór usa hipnose nas suas terapias?

— Sim, Álvaro, ele usa hipnose, técnicas de Programação Neurolingüística e de Aprendizagem Acelerada, Bioenergética, Acupuntura, Terapia de Vidas Passadas, Terapia de Aura-Soma, Homeopatia, Terapia de Florais e muitas outras ferramentas que ele aprendeu quando passou pelo Oriente. Cada caso é um caso, e é tratado com os recursos mais apropriados. E como ele é também esotérico, às vezes usa a numerologia, a astrologia ou outras terapias alternativas para orientar os seus clientes. A verdade, Álvaro, é que conheço muita gente que já passou pela Clínica de Amór e voltou de lá não só motivado, mas completamente transformado, pronto para as mudanças que cada dia que nasce cobra de cada um de nós — completou César, ajudando a esposa a levantar-se do sofá em que estava acomodada.

— Álvaro, meu filho, fique com Deus! Estou rezando pela sua recuperação total... Gosto muito de você, viu. Quero que você saiba disso! E estamos esperando você, amanhã, em nossa casa — disse Clara, dando um beijo na testa de Álvaro.

Despediram-se do rapaz e foram para casa, pois queriam ir se deitar mais cedo e se prepararem para o dia seguinte, que seria primeiro dia de trabalho de Vivian, aconteceria uma reunião importante na Indústria e Álvaro sairia do hospital...

Capítulo 53

Amanheceu um dia lindo! Vivian, cheia de energia para o novo emprego, tomou café da manhã com os pais e saiu cedo, para não correr o risco de se atrasar por causa do trânsito.

O motorista de César Domenico foi buscar Álvaro no hospital. O rapaz, que já estava podendo andar, veio acompanhado de seu discreto enfermeiro. Clara mandou servir-lhes um farto café da manhã no quarto. Álvaro não sabia o que fazer para retribuir tanta delicadeza.

Júlio ligou para César bem cedo, marcando a reunião para as 10 horas da manhã. Parecia muito ansioso para resolver logo aquelas questões.

César quis ir mais cedo, para visitar de novo todas as dependências da FIbrica e ver como estava o ambiente de trabalho de seus colaboradores, não só o ambiente físico, mas o emocional, principalmente. Ficou tranqüilo, porque tudo parecia correr bem, sem caras feias ou mau-humor.

Júlio abriu a reunião e, corajosa e humildemente, expôs todas as suas dificuldades e inseguranças. Foi muito bem recebido pelos diretores e conselheiros, que admiraram a atitude dele. Depois, passou a palavra ao pai, que falou da executiva Eva Morais e colheu a opinião de cada um dos presentes a respeito dela. Todos elogiaram muito e foram unânimes: uma mulher na presidência iria impulsionar o crescimento de uma indústria de cosméticos e perfumaria tão tradicional quanto a Domenico. Ficou combinado, então, que haveria outra reunião com todos eles e a possível futura presidenta da Domenico, mais no final do dia.

César voltou para casa confiante e, ao chegar, antes de ver Álvaro, pediu para Clara ligar para Vivian e dizer para ela que todos torciam pelo sucesso dela. A filha atendeu a ligação, dizendo que não podia falar naquele momento, porque já estava trabalhando, mas ficou muito feliz com o recado. Clara disse a César que, da próxima vez, em vez de ligar, enviaria uma mensagem pelo celular...

Após o almoço, mais uma surpresa para a família Domenico: César recebe a ligação do chefe da equipe de investigação, avisando-lhe que Felipe desembarcaria no Aeroporto Internacional de Guarulhos às duas da tarde. César mal podia acreditar em tamanha felicidade!

César Domenico, guiado pelo seu fiel motorista, chegou ao aeroporto com meia hora de antecedência. Estava muito ansioso e com medo de não reconhecer o irmão ou de não ser reconhecido por ele no desembarque.

Mas é claro que se reconheceram! Ainda mais os dois, que tinham tido uma relação mais próxima no passado! "Quanta saudade, quantas experiências vividas e não compartilhadas", pensou César, enquanto ajudava a acomodar a bagagem do irmão em seu carro.

Conversaram o tempo todo, do aeroporto até a casa de César, e Felipe, muito amoroso, ficou o trajeto todo com o seu braço em volta do ombro do irmão mais velho. Mostrou a César fotos de sua esposa, 23 anos mais jovem que ele, de seus três filhos adolescentes e da ilha paradisíaca em que viviam na Austrália. Felipe aparentava mais idade do que realmente tinha, pois sua pele era castigada pelo sol; mas, interiormente, era um jovem muito alegre e cheio de energia. Desde pequeno, descobrira a sua vocação e procurara trabalhar naquilo que gostava. Por isso, tanto vigor e jovialidade!

César contou ao irmão todos os últimos acontecimentos familiares, os últimos incidentes com Alexandre, falou de Adriana e da possibilidade de Juliano estar vivo e de ser o pai de Álvaro. Muitas novidades de uma só vez, muitos acontecimentos que deixaram Felipe aturdido. Mas ele estava tão empolgado com tudo isso, que pediu a César que o levasse de imediato para a retirada de sangue, a fim de agilizar os procedimentos, pois só faltava o exame dele para que os os médicos concluírem a análise. Mais uma semana de espera, embora César tenha pedido a máxima urgência.

Capítulo 54

Enquanto esperavam pelo resultado dos exames de DNA, os investigadores procuravam o pai de Álvaro, um pescador que deveria estar no Guarujá, litoral de São Paulo. Esse era um trabalho muito difícil, porque sendo o pai dele um pescador, passava a maior parte dos dias — e até meses — no mar. Era preciso mesmo muito tato para essa busca, pois esses trabalhadores eram muito desconfiados e não facilitavam em nada as investigações. Josias era um nome até certo ponto diferente e, provavelmente, se alguém o conhecesse, iria se lembrar.

Felipe, ao saber do andamento das buscas, disse a César que gostaria de ir para o Guarujá dar uma ajuda, porque era uma cidade que ele conhecia muito bem, desde a sua juventude, e, além do mais, aproveitaria a oportunidade para mergulhar naquelas águas do litoral paulista.

César, então, ofereceu ao irmão o seu iate, atracado na Ilha Grande, de onde ele poderia sair em direção ao Guarujá, em um belíssimo e aprazível passeio. Felipe adorou a idéia...

— César, porque não aproveitamos no próximo final de semana, que será prolongado com o feriado, e vamos todos nesse passeio? — disse Felipe, sempre animado.

— É verdade, meu irmão. Vou convidar Adriana e Tarcísio também. Até lá, acho que Álvaro poderá ir conosco. Só a Vivian não poderá vir, pois o comércio não costuma prolongar feriados. Iremos nós seis: Clara, você, Álvaro, Adriana, o marido dela e eu — disse César, contando nos dedos.

— César, podíamos convidar a Raquel e o Israel... O que você acha? — disse Clara, prevendo que aquele seria um delicioso encontro.

— Claro, querida. Ligue para eles e faça o convite. E ligue também para a minha irmã e o Tarcísio. Vamos deixar tudo combinado...

— Como faremos com o helicóptero, César? — perguntou Clara, preocupada com a superlotação.

— Quanto a mim, não se preocupem. Vou alugar um carro e descer para o litoral carioca, apreciando a paisagem. Estou com muitas saudades do Brasil. Estou pensando em convidar Adriana e Tarcísio para irem comigo — disse Felipe, decidido.

— Boa idéia, Felipe! Aí, quando chegar em Angra dos Reis, você me liga e eu mando o piloto buscar vocês de helicóptero. Então, nos reunimos na sexta-feira à tarde, em nossa casa na ilha, e de lá seguimos de barco para o Guarujá — disse César, exultante com a oportunidade de estar novamente com a família reunida.

Poucos minutos depois, Clara voltou à sala, contando que Adriana e Tarcísio aceitaram o convite e que iriam combinar com o Felipe como fariam a viagem. Quanto a Raquel e Israel, encontrariam com eles no Guarujá, em sua casa de praia, onde os receberia para passarem o final de semana com eles.

Capítulo 55

Felipe aproveitou sua estada no Brasil para visitar antigos amigos e passear pelas ruas da sua cidade natal, a fervilhante São Paulo. Depois de muito pensar, resolveu visitar o irmão Alexandre, no Hospital Penitenciário. Convidou Adriana, que aceitou ir com ele. Existia no ar algo que fazia a família Domenico sentir necessidade de se aproximar, de se unir, mesmo que fosse com um irmão cruel e psicopata, um doente, digno de piedade, mas é claro que precisavam tomar cuidado com as suas manipulações e chantagens emocionais... Ele era assim mesmo.

Adriana e Felipe entraram juntos no Hospital Penitenciário e foram encontrar com Alexandre, que estava sentado em um banco, em um jardim muito mal-cuidado. Ele já esperava pelos irmãos. Cumprimentou-os friamente, sentou-se no banco e ficou de cabeça baixa, calado. Adriana começou a conversar:

— Então, Alexandre, como você está?

— Estou assim, do jeito que você está vendo. Como Deus quer, né? — respondeu Alexandre, em um tom de autopiedade.

— Ah, meu irmão, vejo que, dentro do possível, você está bem. Você está aqui, não porque Deus quer, mas porque você quis! — disse a irmã, com um tom de impaciência. Ela já conhecia a tática de coitadinho do Alexandre.

— Alê, meu irmão, eu estava com saudades de você! Sabe onde eu estou morando? — perguntou Felipe, com o seu jeito amigável.

— Não sei e não quero saber... E quer saber mais? Estou me lixando pra vocês! Nunca ligaram para mim, e agora, só porque estou na pior, vêm aqui me esnobar... Fora, vocês dois! Fora da minha vida! Eu odeio essa família! Esqueçam de mim! Já fiz o que queriam, já dei o meu sangue para o exame de DNA e agora chega! Não quero nem saber o resultado! Tirem o meu nome dessa família... Sempre fui a ovelha negra e agora eu quero que vocês me isolem... Fora daqui, seus falsos! — berrou Alexandre, sendo interrompido pelos enfermeiros, que o seguraram antes que ele avançasse sobre os irmãos.

Felipe e Adriana se retiraram muito tristes e chocados com a agressividade e a revolta de Alexandre. Ficaram impressionados com o risco que Vivian e César passaram em suas mãos. Quanta hostilidade!

Capítulo 56

César Domenico chegou cedo à Indústria para a reunião marcada com a diretoria e Eva Morais, a candidata à presidência. Júlio e César aguardavam a chegada da executiva, um pouco atrasada. Ela havia ligado, avisando que o trânsito na Av. 23 de Maio estava parado por causa de um acidente.

Desculpando-se pelos poucos minutos de atraso, Eva Morais chegou. Estava exuberante, em um *tailleur* cor de uva, com jóias, acessórios e perfume muito discretos. Uma mulher muito chique! Os homens da diretoria ficaram sem fala, quando apresentados a ela, com sua autoconfiança e carisma inigualáveis. Quarenta e oito anos de idade, pele moreno-claro, cabelo brilhantemente negro e longo, elegantemente preso, olhos negros bem delineados e um sorriso franco e sério. Eva Morais demonstrava que não estava ali para brincadeiras e, sim, para um trabalho importante e de altos resultados. E não foi só a sua estonteante beleza que impressionou os diretores da Domenico, mas a sua segurança e conhecimento do que a esperava na presidência da empresa. Apesar de sua sofisticação, Eva Morais impressionava, também, pela simplicidade, porque do alto da sua elegância e inteligência, ela deixava transparecer uma mulher justa, sensível e que passava longe da arrogância, sentimento tão contraproducente no meio empresarial e na vida, como um todo.

Depois de duas horas, a reunião foi encerrada e Eva Morais foi nomeada como a nova presidente da Indústria Domenico. Sua posse e apresentação para os colaboradores ficou marcada para dali a 35 dias, no pátio da Indústria, onde semanalmente os funcionários se reúnem para ouvir mensagens motivacionais dos diretores e fazer algumas dinâmicas de entrosamento. Ficou combinado também que a Imprensa seria convidada para cobrir aquele acontecimento tão importante para a história da Indústria Domenico.

— Sabe, meu filho, ao contrário de vários amigos meus do golfe, que me censuraram quando contei que pensava em profissionalizar a nossa empresa, estou orgulhoso do que fizemos. Sei da sua capacidade, mas, como você também sabe, falta a você vivência, experiência. Júlio, parabéns pela sua decisão de abrir mão do comando da empresa em prol do crescimento dos nossos negócios. Eu o admiro muito, meu filho! — disse César Domenico, abraçando o filho.

— Agora, papai, que o nosso Diretor de *Marketing* vai assumir a vice-presidência, cargo novo aqui na Indústria, vou assumir a área que mais aprecio, e prometo que vou alavancar a Luna no mercado, com um trabalho muito eficaz de *marketing*. Além do mais, com a experiência de Eva Morais, tenho certeza de que, em pouco tempo, o nosso parque industrial estará pequeno para tanto crescimento! — disse Júlio, muito otimista.

Este mês seria o mês de transição para a Indústria Domenico, e Eva Morais, preparando o seu desligamento da outra empresa, combinou com Júlio e os diretores que estaria lá todos os dias depois das dezesseis horas, para começar a conhecer o seu trabalho e a Indústria como um todo, inteirando-se principalmente da parte produtiva e financeira.

César comentou com Júlio sobre o passeio que fariam no final de semana prolongado com o feriado e convidou-o a estar com eles lá na ilha, mas Júlio precisava deixar a "casa" em ordem... Iria aproveitar o final de semana para colocar todos os relatórios dos diretores e consultores em dia, organizando a sua mesa de trabalho.

Júlio César era realmente muito compenetrado nas suas atribuições... Faltava-lhe, mesmo, malícia e espírito empreendedor, coisas que só o tempo e algumas derrotas podem trazer. Mas um empreendimento do porte da Indústria Domenico não poderia se dar ao luxo de esperar pelo amadurecimento dele. Negócios são negócios! E concorrência nesse ramo industrial é o que não falta no Brasil. A Domenico precisa mesmo do pulso firme e, ao mesmo tempo, cativante de uma mulher!

Capítulo 57

Na sexta-feira, dia do passeio combinado, a família Domenico reuniu-se para o almoço na casa de César. Júlio foi lá, despedir-se deles e conversar um pouco com o tio Felipe sobre as suas aventuras no mar.

César e Clara, depois de muito pesarem os prós e os contras, decidiram dispensar os seguranças para terem mais privacidade neste final de semana. O que Clara não sabia é que a empresa de segurança contratada por César não dava descanso nunca. Não seriam vistos por ninguém, mas pelo menos dois seguranças estariam a postos, acompanhando a família de longe, principalmente César Domenico.

Após o almoço, Felipe, Adriana e Tarcísio iniciaram a sua viagem, no carro de Adriana, que entregou o volante para o irmão, que desceu a serra para o litoral, parando de tempos em tempos para apreciar e fotografar a belíssima paisagem da nossa Mata Atlântica.

César, Clara e Álvaro seguiram para a Ilha Grande de helicóptero e, em pouco tempo, estavam chegando em sua deliciosa casa na praia, sendo recebidos pelos seus amáveis caseiros.

César mandou preparar o iate, pois assim que o pessoal chegasse, seguiriam viagem para o Guarujá, de barco.

Somente por volta das oito da noite é que saíram para o passeio, mas como o barco era enorme, havia acomodações para todos dormirem e, no outro dia, ao acordar, já estariam ancorados na cidade do Guarujá.

A viagem foi linda, com uma Lua cheia das histórias românticas e Felipe, sentindo o vento no rosto, matava as saudades da sua juventude, mas sentia saudades também da sua família que ficara na Austrália. Pegou seu celular e conversou longamente com sua esposa e seus filhos. Felipe era muito amoroso e ligado à família, mas estava adorando aqueles momentos de liberdade e de resgate da união familiar. O barco passou por Ubatuba e praias vizinhas, Ilhabela, São Sebastião, e Felipe só foi se deitar quando o sono o dominou, poucas horas antes do amanhecer.

Quando a família Domenico acordou, o iate de César estava atracado no Guarujá e todos resolveram descer, após o farto café da manhã, para um passeio. Felipe perguntou a César se, mais tarde, poderia sair com o barco para alto-mar, para dar uns mergulhos, pois, depois de tantos anos ausente do país, queria muito ver o fundo do mar brasileiro de novo. Naturalmente, César concordou, dizendo-lhe que iriam passar o final de semana com os amigos Israel e Raquel em sua casa, que já os esperavam.

Passearam todos pelas ruas e praias do Guarujá, na *van* de Israel. Raquel ficou em casa, preparando um delicioso almoço de boas-vindas. Israel passou com eles nas aldeias de pescadores e, vez ou outra, Felipe e César desciam e perguntavam por Josias. Os familiares dos pescadores, ressabiados, só diziam que não sabiam de nada.

— Que pessoal mais desconfiado, hein? — disse Israel, ao volante.

Depois do almoço, Felipe despediu-se de todos, pegou os acessórios de mergulho que havia comprado mais cedo e partiu para alto-mar. César recomendou aos tripulantes que, se observassem qualquer problema, ligassem para a Guarda Costeira. Ele ainda tratava Felipe como o seu irmãozinho caçula.

Felipe deu o seu primeiro mergulho bem distante da costa. Ao longe, avistava-se a Ilha de Alcatrazes. Cheio de aparatos, com todo o cuidado, Felipe desapareceu no fundo do mar, divertindo-se com a variedade de peixes e plantas no fundo do mar e fotografando tudo com a sua câmera especial.

Porém, depois de uns 40 minutos no fundo do mar, e bem distante de onde o barco estava ancorado, Felipe começou a sentir um incômodo na perna direita e, rapidamente, percebeu que era uma cãibra que o estava deixando imóvel e apavorado. Poucos segundos depois, a mesma dor na perna esquerda lhe tirou os movimentos da cintura para baixo. Tentou em vão subir para a superfície, mas os equipamentos pesavam muito e a falta de força nas pernas dificultava-lhe a subida. Felipe percebeu, pela sombra no fundo da água, que havia um pequeno barco ali próximo e, com todo o custo e o maior sofrimento, sentindo suas pernas totalmente contorcidas de dor, conseguiu colocar a cabeça para fora da água, desvencilhando-se dos equipamentos pesados, e começou a gritar por socorro. A dor nas pernas estava insuportável e ele já estava acreditando que não conseguiria escapar com vida daquele drama.

Felipe começou a debater-se na água e implorar por socorro. A falta de movimentos nas pernas e seu desespero pareciam puxá-lo para o fundo.

No pequeno barco, dois homens quietos e calmos, pescando ali há horas, assustaram-se com os gritos e os movimentos desesperados do rapaz. Um deles pulou no mar, nadou até Felipe, segurou-o por trás e o trouxe até a canoa, onde outro homem esperava em pé, preparado para puxar o mergulhador quase imobilizado. O mar, muito agitado, dificultava a ação dos homens, e Felipe só fazia gritar muito, dizendo que estava com cãibras nas duas pernas. Com muito esforço, eles conseguiram colocar Felipe na canoa, deitado, e começaram a fazer massagens vigorosas em suas pernas. Depois de alguns minutos, Felipe, chorando como uma criança, começou novamente a sentir as suas pernas e a dor foi desaparecendo. Felipe ficou ali, deitado e quase desmaiado por quase uma hora, sem acreditar que tivesse sido salvo por dois homens simples que ali estavam, esperando pela sua melhora. Enquanto Felipe descansava, sob um sol escaldante, os dois homens continuavam a sua pescaria, num silêncio assustador.

O homem que havia pulado no mar para salvar Felipe olhava para ele e, de repente, imagens começaram a aparecer em sua mente, lembrando-se de um momento de sua infância, quando ele mesmo se debatia em águas revoltas do mar.

— Que estranho... Eu tô vendo umas coisas aqui na minha cabeça que eu nunca tinha visto, mas acho que é lembrança... — disse o homem para o seu companheiro de pescaria.

— Como assim, Josias? Lembrança de quê? — perguntou o pescador.

— Josias? Você disse Josias? — perguntou Felipe, levantando-se num salto.

— Eu sou Josias, por quê? O senhor tá melhor agora?

— Ah, sim. Obrigado por salvarem a minha vida. Se não fossem vocês, a essa hora eu já seria comida de tubarões... Mas como é mesmo o seu nome? — perguntou Felipe, dirigindo-se para aquele homem forte, moreno e alto, com aparência de uns setenta anos, que pulara heroicamente no mar e o salvara.

— Eu sou o pescador Josias. E este é o meu parceiro de pescaria, o Chico. Por que o senhor assustou com o meu nome? — perguntou ressabiado.

— Muito prazer, Josias. Muito prazer, Chico. Preciso saber... Aonde vocês moram?

— Nós moramo aqui perto, em Bertioga. Mas o senhor ainda não respondeu por quê ficou assustado com o meu nome — disse Josias, desconfiado.

— Sabe o que é? Estou procurando um pescador com o nome de Josias, que é lá do Estado de Alagoas... Por acaso é você?

— Procurando? Como assim? O que o senhor tá querendo? Ah, aqui tem muitos Josias... Com certeza não sou eu não! — disse o homem, com medo.

Felipe ficou pensando como poderia despertar nele o interesse por dizer a verdade. Ele tinha certeza de que aquele homem era o Josias que procuravam, porque ele acreditava muito nas aparentes coincidências da vida... Ele tinha de ter cãibras e quase morrer bem perto desse barco de pescadores? Ah, para Felipe, aí tinha a "mãozinha" de Deus...

— Sabe o que é, Josias? O Josias que eu estou procurando tem um filho, hoje adulto, que ele nem sabe que existe, e é uma jóia de rapaz, que há mais de dez anos vive em busca do pai...

— Ah, é? Mas como ele sabe que o pai chama Josias? — perguntou o homem, já fisgado pela curiosidade, querendo puxar a língua de Felipe.

— Ah, Josias, é uma longa história — disse Felipe, olhando para aquele senhor tão rústico, um simples pescador, e procurando nele evidências que pudessem lhe mostrar a possibilidade dele ser seu irmão mais velho... Procurava alguma semelhança com os irmãos Domenico e achou que as suas sobrancelhas eram tão fartas quanto às dele, mas isso era muito pouco...

— Vou fazer um convite para vocês dois: o meu barco, aliás, o barco do meu irmão está lá adiante, estão vendo? — disse Felipe, apontando para o iate branco, que o aguardava de volta. — Então, em retribuição por terem salvado a minha vida, eu quero convidá-los para um passeio comigo e para jantarmos juntos, mais tarde, no barco. Por favor, aceitem o meu convite! Aí, Josias, poderemos conversar com mais calma e eu vou explicar tudo direitinho para você. E se você não for o Josias que procuramos, poderá nos ajudar a encontrá-lo? — perguntou Felipe, atropelando as palavras, de tanta ansiedade e medo de ouvir um "não" como resposta.

Josias e Chico eram dois homens muito simples, mas muito desconfiados dos ricos e poderosos. Um convite desses chegava a lhes causar medo...

— Não, senhor... Como é seu nome? — perguntou Josias.

— Meu nome é Felipe... Por favor, me acompanhem, preciso muito falar com vocês... Por favor...

Josias olhou para Chico e este, apesar de desconfiado, estava muito feliz em poder conhecer um barco de ricos — um iate — e ele fez sinal que "sim" para Josias.

— Tá bem, mas não podemos demorar muito. A mulher do Chico tá grávida e vai ter filho a qualquer hora... Ele tem que voltar logo, entende? — disse Josias.

— Tudo bem, amigos! Jantaremos bem cedo e aí vocês poderão voltar para suas casas... Vamos alcançar o iate, e depois nós amarramos o barco de vocês ao meu — disse Felipe, cheio de entusiasmo. Ele estava ansioso para chegar ao iate e ligar para César e Álvaro, que estavam na casa de praia de Israel, no Guarujá.

Capítulo 58

A tarde na casa de Raquel e Israel foi muito divertida. Israel estava passando os filmes gravados em suas últimas viagens com Raquel e todos os filhos e netos, e César estava impressionado com a capacidade desse casal em buscar a alegria e a felicidade. Eles, sim, sabiam aproveitar o que a vida oferecia... Depois de anos e anos de trabalho intenso e criando filhos maravilhosos, agora, na "melhor idade", Raquel e Israel desfrutavam de tudo o que fizeram por merecer, com muita energia e bom humor. Eles eram um exemplo para a família Domenico, sempre tão fechada e isolada, tão sem energia para as coisas boas da vida...

O telefone tocou e Raquel atendeu, passando a ligação para César...
Era Felipe, ansioso, chamando pelo irmão:
— César, você não vai acreditar!!!
— O quê? Como, não vou acreditar? O que aconteceu com você? — perguntou César, preocupado, mas tentando combater a mania humana de pensar no pior...
— Eu estou aqui no seu barco com um pescador chamado Josias, que mora em Bertioga, aqui pertinho. Estamos indo aí buscar vocês. Eu o convidei e ao seu amigo, outro pescador, para jantarem com a gente aqui no barco, e tem de ser mais cedo, porque eles precisam voltar para casa... Você entendeu, César: ele se chama Josias!
— Inacreditável, Felipe! Como isso aconteceu?
— Ah, César, acho que foi Deus que o colocou em meu caminho... Eu estava morrendo no mar, com cãibras nas duas pernas, e foi ele quem me salvou... Você acredita? — contou Felipe, tropeçando na emoção.
— Que é isso, Felipe! Que loucura! Que perigo! Quando é que você chega aqui no Guarujá? Estou louco para conhecer esse pescador. Você já perguntou se ele é de Alagoas?
— Já perguntei, César, mas ele está muito desconfiado e ainda não me respondeu. Estamos chegando em meia hora. Venham nos encontrar e vamos todos conversar juntos aqui no barco, pode ser? E traga o Álvaro, é claro... — disse Felipe, com um ar de alegria.

Despediram e, ao desligar o telefone, César Domenico chegou na sala e disse:

— Tenho uma "bomba positiva" para vocês! É incrível. É improvável, mas é possível: o Felipe está com um pescador chamado Josias dentro do nosso iate. Esse pescador acabou de salvar a vida dele no mar.

César contou rapidamente o que ouvira de Felipe e Álvaro começou a chorar, sem conseguir conter os soluços. Parece que todos os anos de buscas fracassadas pesaram, naquele instante, em sua alma. Raquel, com o seu jeito amoroso, abraçou o rapaz, acariciando os seus cabelos e dizendo-lhe que agora, mais do nunca, precisaria conter as emoções.

— Meus amigos queridos, este poderá ser um dia muito especial em suas vidas... Vamos manter o controle, para não assustar o pescador — disse Raquel, delicadamente.

— É verdade! Esse povo mais simples é muito desconfiado e, ao ver esse tanto de gente querendo conhecê-lo, ele pode se assustar e não colaborar com as perguntas de vocês — disse Israel, com o seu espírito objetivo.

— Vamos então? — chamou Clara, entrelaçando o seu braço direito ao braço esquerdo do marido, e puxando-o para a porta de saída.

— Quero que Raquel e Israel estejam também nesse jantar. Vamos, amigos? — disse César Domenico, estendendo as mãos para o casal anfitrião.

Capítulo 59

Ali, no píer, ficaram todos reunidos, esperando o iate que já se aproximava para buscá-los. Ansiedade, alegria, medo da decepção. Todos os sentimentos se misturavam, principalmente nos pensamentos de César, Álvaro e Adriana. César resolveu sentar-se em um banco e começou a rezar: "Meu Deus, obrigado por esse momento, por essa esperança em nossas vidas... Se Josias for meu irmão Juliano, de quem carreguei a culpa pela sua morte por décadas em minha vida, serei o homem mais feliz do mundo... Oh, meu Deus! Que momento mágico! Abençoe-nos, meu Deus, hoje, agora e sempre! Amém!".

Álvaro, por sua vez, olhava para a vastidão do mar e também orava, muito confuso em suas idéias: "Pai do Céu, faça com que esse homem seja o pai que tanto busco. Quero muito conhecer o meu pai... Enquanto não sei quem é ele, me sinto um homem sem identidade, incompleto, embora eu saiba que muita gente tem o mesmo problema que eu e consegue superar. Se ele não for o meu pai, eu prometo, meu Deus, que vou procurar um tratamento psicológico para resolver essa falta, esse buraco que existe em minha vida, e aprender a conviver com essa dúvida. O que não posso mais é passar a minha vida toda com o foco voltado para essa busca, porque se ele não existir mais, de que adianta tanta procura?".

O iate chegou e Felipe desceu, ansioso para conduzir todos eles para dentro do barco. Josias e Chico estavam na sala de estar, tomando um refresco e comendo alguns salgadinhos, servidos pela camareira.

— César, vamos com jeito, viu? Eu disse a eles que estava indo para o Guarujá buscar os meus irmãos e alguns parentes e amigos que vão jantar conosco. A conversa com o Josias tem de ser bem sutil, para não afastá-lo de nós — disse Felipe, com um brilho intenso nos olhos.

— Tudo bem, meu irmão, fique tranqüilo. E você, está bem depois do susto? Eu quero que você me conte direitinho o que aconteceu, viu? — disse César, abraçando o irmão.

Chegaram todos juntos no barco e cumprimentaram os dois homens, que estavam se sentindo muito envergonhados com tanto luxo e pela forma respeitosa como estavam sendo tratados. Depois de serem apresentados aos pescadores, sentaram-se todos na sala, para conversar. Foi Felipe quem "puxou a conversa":

— Josias, Chico, contem para o pessoal como foi que vocês me salvaram... Olhe, gente, se não fossem esses dois homens fortes, eu não estaria aqui agora, para contar essa história.

Josias e Chico, com o seu linguajar simples, contaram todo o ocorrido, e Felipe fazia questão de colocá-los como heróis de verdade. Com isso, os dois foram se sentindo mais à vontade, mesmo porque "esses ricos não são metidos", como disse Chico, cochichando no ouvido de Josias.

— Josias, lembra-se de que lhe falei de um rapaz que está procurando o pai com o mesmo nome que o seu? Pois então, é esse aqui: Álvaro Sanches. Você tem filhos, Josias? Já pensou se este rapaz fosse seu filho? — perguntou Felipe, amigavelmente, enquanto todos observavam a reação do pescador.

— Sanches? Parece que eu já ouvi esse sobrenome — soltou Josias, sem pensar; estava tão à vontade, que se sentia seguro em colaborar.

— Josias, de onde você é? Fale um pouco de você para nós — perguntou Israel, com um olhar confiável.

— Eu vim do Alagoas, mas num sei onde nasci, não! Eu fui criado por um casal que morava lá. O homem que me adotou era pescador de um grande navio pesqueiro, e ele me encontrou nessas água aqui perto, boiando, desmaiado... Ele dizia que eu devia ter uns dez anos de idade... Eu num lembrava a minha idade, porque a minha cabeça ficou vazia... Eles me perguntava quem eu era e eu num sabia responder, nem meu nome eu sabia dizer... Aí, quando eles viro qui eu tava totalmente perdido, sem lembrança alguma do meu passado e sem saber quem eu era, resolvero me adotar e colocaro o nome em mim de Josias. Eles era muito bom comigo... — disse o pescador, com os olhos cheios de lágrimas, tropeçando no seu português sem estudos.

— Nossa, Josias, que história doida a sua, hôme... — disse Chico, calado até agora.

— É, Chico, o mais esquisito é que depois que eu tirei o "seu" Felipe do mar, lembra que te contei do que vi na minha cabeça? Ai, credo, num consigo tirá isso mais da cabeça... — disse Josias, batendo com força na sua testa.

— O que você viu, Josias — perguntou César Domenico, com muito jeito.

— Eu? Cruz credo! Eu acho que me lembrei de alguma coisa de quando eu era menino... Eu vi um menino brigando com o mar, se afogando, e senti que esse menino era eu. Deve ser lembrança de como eu fui achado, desmemoriado, né?

César Domenico mal podia acreditar no que estava ouvindo. — Ah, meu Deus, só pode ser o Juliano. É da mesma estatura minha, aparenta a idade que ele teria e agora... essa lembrança... — disse baixinho, no ouvido de Clara.

— Josias, por acaso você conheceu uma jovem, há mais ou menos 24 anos, chamada Jussara Sanches, lá onde você morava? — perguntou Álvaro, com um nó na garganta.

— Jussara... Sim, eu namorei a Jussara e acho que era Sanches mesmo o nome dela — respondeu ingenuamente o pescador.

— E antes de vir para o litoral de São Paulo, você, por acaso, a encontrou? — continuou perguntando Álvaro, já quase certo de que aquele homem era realmente o seu pai.

— Peraí, o "seu" Felipe falou que ocê chama Álvaro Sanches, né? Cê é filho da Jussara? É isso memo... Eu encontrei com ela, sim. Tô lembrando agora... Ela pediu pra eu encontrar com ela que ela tinha um segredo pra me contar, mas aí a gente brigô e ela foi embora correndo e não disse nada. Eu fiquei com raiva dela e num procurei mais ela não... Mas não é possível. Ela falou procê que ocê é meu filho? — perguntou Josias, olhando o rapaz de cima embaixo, com um ar de agrado.

— Sim, Josias. Minha mãe me disse que o meu pai não sabia de mim, mas a história que ela contou sobre a vida dele é igual à sua história de vida...

— Mas ela tinha certeza que ocê é filho do Josias que ela namorou? — perguntou o simples homem, empolgado, porque era muito solitário, sem mulher nem filhos até hoje.

— Tinha sim, Josias e ela me disse que se o meu pai tivesse vivo, seria fácil encontrá-lo porque ele tem uma marca de nascença inconfundível, que eu também tenho no mesmo lugar.

— Marca? Que lugar é esse? — perguntou Josias, desconfiadíssimo.

— Vou te mostrar, Josias — disse Álvaro, levantando a camiseta e abaixando levemente a sua bermuda e deixando que todos vissem a sua marca de nascença, muito característica, no formato de uma bota...

César Domenico começou a suar frio, porque agora, se esse Josias tivesse a mesma marca que Álvaro, estaria quase confirmado que ele era não apenas o pai de Álvaro, mas poderia certamente ser também o seu irmão Juliano, desaparecido no mar há mais de 70 anos.

— Deus do Céu! Óia isso, Chico! Esse moço é meu filho... Só pode ser... Moço, Álvaro, né? Eu vou mostrá procê a minha marca — disse Josias, abaixando o calção e deixando à mostra uma marca igualzinha, perto da nádega direita.

— Uau!!! Isso é incrível!!! — disse Israel, atônito.

Álvaro, sem fala, olhou para César Domenico e começou a chorar. Clara e Raquel, também emocionadas, abraçaram o rapaz e César, criando fôlego, disse:

— Josias, por todas essas evidências, meu amigo, podemos concluir que você é sim o pai que Álvaro tanto procurou; mas as surpresas não param por aí não. Precisamos conversar mais... — disse César, de frente para o pescador, com as mãos em seus ombros.

Naquele instante, o celular de César tocou e ele foi obrigado a interromper aquele momento tão mágico para a família Domenico. Era o investigador, com a novidade que todos esperavam: ele estava a caminho do Guarujá para entregar pessoalmente o resultado dos exames de DNA, que o laboratório acabara de lhe entregar. César, curiosíssimo, pediu-lhe que abrisse o envelope e lesse para ele, mas o homem achou melhor que seu próprio cliente lesse o resultado. Era só questão de tempo, pouco tempo.

César contou para todos sobre o telefonema e chamou Felipe e Adriana para resolverem se falariam para Josias da possibilidade dele ser irmão deles também. Felipe pediu a César que aguardasse o resultado do DNA, porque aí as evidências seriam maiores, mas Adriana não descartou a necessidade de fazer também um exame de DNA com Josias, para confirmar o parentesco entre eles.

Enquanto isso, Álvaro foi se acalmando e, de frente para seu pai, segurando suas mãos, e embora inseguro diante da reação do pai, disse-lhe:

— Josias. Pai. O senhor não sabe quanto sonhei com este momento! O senhor é tudo o que busquei até hoje em minha vida e estou muito orgulhoso de ser filho de um homem trabalhador e "gente do bem", como o senhor!

— Óia, eu num tô acreditando nisso não! Parece tudo um sonho, né, Chico? — disse Josias, olhando para o amigo, que sorria, achando tudo muito engraçado.

— Olhe, pai, essas marcas iguais que temos são muito importantes para nos identificarmos, mas vou pedir ao senhor que aceite fazer um exame de sangue, hoje mesmo, para a gente confirmar o nosso parentesco, pode ser?

— Pode, sim! Eu quero ter certeza que ocê é filho meu! Sou tão sozinho, sem família... Vai ser bão ter um filho, né? — respondeu o homem, na maior simplicidade.

— Vou pedir ao Dr. César para nos levar ao laboratório daqui da cidade e o exame é bem simples. Vamos, então? Quer ir conosco, Chico?

O amigo de Josias, o pescador Chico, estava se divertindo muito com tudo aquilo e, é claro, aceitou o convite para um passeio, ainda mais que era em "carrão de rico", como ele mesmo disse para Josias, cochichando. Israel os levou ao seu médico familiar, que fez a solicitação de exame de DNA e, daí, foram a uma unidade local da rede de laboratórios de medicina genética, que estava atendendo os Domenico naquela empreitada, para a retirada do sangue de Josias. No laboratório, Álvaro explicou que as amostras de sangue para comparação estavam na unidade de São Paulo e que aquela amostra que estava sendo coletada também fazia parte do processo de identificação de parentesco que estava sendo investigada. Ao saber disso, a atendente rapidamente conectou-se pela Internet à unidade de São Paulo e, na hora, obteve todos os dados dos exames que estavam sendo feitos na capital, para poderem proceder à comparação com a amostra mais recente. Sem burocracia nem complicações. O resultado seria revelado em poucos dias...

Agora, era preciso muita paciência. Álvaro, que já sofrera tantas decepções em sua vida, temia que, mesmo com tantas evidências, essa pudesse ser mais uma decepção. Ele estava muito cuidadoso quanto a isso.

Quando voltaram para o barco e entraram, encontraram o detetive, que acabara de chegar, entregando o envelope do laboratório para César Domenico, com o exame de comparação genética de Álvaro com os irmãos Domenico.

Álvaro aproximou-se do patrão para lerem juntos o resultado; afinal, era ali que ele saberia se era ou não parente dos Domenico...

— Confirmado, Álvaro! Gente, o Álvaro é meu sobrinho. Venha cá, deixe-me abraçá-lo, meu jovem... Sempre gostei de você; agora entendo por quê. Clara, querida, ligue para a Vivian e para o Júlio e conte a eles a novidade... Mas conte também do Josias — disse César, sem conter a alegria.

— Puxa, Dr. César! Então, se está confirmado que sou seu sobrinho, só posso ser filho do Juliano. E se sou filho do Juliano, então ele não morreu naquele acidente... O senhor vai conversar com o Josias? — perguntou Álvaro, sentindo-se muito confuso e temeroso em nutrir falsas esperanças.

— Vamos falar com ele agora. Josias, podemos conversar agora, em particular? — convidou César Domenico.

— Pode, doutô — concordou o simplório pescador.

— Vamos para a sala de jantar — respondeu César, conduzindo-se para lá com ele, Adriana, Felipe e Álvaro.

— Mas o doutô não falou que era conversa particular? — questionou Josias, olhando para todos que foram se assentando em volta da mesa.

— É que eles fazem parte dessa conversa, Josias — respondeu César Domenico.

— Sabe o que é, Josias? É que vamos contar a você uma história da nossa família, que se encaixa na sua história, entende? — disse Adriana, com jeito.

— Eu num tô entendendo nada...

— Josias, nós tivemos um irmão que, aos 9 anos de idade, durante um forte temporal em uma pescaria, desapareceu no mar e foi dado como morto. O corpo dele nunca foi encontrado. O nome dele é Juliano Domenico. Era o nosso irmão mais velho... — disse César, com os olhos marejados.

— É, parece com a história que contaram de mim, mas eu esqueci tudo, doutô. Num lembro de nada... Só tive aquela visão: depois que salvei o seu Felipe, vi um menino que era eu tentando se livrá de ondas forte e algumas pessoa em volta, gritano. Será que tem tratamento para eu voltar a lembrar de mim quando pequeno? — perguntou Josias, segurando a cabeça com as duas mãos.

— Sim, Josias, tem tratamento sim, mas acho que podemos ajudá-lo... Sabe, Josias, o nosso irmão desaparecido tinha uma marca de nascença idêntica à sua e à do Álvaro, você está entendendo? — disse Felipe, não agüentando ficar calado.

— Como assim? A marca da bota?

— Sim, Josias. Nosso pai, como somos descendentes de italianos, dizia que a marca era o mapa da Itália, um país com o mapa no formato de uma bota — disse César, não agüentando mais esperar para dizer logo a verdade.

— Até agora eu num tô entendendo nada, gente!

— Josias, é o seguinte: depois de tantas evidências, chegamos à conclusão, e daqui alguns dias teremos certeza, de que você é o nosso irmão desaparecido, o Juliano Domenico. E para completar a surpresa, é o pai do Álvaro. Josias, o mesmo exame que vão fazer com o seu sangue, chamado exame de DNA, o Álvaro e todos os irmãos Domenico fizeram e ficou comprovado que o Álvaro é nosso sobrinho... — disse César, bem lentamente, com muita paciência.

— Mas, doutô, o destino tá cheio de surpresas, né? Acabei de ganhar um filho e agora o doutô tá falando que ocês são meus irmão. Eu tô ganhando uma família de uma hora pra outra. Que confusão...

— É, Josias... Eu tenho até medo de estar enganado, porque encontrar o Juliano será um presente dos céus para mim, especialmente. Éramos muito ligados, Juliano e eu — disse César Domenico, saudoso.

— Doutô César, esse negócio de ser parente é muito interessante, mas já que ninguém tem certeza de nada, eu preciso voltá... A mulher do Chico vai ter bebê e ele tem de chegar logo... Podemu pegar nossa canoa e ir pra casa? — disse Josias, com medo também de nutrir falsas esperanças quanto a esse parentesco.

— Calma, Josias. Precisamos do seu endereço e telefone para encontrarmos você, e lhe contar o resultado do seu exame de sangue — disse Adriana, pegando um papel para anotar.

— Eu num tenho telefone não, porque moro num quartinho na casa do Chico, mas o nosso chefe, que contrata a gente pra pescar, tem um celular que ocês podem ligar e dexá recado.

Então, Adriana anotou os dados e Josias, despedindo-se respeitosamente de todos, partiu com o seu amigo Chico, em sua canoa que estava amarrada ao iate de César Domenico.

— César, meu querido, agora é ter paciência... Que tal, depois do jantar, pegarmos um cinema com Raquel e Israel? — propôs Clara, tentando distrair o marido. Clara sabia que enquanto não se resolvesse essa situação, seria difícil para César Domenico continuar a viver normalmente. Ele era um homem muito decidido e detestava esperar para tomar atitudes.

— Clara, se o Josias for meu irmão, você acha que ele aceitará vir morar conosco?

— Ah, César, eu não sei não. Ele gosta tanto do mar... É mais fácil ele ir morar e trabalhar com o Felipe na Austrália, não é?

— Você acha, Clara? Ah, minha querida, que reviravolta em nossas vidas, hein?

— Ainda bem que está sendo algo bom, não é? Calma, César, vai dar tudo certo. Já contei para a Vivian e o Júlio e pedi a eles que vibrassem de lá por nós aqui. Querido, a vida continua!

Capítulo 60

César Domenico e a família voltaram para São Paulo. Uma semana depois, mandaram buscar Josias para, juntos, receberem o resultado do último exame de DNA. Álvaro, já totalmente recuperado da cirurgia, foi pessoalmente buscar o exame no laboratório e já estava chegando. Vivian e Júlio, aproveitando o sábado, também estavam lá, assim como Adriana, o marido e Felipe, todos na maior ansiedade. Esse era um momento realmente de muita tensão para os Domenico. César, enquanto aguardava, conversava em seu escritório com Felipe:

— Felipe, se ele for o Juliano, nosso irmão, o que poderemos fazer por ele? Será que ele vai aceitar morar comigo?

— Olhe, César, pela simplicidade dele, acho que não vai aceitar não! Por que você não arruma uma casa para ele na praia, para ele não ter de mudar seu estilo de vida? Porque se ele for como eu, não vai sobreviver sem o mar não! — respondeu Felipe.

— É, essa é uma boa idéia. Nossa, Felipe, estou até pensando que posso montar uma empresa de pesca e colocar o Josias, ou o Juliano, para gerenciar, não é?

— É engraçado! A gente fala como se já tivesse certeza que ele é nosso irmão. Já pensou se não tivesse esse exame de DNA? — perguntou Felipe, em tom de brincadeira.

— Quer saber, Felipe? Se não tivesse isso, eu já teria assumido o Josias como nosso irmão e pronto. Já estou impaciente com isso tudo!

Meia hora depois, Josias chegou, muito sem graça, envergonhado com o luxo da mansão de César. Cumprimentou a todos e ficou aguardando a reunião sentado no canto de um sofá da sala principal. César, percebendo a timidez de Josias, convidou-o para ir com ele até a piscina, para tomarem um refresco de maracujá, servido pela própria Clara, sempre delicada e preocupada com a saúde do marido, nesse período de ansiedade.

Poucos minutos depois, chegou Álvaro com o resultado. Entrou correndo pela sala e entregou o envelope para o tio abrir. Josias ficou no sofá, sentado, mas os outros familiares rodearam César Domenico que, depois de ler o resultado, resolveu fazer suspense...

— Vamos fazer uma pesquisa? — falou brincando. — Quem acha que Josias é o Juliano, levante a mão!

Todos levantaram a mão, inclusive o próprio Josias. Eles acharam interessante isso, porque com esse gesto eles entenderam que o pescador já estava aceitando a possível nova realidade.

César saiu da roda, deixou todos curiosos e foi até Josias, agachou-se em frente dele e disse:

— Josias, um milagre aconteceu... Você é mesmo o meu querido irmão Juliano! Está aqui no papel a prova... Você acaba de ganhar uma família de verdade, meu irmão! Ganhou irmãos, cunhados, sobrinhos e um filho... Tudo de uma vez. Me dê um abraço, preciso recuperar o tempo perdido, Juliano... — disse César, abraçando o irmão e desabando em um choro convulsivo.

— Puxa, que surpresa, hein, gente? — disse Josias, todo sem graça, abraçando César Domenico.

— Josias, vou chamá-lo assim mesmo, viu? Sabia que quando éramos pequenos você era o meu herói? Eu o imitava em tudo e morria de inveja de não ter essa marca de nascença... E você, sabe o que você fazia? Ficava se gabando da marca e dizia que ela era para que nunca nós o perdêssemos de vista... E veja só: foi pela marca do seu filho Álvaro — a marca da bota — que chegamos até você, meu irmão — disse César, chorando.

— É mesmo, hein, doutô César — respondeu o pescador.

— Ah, Josias, não me chame de doutor. Chame-me só de César... Somos irmãos, entendeu? Olhe aqui, tenho uma foto sua comigo ao lado, na nossa infância — falou César, tirando a fotografia de sua carteira e mostrando ao irmão.

César levantou-se e, com Josias, abraçou Adriana, Felipe e Álvaro. Por alguns segundos, ficaram os cinco Domenico abraçados e chorando. Clara foi até um pequeno altar em sua sala e, defronte à santa de sua devoção, agradeceu por aquele momento.

— Minha Santa Clara, a família Domenico teve maus momentos em sua trajetória, mas estes minutos presentes apagam toda a dor e compensam o sofrimento. Obrigada pela alegria que está voltando a morar nesta casa, ou melhor, que vai morar, agora verdadeiramente, nesta família. Obrigada, minha Santa, obrigada, meu Deus!

Clara foi até seu quarto e de lá ligou para os amigos Israel e Raquel, que estavam em viagem ao Alasca. Raquel chorou com Clara; e Israel, amante de passeios turísticos, em tom de brincadeira, disse a Clara que esse fato maravilhoso merecia uma viagem com toda a família para comemorarem e que não se esquecessem dele, afinal, ele seria um ótimo guia!

Aquele foi, realmente, um dos melhores dias da família Domenico. Ganharam de volta o irmão e descobriram um sobrinho muito querido.

Depois das comemorações, César e os irmãos, juntamente com Álvaro, levaram Josias para o escritório e foram tratar da parte prática de tudo isso. Afinal, até agora, eles estavam funcionando só com o hemisfério direito de seus cérebros, com a emoção. Agora, precisavam colocar a razão para trabalhar: o hemisfério esquerdo. César propôs montar uma empresa de pesca para Josias gerenciar, com um bom administrador por trás, e Josias aceitou, além de aceitar também uma casa em uma praia de pescadores, no Guarujá. Assim, a vida de Josias iria mudar para melhor, sem alterar o seu estilo de vida.

Josias disse a César que tinha um pedido para lhe fazer:

— Se der, eu posso fazê um tratamento pra "relembrar" a minha memória?

— Claro, meu irmão. É muito importante que você resgate a sua história, que é a nossa história... — disse César Domenico, procurando em sua mente o nome de algum profissional que pudesse atendê-lo e, imediatamente, lembrou-se, com carinho, do Dr. Edmundo Benetti.

— Doutô César, quer dizer, César, tem mais uma coisa: já que eu sô de uma família importante, acho que pricisu falá direito, né? Será que o Álvaro, o meu filho, que é letrado, pode me ensiná a falá direito e ser mais chique igual ocês?

Todos se encantaram com a simplicidade de Josias e a sua vontade de crescer e representar bem a sua nova família. César prometeu encaminhar o irmão para um tratamento e Álvaro, abraçando o pai, disse que nos finais de semana iria estar com ele e, então, estudariam juntos.

— Álvaro, quem diria, hein? Contratei você para escrever a minha história e, por incrível que pareça, você faz parte dessa história... O mais interessante é que uma simples idéia que tive, a de escrever minhas memórias, desencadeou todos esses acontecimentos que me trouxeram de volta os meus familiares e até um sobrinho que eu nem sabia que existia — disse César, abraçando Álvaro.

— Dr. César...

— Que é isso, meu sobrinho! Tio César! Agora só aceito ser chamado de "tio" César, entendeu?

— Está bem, meu "tio". Vou ter muito o que escrever nos próximos dias, hein?
— Sim, e se você quiser, o nosso contrato de trabalho continua valendo. Você vai me acompanhar até o meu último segundo de vida, escrevendo todas as minhas experiências, e eu quero que comecemos também a escolher os nomes fictícios dos personagens. E quanto à autoria, quero que você assine este livro, colocando na introdução que ele foi inspirado na vida de um empresário brasileiro, mas sem dizer quem é, entendeu?
— Sim, tio César...
— Mas tem um detalhe: sem você acrescentar Domenico em seu sobrenome, na autoria do livro use seu nome antigo, Álvaro Sanches, senão todo mundo vai associar seu nome ao meu e à nossa Indústria. Você pode até mudar o ramo da Indústria no livro, para ninguém desconfiar... — disse César, em tom de brincadeira.
— Claro, tio César, pode ficar tranqüilo. Estou ansioso para sentar-me ao computador e escrever as nossas últimas experiências.... Que loucura!
— Álvaro, por falar nisso, você já contou para a sua mãe e sua avó? Você precisa dar essa notícia a elas — disse César, entregando o telefone sem fio para o rapaz.
— É mesmo... Vou ligar para a minha avó e tentar falar com a minha mãe. A última notícia que tive foi de que ela tinha voltado para casa, em estado de saúde bem melhor, graças à sua generosidade, tio César. Vou contar que achei o meu pai e ganhei uma família inteira junto com ele... — disse Álvaro, emocionado.
Josias, Adriano e Felipe voltaram para a sala, onde o assunto permanecia muito animado.
Aproveitando a presença de Júlio em sua casa, César o chamou para uma conversa em particular, no seu escritório.
O computador de César, que sempre ficava ligado e conectado à Internet, dava sinal de que havia duas novas mensagens. César Domenico, curioso, foi abri-las e viu que eram de Raquel e Israel, diretamente do Alasca. Na primeira, parabenizavam o amigo e sua família e mandaram algumas fotos deles no lindo navio em que estavam. Na segunda, em homenagem à alegria da Família Domenico, eles anexaram uma apresentação de *Power Point*, e César já imaginava a beleza que deveria ser...
— São mensagens da Raquel e do Israel. A Raquel tem uma sensibilidade para escolher as mensagens que envia... São maravilhosas. Ela manda sempre textos e imagens belíssimos. Depois que conversarmos,

vou chamar todo mundo e vou abrir para a gente ler junto — disse César, virando-se para o filho, sentado do outro lado da mesa.

— E aí, papai, o senhor está muito feliz, não é?

— Nossa, Júlio, tão feliz que fico até com medo! — disse César.

— Medo de quê, pai? Não foi você que aprendeu com o sábio Amór que jamais devemos ter medo de ser feliz? Que devemos acreditar no nosso merecimento e desfrutar do presente, essa dádiva de Deus... — disse Júlio, lembrando-se das lições que o pai lhe contara sobre Amór.

— É verdade, Júlio. Eu preciso de um tempo para assimilar tantas novidades. Mas eu te chamei aqui porque estou com uma idéia na cabeça e quero a sua opinião — disse o pai.

— Fale pai, idéia sua só pode ser boa!

— Depois da emoção de encontrar o meu irmão desaparecido e, ao mesmo tempo, o pai desaparecido de Álvaro, estou pensando em criar uma ONG ou uma Fundação ligada à Indústria Domenico, para a busca de pessoas desaparecidas. Quero trabalhar com campanhas em todas as mídias e quero ver muitas famílias tão felizes quanto a nossa. O que você acha disso, meu filho?

— Pai, idéia genial! Já pensou o tanto que a sua vida vai ganhar sabor e energia trabalhando nesse projeto? Concordo plenamente! Vamos implementar logo, viu? Vamos aproveitar quando a Eva assumir a Empresa e já iniciamos esse trabalho. Estou com você, pai, conte comigo! — disse Júlio, abraçando o pai.

César e Júlio voltaram para a sala e, ao mesmo tempo, observaram, admirados, como a Família Domenico se tornou mais amorosa depois dos últimos acontecimentos. Toda hora algum familiar era visto abraçando o outro. Parece que eles não queriam mais perder tempo para distribuírem todo o afeto que lhes faltou na infância.

— Pessoal, venha comigo até o escritório porque recebemos duas mensagens pela Internet, da Raquel e do Israel, que quero ler junto com vocês — disse César, estendendo as mãos para Clara se levantar do sofá.

Entraram todos no escritório. César virou a tela do computador, para que todos pudessem vê-la e, juntos, ouviram a mensagem, que fora gravada com a voz de Raquel, amiga de todas as horas:

"César Domenico, nosso amigo do peito, finalmente você encontrou a paz e a harmonia que tanto buscou a vida toda; paz e harmonia interior e, conseqüentemente, familiar! *Sabe, César, nós acreditamos em milagres... Para nós, milagres são aquelas singelas coincidências que acontecem no dia-a-dia e que nos levam sempre a caminhos melhores para o nosso viver. Por isso, confiantes, acordamos todos os dias com uma peculiar curiosidade para saber qual vai ser o novo milagre em nossas vidas...* As autoras Yitta Halberstam e Judith Leventhal afirmam que 'quando você acredita em coincidências, elas inundam sua vida de forma quase estonteante. Quando você manda seu desejo para o Universo, e realmente acredita que o Universo é receptivo, pode ter certeza de que receberá todas as respostas ao seu pedido'. Foi exatamente isso que aconteceu com você, amigo César... Você sempre nos diz que o 'Universo adora apoiar quem sabe o que quer!' Você conseguiu, amigo! *Parabéns a você e a toda a estimada Família Domenico pela alegria que finalmente se instalou em seu lar! Alegrias bem merecidas... Ah, quanto à outra mensagem que estamos enviando, saiba que você, amigo César, é uma dessas pessoas especiais!* Abraços carinhosos dos amigos, aqui no Alasca neste momento — vejam as fotos... — Raquel e Israel.

Depois de ouvirem o recado carinhoso dos amigos e de se deliciarem com as belíssimas fotos do casal entre *icebergs* do Alasca, Júlio, ajudando o pai com o computador, abriu a outra mensagem que trazia uma apresentação de deslumbrantes imagens e uma mensagem, que foi lida para todos por César Domenico:

A MAIOR BRONCA
(Autor desconhecido)

Tínhamos uma aula de Engenharia na faculdade logo após a semana da Pátria. Como a maioria dos alunos havia viajado aproveitando o feriado prolongado, todos estavam ansiosos para contar as novidades aos colegas e a excitação era geral.

Um velho professor entrou na sala e imediatamente percebeu que iria ter trabalho para conseguir silêncio. Com grande dose de paciência tentou começar a aula, mas você acha que minha turma correspondeu ? Que nada.

Com um certo constrangimento, o professor tornou a pedir silêncio educadamente. Não adiantou, ignoramos a solicitação e continuamos firmes na conversa.

Foi aí que o velho professor perdeu a paciência e deu a maior bronca que eu já presenciei:

— Prestem atenção porque eu vou falar isso uma única vez — disse, levantando a voz.

Um silêncio carregado de culpa se instalou em toda a sala e o professor continuou:

— Desde que comecei a lecionar, isso já faz muitos anos, descobri que nós professores, trabalhamos apenas 5% dos alunos de uma turma. Em todos esses anos observei que de cada cem alunos, apenas cinco são realmente aqueles que fazem alguma diferença no futuro; apenas cinco se tornam profissionais brilhantes e contribuem de forma significativa para melhorar a qualidade de vida das pessoas. Os outros 95% servem apenas para fazer volume; são medíocres e passam pela vida sem deixar nada de útil. O interessante é que esta porcentagem vale para todo o mundo. Se vocês prestarem atenção, notarão que de cem professores apenas cinco são aqueles que fazem a diferença; de cem garçons, apenas cinco são excelentes, de cem motoristas de táxi, apenas cinco são verdadeiros profissionais; e podemos generalizar ainda mais: de cem pessoas, apenas cinco são verdadeiramente especiais. É uma pena muito grande não termos como separar esses 5% do resto, pois se isso fosse possível, eu deixaria apenas os alunos especiais nesta sala e colocaria os demais para fora, então teria o silêncio necessário para dar uma boa aula e dormiria tranqüilo sabendo ter investido nos melhores. Mas, infelizmente não há como saber quais de vocês são esses alunos. Só o tempo é capaz de mostrar isso. Portanto, terei de me conformar e tentar dar uma aula para os alunos especiais, apesar da confusão que estará sendo feita pelo resto. Claro que cada um de vocês sempre pode escolher a qual grupo pertencer. Obrigado pela atenção e vamos à aula de hoje!

Nem preciso dizer o silêncio que ficou na sala e o grau de atenção que o professor conseguiu após aquele discurso. Aliás, a bronca tocou fundo em todos nós, pois minha turma teve um comportamento exemplar em todas as aulas de Engenharia durante todo o semestre; afinal, quem gostaria de espontaneamente ser classificado como fazendo parte do resto?

Hoje não me lembro muita coisa das aulas de Engenharia, pois me dediquei a outra área, mas a bronca do professor eu nunca mais esqueci. Para mim, aquele professor foi um dos 5% que fizeram a diferença em minha vida.

De fato, percebi que ele tinha razão e, desde então, tenho feito de tudo para ficar sempre no grupo dos 5%, mas, como ele disse, não há como saber se estamos indo bem ou não; só o tempo dirá a que grupo pertencemos. Contudo, uma coisa é certa: se não tentarmos ser especiais em tudo que fazemos, se não tentarmos fazer tudo o melhor possível, seguramente sobraremos na turma do resto.

Depois de muitos aplausos de encantamento com a profunda lição, Júlio César abriu um champanhe e serviu a todos com um largo sorriso nos lábios.

Mas foi César quem propôs o brinde:

—Ah, que lindo dia! Minha família querida, Família Domenico, por uma simples marca de nascença – a marca da bota – o Universo, em sua sincronicidade perfeita, criou um enigma que nós, com união, fé e esperança, conseguimos decifrar e, assim, nos reencontramos. — O ENIGMA DA BOTA! Viva os novos tempos! Viva!!!

E todos, abraçados, acompanharam César Domenico, em coro, em sua maior certeza:

— O Universo adora apoiar quem sabe o que quer!!!

FIM

Conheça mais um sucesso de Eliana Barbosa:

ACORDANDO PARA A VIDA
Lições para sua transformação interior

"Acorde para a vida, encontre-se consigo mesmo e descubra quão rico de talentos você é, e quão longe você pode caminhar!" — *Eliana Barbosa*

Acordando para a Vida – Lições para a sua Transformação Interior é um livro que vai fazer a diferença em sua existência, com simples lições do cotidiano e recheado de histórias comoventes.

Eliana Barbosa consegue despertar no leitor um novo interesse pela vida, com profundas reflexões sobre a força que cada um carrega dentro de si para converter sentimentos destrutivos tais como as culpas, as mágoas, o egoísmo, a inveja, os medos, a solidão e outros, em atitudes positivas diante da vida, como o perdão e autoperdão, a generosidade, o otimismo, o entusiasmo, a liderança, a alegria de viver, a auto-estima e a autoconfiança.

Um livro indispensável para todos que buscam crescimento pessoal e profissional, qualidade de vida e consciência tranqüila. Você pode usá-lo no seu dia-a-dia, em seus momentos de reflexão e conversa interior ou em momentos em que você busca um apoio para as suas dificuldades. De qualquer forma, foi preparado pela autora para ser um "toque de despertar" em sua existência.

INFORMAÇÕES SOBRE NOSSAS PUBLICAÇÕES
E ÚLTIMOS LANÇAMENTOS

Visite nosso site:
www.novoseculo.com.br

NOVO SÉCULO EDITORA

Av. Aurora Soares Barbosa, 405
Vila Campesina – Osasco – SP
CEP 06023-010
Tel.: (11) 3699-7107
Fax: (11) 3699-7323
e-mail: atendimento@novoseculo.com.br

Ficha Técnica

Formato: 140mm x 210mm
Tipologia: Palatino Linotype
Corpo: 10pt
Entrelinha: 12pt
Mancha: 110mm x 174mm
Total de páginas: 248